Barack Obama à la présidence des États-Unis

Un bilan

Collection « Penser le temps présent »

Cette collection a pour ambition de proposer au lecteur un ensemble de travaux – études et essais – portant sur les thèmes d'actualité ou aptes à éclairer les grands événements du temps présent.

Déjà parus

LEE (Tony C.), *La Chine contre l'Occident et le Japon, Une étude psycho-culturelle sur l'origine du conflit (1990-2010)*, 2017.
COUÉ (Philippe), *Dragons furieux. Les avions spatiaux chinois*, 2017.
COOSEMANS (Thierry), *Les libéraux dans l'Union européenne. Richesse et diversité des partis libéraux dans 15 États membres. Tome 1 : Grande-Bretagne, Allemagne, Italie, France, Espagne, Portugal, Grèce – Tome 2 : Pays-Bas, Belgique, Grand-Duché de Luxembourg, Danemark, Suède, Finlande, Irlande, Autriche*, 2016.
EPPREH-BUTET (Raphaël), BEN BARKA (Mokhtar), *Le président Barack Obama à l'épreuve du pouvoir, Bilan de son premier mandat et perspectives d'avenir*, 2015.
BENBIH (Rachid), *Migrants d'Afrique de l'Ouest au Maroc*, 2015.
BENZENINE (Belkacem), *Penser la laïcité dans les pays arabes. De la Renaissance arabe à nos jours*, 2014.
CONTI (Bartolomeo), *L'islam en Italie. Les leaders musulmans entre intégration et séparation*, 2014.
GABRIEL-OYHAMBURU (Kattalin), *Du nationalisme au terrorisme basque*, 2014.
COSSE (Jean-Pierre), *Alain Juppé et le Rwanda*, 2014.
DA COSTA (Pascal), *États-Unis, Europe, Chine. Des États au cœur des crises financières et économiques mondiales*, 2013.
NASRAOUI (Mustapha), *Le migrant clandestin, Le paradoxe de l'être et de la société*, 2013.

Sous la direction de
Raphaël EPPREH-BUTET

Barack Obama à la présidence des États-Unis

Un bilan

L'Harmattan

5-7, rue de l'Ecole-Polytechnique, 75005 Paris

www.editions-harmattan.fr

ISBN : 978-2-343-18264-3
EAN : 9782343182643

Remerciements

Je remercie les différents auteurs pour les travaux consacrés ici à la présidence de Barack Obama.

Mes remerciements vont également à Monsieur Harison Robert pour son aide précieuse par rapport à la mise en forme de cet ouvrage, ainsi qu'à Monsieur Adrien Van Rhyn qui a réalisé l'illustration de page de couverture.

Sommaire

Introduction

Raphaël EPPREH-BUTET

Maître de conférences, Université de Lille

L'élection présidentielle américaine de 2008 fera date dans l'histoire des États-Unis. Le 4 novembre 2008, Barack Obama est élu 44ème président des États-Unis d'Amérique. Le 6 novembre 2012, Barack Obama est réélu à la présidence face à son rival républicain, Mitt Romney.

Pour la première fois, les Américains élisent un Afro-Américain à la magistrature suprême du pays. L'élection de Barack Obama a suscité un grand espoir aux États-Unis et à travers le monde. En effet, en prêtant serment pour son premier mandat, le 20 janvier 2009, le président Obama héritait d'une situation politique désastreuse : la crise économique et financière, les conséquences de la guerre en Irak et en Afghanistan, la détérioration de l'image des États-Unis dans le monde, le déficit budgétaire et le désengagement des États-Unis du conflit israélo-palestinien[1].

Une équipe constituée d'universitaires d'horizons disciplinaires divers (Droit, Histoire et Civilisation, Économie, Gestion, Politique)

---

[1] Barack, Obama, Le changement. Nous pouvons y croire (Change We Can Beleive In, Obama for America, 2008, Three Rivers Press, 2008. Paris: Odile Jacob, 2009, pp. 5-332;

Les années Obama, Problèmes économiques, N° 3138, La documentation française, 09.2016.

Boualem, Fardjaoui, Raphaël Eppreh-Butet (dir.,), Les États-Unis au Maghreb et au Moyen-Orient, l'évolution de la politique étrangère américaine sous le gouvernement Obama. Villeneuve d'Ascq : Les Presses de l'Université Charles- de-Gaulle Lille 3, Conseil Scientifique de l'Université de Charles-de-Gaulle Lille3, Collection UL3, Travaux et Recherches, 2017, pp. 9-91.

Raphaël Eppreh-Butet, Mokhtar Ben Barka, Le president Obama à l'épreuve du pouvoir. Bilan de son mandat et perspectives d'avenir. Paris : L'Harmattan, Collection Penser le temps présent, pp. 11-237.

Michelle, Obama, Becoming. New York: Crown, 2018, p.227-421. Bill, Harris, Thomas J. Craughwell, The Presidents Fact Book, The Achievements, Campaigns, Events, Triumps, Tragedies, and Legacies of Every President. New York: Black Dog & Leventhal Publishers, 2019, pp. 764-788.

s'est constituée dans le but de dresser un bilan des deux mandats du président Obama.

On trouvera donc dans cet ouvrage collectif une analyse des mesures de l'administration Obama par rapport à trois thèmes principaux : la politique intérieure (enjeux politiques et sociaux), la politique étrangère et les questions liées à l'économie et la finance.

Les quatre premières contributions ont trait à la politique intérieure (enjeux politiques et sociaux). Olivier Estèves nous éclaire sur le lien entre la genèse du mouvement Tea Party et « une radicalisation durable du parti républicain », et son analyse nous permet d'appréhender l'impact du Tea Party sur l'héritage des deux mandats d'Obama. D'une part, Laurence Peru-Pirotte procède à une étude comparative par rapport à la définition du contrat de travail en France et aux États-Unis. D'autre part, elle fait le bilan des actions de l'administration Obama dans les domaines relatifs à la rémunération, à l'égalité entre les hommes et les femmes, aux discriminations et la protection de la santé et de la maternité. La contribution d'Élisabeth Boulot porte sur les relations du président Obama avec la Cour suprême des États-Unis. Elle nous apporte un éclairage sur la nomination de Sonia Sotomayor et d'Elena Kagan à la Cour suprême et le rôle de la plus haute instance judiciaire américaine au cours des deux mandats d'Obama. Avant de dresser le bilan social des huit ans d'Obama à la Maison-Blanche, Taoufik Djebali nous apporte d'abord un éclairage sur le parcours, le contexte général et les promesses du candidat Obama lors de la campagne présidentielle américaine.

La deuxième partie de l'ouvrage s'intéresse à la politique étrangère. La contribution de Noëmie Fossé porte sur « le retour de la France dans les structures du commandement intégré de l'OTAN et l'enthousiasme du président Obama » et « le président Obama et les commémorations des 70 ans du D-Day : entre devoir de mémoire et devoir de paix ». Noëmie Fossé dissèque les enjeux liés à la réintégration de la France dans le commandement militaire intégré de l'OTAN et l'approche de Barack Obama par rapport à la promotion et la sauvegarde des libertés collectives et individuelles. Jean-Marie Ruiz analyse l'approche du président Obama à l'égard du Printemps arabe et la question de la promotion de la démocratie. Boualem Fardjaoui fait appel à l'approche qualitative pour nous permettre d'appréhender la perception du bilan d'Obama au Moyen-Orient par la presse arabe. D'une part, Mokhtar Ben Barka nous éclaire sur la nature de l'intérêt national des États-Unis au Moyen-Orient et la définition des objectifs de la politique étrangère des États-Unis. D'autre part, il nous offre des pistes de réflexion intéressantes pour appréhender l'approche du président Obama à l'égard du Moyen-Orient et du Printemps arabe. Martin Serge Mindjonga étudie avec minutie l'origine, les enjeux et acteurs du plan d'électrification de l'Afrique subsaharienne (Power Africa) impulsé par l'administration Obama.

La troisième et dernière partie de l'ouvrage est dédiée aux questions relatives à l'économie et la finance. Harison Robert nous donne quelques clés de compréhension de la genèse, des enjeux et du bilan de l'AGOA (African Growth and Opportunity Act) à la fin de la présidence Obama. Gervais Essama Zoh décrypte non seulement les conséquences de la crise financière et bancaire de 2007-2008 aux États-Unis, mais dresse aussi un bilan des mesures prises par l'administration Obama sur le plan économique et financier, les limites et les avancées de la loi Dodd-Frank (Dodd-Frank Act).

Bibliographie

Barack, Obama, Le changement. Nous pouvons y croire (Change We Can Believe In, Obama for America, 2008, Three Rivers Press, 2008). Paris : Odile Jacob, 2009, p. 332 ;

Bill, Harris, Thomas J. Craughwell, The Presidents Fact Book, The Achievements, Campaigns, Events, Triumphs, Tragedies, and Legacies of Every President. New York : Black Dog & Leventhal Publishers, 2019, p. 808.

Boualem, Fardjaoui, Raphaël Eppreh-Butet (dir.,), Les États-Unis au Maghreb et au Moyen-Orient, l'évolution de la politique étrangère américaine sous le gouvernement Obama. Villeneuve d'Ascq : Les Presses de l'Université Charles-de-Gaulle Lille 3, Conseil Scientifique de l'Université de Charles-de-Gaulle Lille3, Collection UL3, Travaux et Recherches, 2017, p. 91.

Les années Obama, Problèmes économiques, N° 3138, La documentation française, 09.2016.

Michelle, Obama, Becoming. New York : Crown, 2018, p.432.

Raphaël, Eppreh-Butet, Mokhtar, Ben Barka, Le président Obama à l'épreuve du pouvoir. Bilan de son mandat et perspectives d'avenir. Paris : L'Harmattan, Collection Penser le temps présent, p. 240.

Première partie

Politique intérieure : enjeux politiques et sociaux

Le *Tea-Party*, cet invité indésirable du bilan Obama

Olivier ESTEVES

Professeur, Université de Lille

Que ce chapitre occupe une place particulière dans le présent ouvrage est une évidence : en effet, le mouvement Tea-Party, qui a induit une radicalisation durable du parti républicain[2], n'est bien sûr pas à mettre au crédit ou au débit de Barack Obama, contrairement, par exemple, à sa réforme du système de santé, sa politique économique ou étrangère, etc. Pourtant, fournir une analyse de ce mouvement semble essentiel si l'on veut comprendre le type d'opposition auquel a dû faire face le premier président non-blanc de l'histoire américaine, laquelle a eu un impact sur l'héritage des deux mandats Obama. C'est donc avec cette forte opposition en tête qu'il nous faut étudier son bilan, et c'est aussi enserré entre les présidences Bush et Trump qu'il convient d'apprécier le phénomène *Tea-Party*.

Celui-ci puise son influence dans son caractère hétéroclite et décentralisé. Le *Tea-Party*, largement incontrôlé au sein du parti républicain, est un incubateur d'idées conservatrices qui fédère un ras-le-bol fiscal extrêmement puissant et profondément enraciné, malgré l'insistance sur le caractère construit de toutes pièces du *Tea-Party*, qui certes profite de très généreuses aides financières des familles les plus aisées du pays (les frères Koch, par exemple). Le mouvement est davantage une nébuleuse qui fédère, génère et exploite des sentiments d'irritation fiscale qu'un vrai mouvement uni par une idéologie commune. Le registre des *sentiments* est d'ailleurs très important dans l'étude du *Tea-Party*, et ce n'est pas un hasard si Kate Crehan, auteure d'un ouvrage sur la notion de « sens commun » chez Antonio Gramsci et son application dans le champ des discours publics sur les inégalités, consacre un chapitre au *Tea-Party* comme générateur de

[2] Voir Ronald Formisano, *The Tea-Party, A Brief History*, Baltimore : Johns Hopkins University Press, 2012, p. 2.

récits fédérateurs dans une partie de l'opinion publique[3]. De manière plus générale, Theda Skocpol et Vanessa Williamson ont déjà observé, dans leur remarquable étude de terrain, que : "Issues and policies matter to Tea Party members, of course, as do their conceptions about American government...But we would be remiss not to underline, from the start, the *feelings* that came across so vividly when people spoke to us"[4].

Avant d'évoquer la genèse du mouvement, rappelons à quel point aux États-Unis, le symbole du *Boston Tea-Party* (1773) est un extraordinaire vecteur d'union nationale et de fierté patriotique. Faire la comparaison avec la prise de la Bastille française est sans doute une erreur, car la puissance symbolique de la révolte des patriotes américains de 1773 n'a probablement pas d'équivalent strict en France. C'est pourquoi, de tout temps, l'invocation du *Tea-Party* a servi des causes diverses, à gauche, mais aussi à droite de l'échiquier politique, sans compter la kyrielle d'exploitations commerciales de l'événement. Selon l'historien Ronald Formisano, le *Tea Party* est cet événement fédérateur, iconique, dont « on parle tant, mais dont finalement les Américains savent si peu de choses »[5]. Dans le cas présent, s'être arrogé le symbole des insurgés de Boston est parfaitement congruent avec la dimension anti-étatique et anti-impôt du *Tea* [6]*-Party Movement*, et avec la fascination qu'exercent les pères fondateurs au sein du mouvement. Il faut ajouter à cela une certaine lecture (ou la prétention à une certaine lecture) littéraliste de la constitution américaine, dont les termes devraient être appliqués tels quels à la société américaine plus de deux siècles après qu'ils eurent été gravés dans le marbre. Ce n'est là qu'un des aspects les plus nébuleux de la nostalgie politique érigée en stratégie de reconquête du pouvoir, que devait symboliser quelques années plus tard le 'Make America Great Again' de Donald Trump. Dans l'iconographie du *Tea-Party movement*, Obama a déjà été dépeint comme celui qui brûle,

---

[3] Kate Crehan, *Gramsci's Common Sense, Inequality and Its Narratives*, Durham (N.C.) : Duke University Press, 2016.
[4] Cité dans The Tea Party and the Remaking of Republican Conservatism, Oxford : Oxford University Press, 2012.
[5] Cité dans *op.cit.*, p. 118.
[6] 'T-E-A' veut aussi dire 'taxed enough already'.

littéralement, le texte de la constitution[7], un blasphème politique tout autant que religieux pour celui qui est dépeint, aussi sinon surtout, comme un musulman. On touche ici à un des enjeux principaux de ce chapitre : appréhender la dimension strictement anti-Obama de ce phénomène politique, ce qui présuppose de jauger son inscription dans la longue durée du retour de bâton conservateur et non pas seulement la réaction spontanée, épidermique qu'il constitue face à un président honni. C'est aussi, en filigrane, évaluer l'importance au sein du *Tea-Party* des grilles d'analyse raciales et ethniques du monde social américain, primat racial que, pour des militants, Obama lui-même incarne dans sa chair.

I. La genèse d'un mouvement anti-impôt

Le 19 février 2009, soit quelques semaines à peine après l'installation d'Obama à la Maison-Blanche, le commentateur Rick Santelli s'est lancé dans une diatribe télévisuelle (CNBC) qui devait constituer l'acte de naissance officiel du mouvement *Tea-Party*. Sollicité par les journalistes en plateau pour donner son avis sur une mesure d'Obama en faveur des personnes expulsées de leurs foyers suite aux emprunts toxiques à l'origine de la crise des *subprimes*, M. Santelli a stigmatisé avec fougue depuis la salle des marchés de la bourse de Chicago (*Chicago Mercantile Exchange*) l'assistanat éhonté que constituaient ces mesures, et la manière dont elles promeuvent des comportements déviants (*promoting bad behavior*) de consommateurs irresponsables et non-méritants. Les deux passages les plus cités de cette sortie mémorable sont les suivants : “This is America ! How many of you people want to pay for your neighbor's mortgage that has an extra bathroom and can't pay their bills?” et, à la fin: “I'll tell you what, if you read our Founding Fathers, people like Benjamin Franklin and Jefferson, what we're doing in this country now, is making them roll over in their graves”[8].

[7] Le tableau du peintre conservateur Jon MacNaughton l'illustre bien : voir http://latimesblogs.latimes.com/ culturemonster/2012/03/why-a-painting-of-president-obama-with-a-burning-constitution-is-junk.html (accédé le 10 août 2017).
[8] Voir https://www.youtube.com/watch?v=bEZB4taSEoA (accédé le 08.09.2017).

Ces propos, de l'ordre de la harangue (que restitue bien le terme anglais de *rant*), doivent être replacés dans leur contexte immédiat de production. M. Santelli n'est pas en plateau, il est au *Chicago Mercantile Exchange* entouré de traders les yeux rivés sur leurs écrans d'ordinateur. En entendant ces mots, beaucoup d'entre eux se lèvent et font connaître leur approbation et leur haine envers les réformes « socialistes » d'Obama. Son premier auditoire, donc, est un public néo-libéral conquis d'avance, aux revenus en toute vraisemblance (très) supérieurs à la moyenne américaine. Santelli l'identifie néanmoins nommément à la « majorité silencieuse » du pays, même si la journaliste en plateau relève l'ironie de l'expression nixonienne dans une situation aussi tapageuse. Au passage, Santelli valide aussi définitivement l'idée selon laquelle les traders des salles de marché constituent une des forces productrices de richesse dans le pays, qu'il est entouré de « méritants » qui se « lèvent tôt », puisque la vieille industrie est moribonde : Detroit ne produit presque plus de voitures, par exemple, sauf des Chevrolet '54 dans lesquels paradent les assistés avec arrogance, dit Santelli.

Dans "How Many of You People...", le chroniqueur boursier depuis longtemps aguerri aux salles de marché de Chicago s'adresse autant aux traders aisés autour de lui qu'à l'Amérique tout entière. Il cultive la suspicion entre « voisins » d'un même quartier, titille la frustration de familles souhaitant quitter des quartiers où vivent ces « assistés » et, plus important sans doute, illustre l'antienne souvent associée à Margaret Thatcher selon laquelle « il n'y a pas de société »[9] : plutôt que d'envisager la souffrance bien réelle d'un large groupe social expulsé de leurs maisons (comme l'illustre le documentaire *Cleveland vs. Wall Street*, par exemple[10]), il pourfend un agrégat d'individus irresponsables attirés par un luxe (*extra bathroom*) qu'ils ne méritent pas, ce qui contraste avec ces traders à côté de Santelli semblant suer sang et eau en face de leurs écrans. Beaucoup plus important : cet appel résonne alors même que pour les tranches supérieures de revenus, les taux d'imposition atteignent des niveaux historiquement bas dans la longue durée, passant de près de 90 % dans

[9] Il s'agissait au départ d'une interview de M. Thatcher dans le magazine *Woman's Own* (31.10. 1987) ; une certaine vulgate anti-libérale a souvent surexploité (en la décontextualisant) cette situation.

[10] Documentaire réalisé par Jean-Stéphane Bron, France / Suisse, 2010.

les années 1940-50 à des proportions proches de 40 % depuis les années Reagan [11].

Ainsi se définit selon Santelli la politique toxique, car socialiste de Barack Obama. Ainsi se dessinent également deux portraits opposés de l'Amérique. Ce n'est d'ailleurs pas un hasard si Santelli parle depuis Chicago. Comme l'ont bien montré Andrew Diamond et Pap N'Diaye [12], la grande ville du nord est à la fois l'incarnation parfaite de la ville globale des gagnants de la mondialisation se concentrant dans et autour du *Loop*, mais aussi une Babylon désindustrialisée des perdants (noirs notamment) de cette même mondialisation, perdants au chevet desquels Obama s'est penché en tant que *communty-organizer* au sud de la ville, de 1985 à 1988. On notera au passage que Chicago est aussi la ville de cette *Welfare Queen* jamais précisément identifiée, dont Ronald Reagan a fait une puissante thématique électorale, et sur laquelle je reviendrai plus loin.

Que l'appel de Santelli ait exercé une telle influence à travers le pays est d'abord explicable par la distance sociogéographique qui sépare la majorité des *Tea-Partiers* des communautés décimées par la toxicité des *subprimes*. Généralement hommes ou femmes blanc (he) s d'un certain âge issu(e) s des classes moyennes, les militant(e) s du *Tea-Party* n'habitent souvent pas les mêmes quartiers que les *freeloaders* vilipendés dans les diatribes de *Fox News* (malgré l'évocation par Santelli de « voisins »), distance qui accrédite plus aisément à leurs yeux les refrains sur les « deuxièmes salles de bain » (*extra bathroom*). Plus important peut-être : ce type même de refrain est profondément enraciné depuis des décennies. On a coutume de faire remonter la révolte anti-impôt et le retour de bâton conservateur contre le consensus rooseveltien d'un État protecteur à la candidature de Barry Goldwater aux présidentielles de 1964[13], aussi à la fuite des blancs des quartiers centraux des grandes villes, incarnée par cette armée de « guerriers des banlieues résidentielles » (*suburban warriors*) aux quatre coins du pays [14]. On peut aussi, au-delà, faire

[11] Voir par exemple Thomas Piketti, *Le Capital au 21ème siècle*, Paris : Fayard, 2013.
[12] Voir leur ouvrage *Histoire de Chicago*, Paris : Fayard, 2013.
[13] Pour plus d'éléments, voir Romain Huret, *American Tax Resisters*, Cambridge (Mass.) : Harvard University Press, 2014.
[14] Voir, par exemple, l'étude de cas du *Orange County* (Californie) par Lisa McGirr, *Suburban Warriors, The Origins of the New American Right*, New Jersey : Princeton University Press, 2001.

remonter cette évolution à la tentative de redéfinition des citoyens américains en *contribuables* américains, historiquement liée au combat conservateur contre le 16ème amendement de la constitution (1913), mouvement qui vit le jour en 1938. Cet amendement permit au Congrès de lever l'impôt sur le revenu.

Il y avait là, même si tel n'était pas nécessairement le but au départ, les conditions d'émergence d'un protectionnisme social (*Welfare chauvinism*) refusant d'étendre les aides publiques aux personnes différentes, qu'elles soient noires, femmes, non-méritantes, personnes à la moralité jugée critiquable, etc.[15] Or, comme l'ont montré les chercheurs canadiens Keith Banting et Will Kymlicka, les populations consentent à l'impôt et à la redistribution d'autant plus facilement qu'elles peuvent s'identifier aux bénéficiaires des politiques sociales. Le principe de l'État-providence reposerait donc sur une identité nationale aux contours bien définis, et sur une relative homogénéité culturelle et ethno-raciale. La diversification rapide des sociétés occidentales au gré des différentes vagues migratoires de l'après-guerre et de la mondialisation récente éroderait donc l'adhésion populaire à ces politiques. Et l'on sait que les États-Unis constituent un cas paradigmatique d'extrême diversité. C'est donc dans cette brèche que le mouvement *Tea-Party*, propulsé par l'arrivée d'un membre de la diversité à la Maison-Blanche, s'est engouffré avec une véritable ferveur militante.

Malgré le choc immédiat de l'arrivée d'Obama aux affaires, rappeler la longue incubation politique de la réaction au paradigme rooseveltien d'un État fort est crucial en ce qu'il permet de relativiser la rapidité avec laquelle le mouvement *Tea-Party* a pu émerger. En effet, si l'on n'y regarde pas de près, ce mouvement fait penser, pour reprendre l'image de Kate Crehan, à des champignons géants après la pluie : un jour, il n'y a rien, le lendemain d'énormes champignons ont poussé dans la forêt[16]. En réalité, des forces conservatrices, très généreusement financées par des *think-tanks* puissants ainsi que par quelques fortunes notoires (les frères Koch[17], déjà mentionnés),

---

[15] Voir *op.cit.*, p. 140-1.
[16] *Ibid.*, p. 120.
[17] Ils ont fait fortune dans le pétrole et ont été élevés par leur père Fred, un membre de la réactionnaire *John Birch Society*. Depuis des années, les frères Koch ont octroyé la bagatelle d'une centaine de millions de dollars à des associations ou groupes conservateurs (voir l'article de Jane Mayer, *The New Yorker*, 30. 08. 2010).

agissent en sous-mains depuis des décennies, jusqu'à que les conditions d'émergence d'un mouvement de masse soient remplies. Le moment opportun a été pour eux l'élection d'Obama et les mesures d'urgence -« socialistes », donc- en réaction aux dégâts sociaux occasionnés par la crise des *subprimes*. Le mouvement *Tea-Party* s'est engouffré dans cet espace, pour le plus grand bonheur des lobbies conservateurs et des grandes entreprises de plus en plus présents à Washington D.C, près des cercles de pouvoir, depuis la fin des années 1960 [18]. Le *Tea-Party*, plus encore que différents mouvements conservateurs jusqu'alors, a semblé conférer un vernis populaire à des revendications jusqu'alors par définition élitaires. L'ironie de l'histoire est que pour mobiliser des masses, il a été fait recours à des méthodes de *community organizing* ouvertement inspirées de Saul Alinsky, l'auteur de *Rules for Radicals*, très populaire à gauche, et qui avait déjà inspiré Obama au milieu des années 1980. Dans une plus large perspective, et malgré son caractère hétéroclite, incontrôlable et sa difficulté à s'inscrire dans le long terme, Le *Tea-Party* constitue le couronnement de décennies de bouillonnement et d'opposition à des politiques redistributrices jugées iniques par des personnes se considérant comme contribuables tout autant, sinon plus, que comme des citoyens.

II. La dimension anti-immigration et nativiste

Plus qu'ailleurs sans doute compte tenu du poids d'une histoire qui ne passe pas, la question raciale est régulièrement évoquée en langage codé aux États-Unis. C'est ce qu'a finement analysé l'auteur Studs Terkel, notamment dans l'introduction de son ouvrage *Race : How Blacks and Whites Feel About the American Obsession*, publié au plus fort de l'affaire Rodney King en 1992 [19]. Ce codage opère grâce à l'imprécision de certains stigmates sociaux comparables à ces potins

[18] Voir Jefferson Cowie, Stayin' Alive, The 1970s and the Last Days of the Working Class, New York : The New Press, 2010.
[19] New York : The New Press, 1992, p. 3-6.

ostracisants analysés par Norbert Elias[20] : ainsi, lorsque des militants du *Tea-Party* disent « qu'ils ne veulent pas travailler », « qu'ils ne payent pas d'impôts » ou qu'« ils font du tapage pour être aidés », il est difficile de savoir si ce *they* (ou *them*) renvoie à des pauvres, à des non-méritants, à des noirs, des Latinos, ou à un amalgame réifié de toutes ces identités. Cette imprécision permet de récuser l'accusation de racisme, ou bien aux militants mêmes de ne pas se sentir racistes, mais simplement dotés de « bon sens », ou mus par un souci de justice qui relève du « sens commun ». Pourtant, des référents sociaux, politiques ou géographiques sont solidement racialisés depuis des décennies, et un message dénué de référence raciale peut être reçu comme connoté racialement. Ainsi en va-t-il de la notion de « logement public » dès les années 1940 dans une ville comme Detroit [21], ce que confirme la mini-série *Show Me A Hero* (David Simon) qui dépeint Yonkers (New York) à la fin des années 1980. Ainsi en va-t-il également de cette fameuse *Welfare Queen* évoquée par Ronald Reagan lors des primaires républicaines de 1976. En effet, en disant simplement *There's a woman in Chicago…*, le public a compris que cette femme, accumulant les aides sociales de manière scandaleuse, ne pouvait venir que de la *Southside* de la ville, et que donc elle ne pouvait être que noire.

Lorsque les *Tea-Partiers* évoquent l'assistanat dans lequel se vautrent des personnes non-méritantes, la plupart du temps ce « ils » ou « eux » est assez fortement racialisé, amalgamant, comme dans des discours du même type en France, en Grande-Bretagne ou ailleurs, véritables immigrés et minorités ethniques nées sur le sol américain, au premier rang desquels les noirs. C'est précisément ce qu'évoquent Theda Skocpol et Vanessa Williamson :

"Talk about undeserving people collecting welfare benefits, racially laden group stereotypes certainly did float in and out of the interviews, even when people never mentioned African-Americans directly. Racial overtones were unmistakable, for instance, when a Virginia Tea Partier told us that a 'plantation mentality' was keeping 'some people' on welfare. These kinds of racially insensitive comments

[20] Voir Norbert Elias, John L. Scotson, Logiques de l'exclusion : enquête sociologique au cœur des problèmes d'une communauté, Paris : Fayard, 1997 [1965], p. 202-225.

[21] Voir Thomas J. Sugrue, *The Origins of the Urban Crisis : Race and Inequality in Postwar Detroit,* New Jersey: Princeton University Press, 2005 [1996], p. 81.

made in person were only a very faint echo of the racial slurs that appear rarely but persistently at Tea Party across the country, including in signs with racial epithets and signs equating the presidency of Barack Obama to 'white slavery'" [22].

De façon plus générale, le discours anti-immigration, raciste ou nativiste est brandi, souvent de manière codée, pour délégitimer les options politiques d'Obama, de ses aides d'urgence pourfendues par Rick Santelli aux réformes du système santé. La figure de l'autre, qu'il soit noir ou étranger, n'est donc pas au cœur du mouvement, mais elle est souvent utilisée comme illustration privilégiée pour légitimer l'État minimum que les militants appellent de leurs vœux, car le *Tea-Party* demeure avant tout un mouvement anti-impôt.

Quelques autres précisions s'imposent. D'abord, dans les enquêtes d'opinion sur le *Tea-Party*, il apparaît régulièrement que des blancs soient affublés des mêmes stigmates que les non-blancs, selon l'idée que des décennies d'État-Providence ont construit des générations entières d'assistés, faisant fi des barrières raciales. Ensuite, les militants eux-mêmes sont souvent intimement conscients de la manière dont leurs préjugés raciaux peuvent être appréhendés de l'extérieur. C'est ainsi qu'il existe une vraie crainte d'être taxé de racisme : Theda Skocpol et Vanessa Williamson avancent d'ailleurs que les conférenciers les plus populaires parmi les militants sont souvent des membres des minorités, et notamment des noirs, comme s'ils avaient quelque chose à se prouver ou à prouver envers l'opinion.

La plupart du temps, ces craintes d'être taxé de racisme ne s'étendent guère aux immigrés illégaux. Comme en Grande-Bretagne ou en France, il existe une sorte de mythe profondément enraciné d'extrême générosité de l'État-Providence, sorte de puits sans fond qui bénéficierait avant tout aux « immigrés ». Chez les *Tea-Partiers* des États plus directement impactés par la question migratoire en provenance du Mexique -on pense par exemple à l'Arizona-, l'opposition aux « illégaux » qui, pense-t-on, perçoivent des aides très importantes est ouvertement exprimée. La menace immigrée est identifiée au fardeau qu'ils feraient peser sur le budget des aides sociales, et à une menace civilisationnelle : tel ou tel *Tea-Partier*, par exemple, déplore la nécessité de devoir sélectionner *English* ou *Spanish* pour avoir accès à des services divers ou effectuer des

[22] Cité dans *op.cit.*, p. 68-9.

transactions presque quotidiennes [23]. Ce discours décliniste semble s'être substitué à l'antienne sur les immigrés qui « prennent nos emplois », etc. notamment à cause de la disparition de millions d'emplois industriels, parfois délocalisés dans les pays d'origine des immigrés (Mexique, par exemple).

Le mythe selon lequel les illégaux touchent des aides (qu'ils ne méritent pas) est tout aussi profondément enraciné que celui de la générosité de l'État-Providence. Il est avidement alimenté par des politiques qui ont fait du *backlash* leur fonds de commerce électoral. Ainsi, lors du premier discours sur l'État de l'Union d'Obama, le représentant républicain de Caroline du Sud Joe Wilson a lancé un "You Lie !" au président dans une violation mémorable du décorum politique. M. Obama venait d'insister sur le fait que seuls les citoyens américains légaux bénéficieraient de sa réforme de santé. Il ne faut pas s'étonner, dès lors, que de l'autre côté du pays, en Arizona, on ait vu fleurir des pancartes de *Tea-Partiers* arborant l'accusation "Illegal Immigrants Have Better Health Care Than I Do !" [24].

Enfin, un certain nombre de *Tea-Partiers* affirment être pleinement conscients de ce que des étrangers, illégaux ou non, occupent des emplois subalternes et sous-payés dont ne veulent guère les jeunes générations d'Américains rendues oisives par la générosité des aides sociales. Larry, d'Arizona, fait un distinguo entre bons et mauvais immigrés clandestins, et définit négativement les « mauvais » comme "not the ones trying to get a job painting or in your garden" [25]. Un autre, Stanley, de Virginie, reconnaît volontiers :

"It's not their fault they are here. I would have crossed the border too. They can't make a living down there. Why are they here ? Because of our greed. We the people, when we hire a landscaper, or a plumbing job, an owner with Americans working there…They will be underbid. We foster that. A lot of people want the cheaper thing, then bitch about the illegals".

Et le même enquêté d'insister sur les nombreux points communs entre lui-même, ses propres amis et de nombreux immigrés : centralité de la famille, valeurs traditionnelles, éthique du travail, respect des aînés, etc. Ce que pointe en réalité la citation plus haut, c'est la façon

[23] Voir Theda Skocpol, Vanessa Williamson, *op.cit.*, p. 46.
[24] *Ibid.*, p. 72.
[25] *Ibid.*, p. 71.

dont, membres d'une classe moyenne qui se vit comme fragilisée, mais qui est détentrice d'un capital économique mobilisable pour améliorer son confort de vie, les militants du *Tea-Party* ont davantage à profiter des services des immigrés, légaux ou non, que les classes ouvrières entrant directement en concurrence avec ces immigrés sur le marché du travail. Des analyses du même type ont déjà été effectuées en Grande-Bretagne pour comprendre le ressentiment racial des classes ouvrières blanches [26].

L'aspect « nativiste » de la nébuleuse des *Tea-Partiers* est directement lié à la menace que fait peser l'immigration et l'intégration des Latinos sur le modèle W.A.S.P, groupe en perte de vitesse démographique. C'est cette perte de vitesse que Donald Trump a instrumentalisée à travers la nostalgie politique de son slogan "Make America Great Again", et qui a contraint beaucoup d'Américains à une troublante introspection identitaire, illustrée par le dernier ouvrage du conservateur Samuel Huntington *Who Are We ? The Challenges to America's National Identity* [27]. C'est entre autres choses le poids de ce nativisme du mouvement *Tea-Party* et son influence au Congrès qui a contraint Obama à ne pas tenir ses diverses promesses en matière de régularisation des immigrés latinos sans papier. Mais malgré cela, dans la perception de certains militants, Obama demeure un socialiste acquis aux étrangers et qui ne peut pas comprendre la « manière de faire américaine » (*American ways*), les traditions politiques du pays, etc. Il est parfois dit qu'il est socialiste parce qu'il n'a pas vraiment grandi aux États-Unis, mais plutôt à Hawaï, un territoire « marginalement » américain, et en Indonésie. C'est un des enjeux symboliques des polémiques autour de l'injonction qui lui a déjà faite de produire son certificat de naissance, un pseudo-scandale largement orchestré en 2011 par un certain… Donald Trump. L'accusation selon laquelle il n'est pas américain permet, d'après une grille de lecture classiquement déterministe, de prouver son « inaméricanité » politique, c'est-à-dire le fait qu'il est socialiste, dans un discours bien rôdé au moins depuis la guerre froide. Il faut ajouter à cela une

---

[26] Voir par exemple le rapport coordonné par Kjartan Pall Sveinsson, *Who Cares About the White Working Class ?*, Londres : The Runnymede Trust, 2010 ; voir aussi l'étude comparatiste (U.S. / U.K.) de Justin Gest, *The New Minority : White Working Class Politics in an Age of Immigration and Inequality*, Oxford University Press, 2016.

[27] New York : Simon & Schuster, 2004.

dimension anti-intellectuelle dans l'hostilité vis-à-vis d'Obama, qui puise là aussi dans une longue tradition américaine, même si Theda Skocpol et Vanessa Williamson ont raison d'insister sur le fait que la majorité des *Tea-Partiers* sont des gens généralement plus instruits que la moyenne nationale [28].

III. La dimension islamophobe

La dimension islamophobe n'est pas au centre du mouvement, mais elle irradie une partie du débat américain sur l'immigration, l'intégration et la politique étrangère. Contrairement au langage codé dont il est fait usage afin de rendre compte des réalités raciales qui gangrènent la société et l'histoire américaines, l'hostilité à l'islam et/ou aux musulmans, qu'on la nomme « islamophobie » ou qu'on rechigne à le faire, est quant à elle assez ouvertement exprimée. Edward Said, trente ans avant le 11-septembre, avait déjà évoqué l'idée selon laquelle aux États-Unis, depuis la crise des otages en Iran [29], le discours anti-islam « passait » très bien et ne nécessitait pas l'utilisation de circonlocutions, dans des diatribes publiques ou privées qui auraient paru choquantes si elles avaient ciblé les Juifs ou les chrétiens, par exemple [30]. Il va de soi que le 11-septembre a ensuite encore davantage désinhibé la parole anti-musulmane, avant que l'élection d'Obama ne représente un véritable paroxysme. C'est l'idée qui est martelée par Nadia Marzouki dans son ouvrage *L'Islam : une religion américaine ?* [31], notamment dans le passage suivant :

Malgré les cas nombreux et réels de discrimination à l'encontre des musulmans dénoncés aux États-Unis après les attentats de 2001, le public adhérait dans l'ensemble au discours sur le bon musulman américain, distinct de l'extrémiste moyen-oriental et, surtout, du musulman prolétarisé et stigmatisé des banlieues européennes. À partir de 2008, la critique de l'islam se fait plus virulente, plus

---

[28] Voir *op.cit.*, p. 82.
[29] Pour une excellente analyse de cette question, voir David Farber, *Taken Hostage : The Iran Hostage Crisis and America's First Encounter With Radical Islam*, New Jersey : Princeton University Press, 2006.
[30] Voir Covering Islam : How the Experts and the Media How We See the Rest of the World, New York : Vintage, 1997 [1981].
[31] Paris : Seuil, 2013.

systématique, et recouvre très souvent une franche hostilité au président Barack Obama.

Certains propos de militants du *Tea-Party* sont des manifestations intéressantes de cette banalisation d'une hostilité envers tout un groupe religieux, ou envers une religion. Voici par exemple les paroles rapportées de John Patterson, de Lynchburg (Virginie), dont le fils combat en Iraq :

> In Iraq, the 'wrong people cheered' the night Obama beat McCain, the 'same people trying to kill my son'. John is 'not calling Obama a Muslim', but he was glad when conservative-minded people who 'love the same things' about this country started organizing Tea-Party rallies and he could join the cause.

"Calling Obama a Muslim" montre de manière remarquable cette banalisation dont avait déjà parlé Edward Said. Le verbe *to call* utilisé de cette manière est d'ordinaire suivi d'une insulte, comme dans des phrases du parler de tous les jours comme "Are you calling me a liar ?". Ici, « musulman » est donc vu comme naturellement péjoratif, sans nécessité de justifier pourquoi. Plus intéressant : dans cette forme de sociabilité politique que constitue le *Tea-Party*, les enjeux géopolitiques liés à l'islam dans le monde, s'ils semblent lointains de prime abord, peuvent tout à fait affecter personnellement des familles entières, lorsque celles-ci ont, comme dans le cas présent, des proches qui combattent sur les théâtres d'opérations américains. Enfin, comme cela arrive souvent, on voit à l'œuvre une sorte d'alliance objective entre Obama et le Jihadisme, soit parce qu'il est trop « mou » politiquement, soit parce que c'est un traître, selon les degrés de radicalité (ou d'aveuglement) des militants. *In fine,* ces nuances tendent à s'estomper : être "soft on Jihadism" comme on pouvait être "soft on communism" pendant la guerre froide revient de toute façon à être un compagnon de route.

Même si aux yeux des *Tea-Partiers* le combat contre les réformes de santé, pour le créationnisme et contre l'avortement sont centraux, la menace incarnée par l'islam, qui emprunte volontiers à des théories du complot que semblent valider régulièrement l'actualité nationale et internationale, n'est certainement pas à négliger, et surtout elle nourrit une sourde hostilité vis-à-vis d'Obama lui-même, qui est dépeint comme un musulman aux desseins gardés secrets, car inavouables. Par exemple, la nébuleuse ultra-conservatrice anti-Obama déplore vivement que les documents stratégiques sur la sécurité nationale ne fassent plus mention de « guerre mondiale contre le terrorisme » et de « Jihad », mais bien d'"Overseas Contingency Operation" [32], comme si l'ennemi n'était plus le même que sous George W. Bush, ce que semble d'ailleurs confirmer une certaine lecture du discours du Caire d'Obama (04. 06. 2009). Ce sont des évolutions rhétoriques de ce genre qui ont donné du grain à moudre au mouvement anti-charia américain[33], monté de toutes pièces par des *think-tanks* ultra-conservateurs tout heureux de pouvoir tenter de peser sur les choix en matière de politique étrangère. Sur le terrain, ces controverses se sont traduites par des mouvements locaux s'opposant à la construction de mosquées, auxquels les nombreux groupes *Tea-Party* ont pu prêter main forte. Dans un pays où la liberté de culte est totale, tout l'enjeu consiste à prouver que l'islam n'est pas une religion, mais bien une idéologie politique, ce qui permettrait d'interdire l'érection de mosquées. Certaines polémiques locales ont fait grand bruit, comme à Murfreesboro (Tennessee)[34], et elles ont puisé dans la vision d'un Obama complice ou « idiot utile » de la cinquième colonne musulmane.

Tout le paradoxe est que, malgré le 11-septembre et la tragique litanie des attentats jihadistes dans le monde occidental, la composante musulmane de la société américaine est remarquablement « ordinaire » en matière de style de vie, de choix politiques, etc., et que, surtout, elle ne constitue même pas 1 % de la population nationale[35]. Sociologiquement, elle est assez différente des sous-classes musulmanes issues de l'immigration ouvrière en France, Grande-Bretagne, Allemagne, etc. Comme le rappelle Olivier Roy dans sa préface à l'ouvrage de Nadia Marzouki, « Aux États-Unis, le débat sur l'immigration et les exclus concerne des populations qui ne sont pas (ou très peu) musulmanes : les 'Latinos' pour l'immigration et les Noirs américains pour l'exclusion sociale » [36]. Ceci indirectement a pour effet d'accroître encore davantage l'invisibilité sociale du groupe musulman, lui-même ultra-minoritaire

[32] *Ibid.*, p. 144.
[33] *Ibid.*, p. 145-8.
[34] Voir *Ibid.*, p. 126-9.
[35] Nadia Marzouki (*Ibid.*, p. 22) donne le chiffre de 0.6% en 2013. Cette donnée ne peut être précise toutefois, en l'absence de statistiques religieuses aux États-Unis.
[36] *Ibid.*, p. 12.

démographiquement. Ce sont seulement le contexte international et la « grammaire paranoïaque » des cercles ultra-conservateurs pourfendant le « musulman » Obama qui peuvent donner une espèce de légitimité au discours anti-musulman aux États-Unis. Ce type de discours vient compléter les autres dimensions réactionnaires du *Tea-Party*, et peut éventuellement prendre le dessus sur elles au gré de l'actualité.

Conclusion

C'est un fait connu que J. P. Morgan détestait Franklin Delano Roosevelt à un point tel que dans le cercle familial, il était interdit de prononcer son nom, que tout le monde savait qui était désigné par "that man" et que les photos du président du *New Deal* étaient soigneusement découpées et retirées des journaux que le désormais vieux banquier lisait au coin du feu. C'est aussi de cette manière qu'il faut appréhender la détestation d'Obama : même si à l'inverse de F.D.R. Obama n'a jamais été contraint par un puissant mouvement populaire à infléchir sa politique clairement à gauche [37], il n'en reste pas moins que pour certains milliardaires, Obama figure un objet hystérisé de haine personnelle. La dimension anti-Obama du *Tea-Party* est aussi à considérer de cette façon, c'est-à-dire comme la percolation (*trickle-down*) au sein d'un mouvement de masse d'une hostilité nourrie et instrumentalisée par une partie des élites économiques, même si ces dernières n'ont pas eu *a priori* à se plaindre tant que cela d'un président ayant renoncé à nationaliser les grandes banques, malgré les exhortations d'économistes de renom tels que Paul Krugman, Joseph Stiglitz, etc. Ces échos, emprunts, mises au ban parallèles d'une même figure honnie permettent dans une certaine mesure de dépasser les polémiques somme toute stériles sur le caractère *astroturf* [38] ou non du mouvement *Tea-Party*, qui doit aussi son existence et sa vigueur à une hostilité personnelle envers un

---

[37] Voir par exemple l'article de Frances Fox Piven, "Obama needs a protest movement", *The Nation*, 01. 12. 2008.

[38] Ce terme presque impossible à traduire fait référence aux mouvements soi-disant populaires créés de toutes pièces par des puissants lobbys, comme lorsque de (faux) mouvements locaux en faveur de la construction de magasins Wal-Mart ont vu le jour, par exemple.

président qui est semblable qu'on compte parmi les 1 % les plus riches ou qu'on appartienne aux classes moyennes blanches se vivant comme fragilisées, celles-là mêmes qui sont interrogées par Theda Skocpol et Vanessa Williamson.

Avec le recul dont on dispose désormais, et par-delà les études portant sur la sociologie du *Tea-Party* et ses différents répertoires d'action collective, force est de constater que le mouvement réactionnaire impulsé par Rick Santelli, et qui attendait en coulisse avant d'occuper bruyamment le terrain du débat public, aura constitué un frein très puissant à l'avènement d'une politique intérieure et étrangère véritablement progressiste au sein de l'administration Obama, après le long cauchemar qu'auront été les années G. W. Bush pour la gauche américaine. Le contraste avec F. D. Roosevelt, fut-ce dans un contexte historique tout autre, est ici patent. Enfin, si le bilan progressiste d'Obama a été implacablement bridé par le *Tea-Party*, la victoire électorale de Trump aux présidentielles de 2016 est aussi à compter parmi les éléments du bilan de ce mouvement réactionnaire, que Trump contre toute attente est parvenu à doubler par la droite.

Bibliographie

Banting, Keith & Kymlicka, Will (eds), Multiculturalism and the Welfare State, Recognition and Redistribution in Contemporary Democracies, Oxford : Oxford University Press, 2006.

Cowie, Jefferson, Stayin' Alive, The 1970s and the Last Days of the Working Class, New York : The New Press, 2010.

Crehan, Kate, *Gramsci's Common Sense, Inequality and Its Narratives*, Durham (N.C.) : Duke University Press, 2016.

Diamond, Andrew & N'Diaye, Pap, *Histoire de Chicago*, Paris : Fayard, 2013.

Farber, David, Taken Hostage : The Iran Hostage Crisis and America's First Encounter With Radical Islam, New Jersey : Princeton University Press, 2006.

Formisano, Ronald, *The Tea-Party, A Brief History*, Baltimore : Johns Hopkins University Press, 2012.

Fox Piven, Frances, "Obama needs a protest movement", *The Nation*, 01. 12. 2008.

Gest, Justin, The New Minority : White Working Class Politics in an Age of Immigration and Inequality, Oxford University Press, 2016.

Huntington, Samuel, Who Are We ? The Challenges to America's National Identity, New York: Simon & Schuster, 2004.

Huret, Romain, *American Tax Resisters*, Cambridge (Mass.) : Harvard University Press, 2014.

Marzouki, Nadia, *L'Islam : une religion américaine ?*, Paris : Le Seuil, 2013.

McGirr, Lisa, *Suburban Warriors, The Origins of the New American Right*, New Jersey : Princeton University Press, 2001.

Piketti, Thomas, *Le Capital au 21ème siècle*, Paris : Fayard, 2013.

Sveinsson, Kjartan Pall, *Who Cares About the White Working Class ?*, Londres : The Runnymede Trust, 2009, disponible en ligne :

http://www.runnymedetrust.org/uploads/publications/pdfs/WhoCaresAboutTheWhiteWorkingClass-2009.pdf

Said, Edward, Covering Islam : How the Experts and the Media Determine How We See the Rest of the World, New York, Vintage, 1996 [1981].

Skocpol, Theda & Williamson, Vanessa, *The Tea Party and the Remaking of Republican Conservatism*, Oxford : Oxford University Press, 2012.

Sugrue, Thomas J., The Origins of the Urban Crisis : Race and Inequality in Postwar Detroit, New Jersey: Princeton University Press, 2005 [1996].

Les années Obama et le droit individuel du travail : réflexions depuis l'hexagone

Laurence PERU-PIROTE

Maître de conférences, Université de Lille

Il est commun de dire que « la » réforme de Barack Obama est le « *Health care* », voté de justesse au Congrès en 2010, entré en vigueur pour ses principales dispositions en 2014 et qui, selon l'administration d'Obama, a permis de donner une couverture maladie à vingt millions de personnes. Il est aussi notoire que, pressé de faire face à la crise des Subprimes, le Président a, dès le 17 février 2009, trois semaines après son installation à la maison blanche, promulgué un plan de relance de l'économie – donc de l'emploi, de pas moins de huit cents milliards de dollars, et que ce plan a donné des résultats, puisque le taux de chômage est passé de 10 % en 2008 à 4,9 % en 2016[1].

Mais qu'en est-il en droit individuel du travail, c'est-à-dire en droit des contrats de travail. Les bilans « des Années Obama » déjà publiés dans la presse générale[2] sont muets sur la question. Il reste qu'il était intéressant de « creuser » la question, car les droits du travail français et américain sont aux antipodes, le premier forgé et nourri par l'idée que l'État providence doit protéger la partie faible de la relation de travail, c'est-à-dire le salarié, tandis que le second applique à son paroxysme le libéralisme économique. Cette différence se perçoit dès la définition du contrat de travail, qui est doctrinale des deux côtés de l'Atlantique. En effet en France le contrat de travail peut être défini comme la convention par laquelle une personne, le salarié, fournit une prestation de travail en contrepartie d'une rémunération à une autre

---

[1] Bourcier, Nicolas ; Flandrin, Antoine ; Lauer, Stéphane et Paris, Gilles, « Les dossiers du nouveau Président », *in* Le Monde, hors série : Deux Amérique face à face, oct-déc. 2016., p.91.

[2] Voir en particulier : Problèmes économiques contemporains, Les années Obama, n°3138, sept. 2016 ; Courrier International : Nos années Obama, n°1352 29 sept. 2016 ; Le Monde, hors série : Deux Amérique face à face, oct-déc. 2016.

personne, l'employeur, sous la subordination de laquelle elle se place. Les trois éléments du contrat de travail sont la rémunération, la prestation de travail et le lien de subordination, mais le dernier fait « l'essence » du contrat de travail, il en est la « substantifique moelle »[3]. Aux États Unis le contrat de travail est « l'accord ou le contrat entre l'employeur et un salarié par lequel les termes et les conditions d'emploi sont définis »[4]. Les parties sont donc entièrement libres de déterminer le contenu du contrat, mais la jurisprudence américaine considère que ce dernier est nul s'il ne repose pas sur une « *consideration* » qui est dans le Common Law la contrepartie promise par celui qui entend tirer un droit de la promesse faite à l'autre partie. Ici la rémunération est la contrepartie de la prestation de travail. On retrouve donc deux éléments du contrat de travail à la française. Le lien de subordination n'apparaît pas dans la définition du contrat de travail américain. Il existe pourtant, mais sous une forme très puissante : « le *right to control* », qui est le pouvoir de direction et de contrôle exercé sur l'exécution de la prestation confiée et sur son résultat.

Le plus souvent le contrat n'est pas écrit, et la relation de travail est présumée « *at-will* », ce qui donne tout pouvoir à l'employeur pour fixer les éléments du contrat, les modifier, décider qu'un comportement du salarié est fautif et lui infliger la sanction qui lui plaît, lire la correspondance même personnelle du salarié, fouiller son bureau. Il peut licencier le salarié sans motif, de façon brutale (sans préavis) et vexatoire. Une faible contrepartie à cette toute-puissance est donnée au salarié : il peut démissionner sans préavis et sans avoir à donner de motif.

Il existe tout de même des freins. D'abord les parties peuvent s'accorder pour faire des écrits limitant la toute-puissance de l'employeur. Le contrat de travail écrit (*« contract employee »)* contient ainsi souvent des stipulations sur le terme du contrat, la

---

[3] En ce sens, *Cf.* par exemple : Teyssié, Bernard, Cesaro Jean-François et Martinon, Arnaud, Droit du travail, relations individuelles, Paris, 3ème éd. : LexisNexis, 2014, n°415 à 422, p.210-222.

[4] Black' Law Dictionnary. Pour les développements liés au régime juridique du contrat de travail aux Etats-Unis, *Cf.* par exemple : Bennet, Mark w ; Rubin Howard J., Polden, Dean Donald J., Employment Relationships law & Pratice, Wolters Kluwers, 2015 ; Carlson Richard, Employment Law, 3èd. Wolters Kluwers, 2013 ; Courtois-Champenois, Le droit du travail américain, un droit de l'entreprise, éd. Presses Universitaires d'Aix-Marseille, 2002.

rémunération du salarié, la non-concurrence à l'issue du contrat, la nécessité d'une *« just cause »* que l'on qualifierait en France de faute sérieuse, pour que l'employeur puisse licencier le salarié. Le contrat contient aussi souvent des dispositions sur l'indemnisation du licenciement et sur la renonciation par le salarié à faire valoir ses droits devant un tribunal[5]. La force obligatoire du contrat est moins forte qu'en France dans la mesure où des tribunaux ont pu considérer que l'employeur peut valablement modifier par oral des stipulations écrites[6]. Par ailleurs, même si la relation est « *at-will* », le contrat de travail est souvent complété par un document appelé « *employment manual* » ou « *employment handbook* », décrivant les droits et devoirs du salarié, et qui pourrait être comparé à la fois à un règlement intérieur et à un manuel de discipline.

Le second frein à la toute-puissance de l'employeur est l'atteinte à l'ordre public : « *public policy* », laquelle est qualifiée si le comportement, ici reproché à l'employeur, porte atteinte à la société et non aux seuls intérêts du salarié, par exemple lorsque le licenciement est la conséquence de la dénonciation d'une discrimination.

Un autre frein aux pouvoirs de l'employeur est d'origine légale. L'arsenal juridique est très maigre. En effet les interventions des pouvoirs publics dans le droit du travail sont considérées comme des obstacles à la liberté individuelle et au libéralisme économique. De fait, il n'y a pas de Common Law fédérale : la compétence législative des États fédérés est la règle, celle de l'État Fédéral l'exception. Les textes fédéraux posent les grands principes relatifs aux relations de travail. Ils sont applicables sur tout le territoire américain et garantissent aux salariés une protection minimale qui est en principe d'ordre public, et qui concerne les discriminations, le salaire, le licenciement, le temps de travail, la fiscalité de l'entreprise et les cotisations sociales. Au total, une petite dizaine de lois fédérales ont été prises depuis le début du vingtième siècle[7], parmi lesquelles on

---

[5] Les États-Unis n'ont pas de juridiction spécialisée dans les relations de travail.

[6] L'interprétation des contrats dans la Commun Law ne s'arrête pas à la lettre des contrats (pour cause il y a peu d'écrit) mais utilise l'environnement contractuel comme la politique habituelle de l'entreprise.

[7] 1935 : Le *National Labor Relations Act* pose le principe de la liberté syndicale et reconnait partiellement le droit de grève.

1938 : Le *Fair Labor Standards Act* établit un salaire minimum, prévoit la rémunération des heures supplémentaires et interdit l'emploi des mineurs et des enfants pour les travaux pénibles.

peut relever le *Fair Labor Standards Act* (FLSA) qui fixe le principe du salaire minimum et la majoration des heures supplémentaires, l'*Equal pay Act* sur l'égalité de rémunération et de revenus entre les hommes et les femmes, le *Civil Rights Act,* complété plusieurs fois, qui interdit les discriminations notamment dans l'emploi, et enfin le *Family and Medical Leave Act* qui accorde aux salariés des congés exceptionnels sans solde en cas de maternité ou de maladie grave. Les États fédérés peuvent améliorer le dispositif en faveur du salarié.

Le Président Barack Obama a essayé pendant ses deux mandats, surtout le second, de réduire les inégalités, ce qui a pour traduction en droit du travail, une baisse de la toute-puissance des employeurs par une modification – rarement réussie- de chacune de ces quatre grandes lois fédérales. Nous verrons donc successivement les actions du Président dans les domaines de la rémunération (I), de l'égalité entre les hommes et les femmes (II) puis plus largement des discriminations (III), et enfin de la protection de la santé et de la maternité (IV).

I. Obama et le Fair *Labor Standard Act* (FLSA)[8]: améliorer la rémunération des salariés

Le droit américain ne comporte pas de disposition générale sur la rémunération du travail. Dans les contrats « *at-will* », l'employeur peut donc fixer puis modifier librement le salaire qui peut être horaire

---

1963 : Le *Equal pay Act* interdit les discriminations salariales fondées sur le sexe.
1964 : Le *Civil Rights Act* déclare illégale toute discrimination à l'embauche ou au licenciement fondée sur la race, la couleur, la religion, le sexe et l'origine.
1970 : Le *Occupational Safety and Health Act (OSHA)* pose des règles matérielles sur les produits dangereux, l'aménagement des locaux, ainsi qu'une obligation générale de sécurité pesant sur l'employeur.
1988 : Le *Worker Adjustment and Retraining Notification* impose aux entreprises de plus de 100 salariés un préavis de 60 jours en cas de licenciement de masse. Des exceptions sont prévues.
1993 : Le *Family and Medical Leave Act* instaure un congé exceptionnel sans solde pouvant aller jusqu'à 12 semaines par an en cas de maladie grave ou de maternité.
[8] Autrement appelée Wages and hours Bill.

(« *hourly position* »)[9] ou au forfait (« *salary position* », non soumise aux heures supplémentaires). Il n'y a pas de majoration prévue par la loi fédérale pour le travail de nuit, le dimanche, le weekend ou les jours fériés. De même le droit fédéral ne fixe pas de durées *maxima* au travail.

Le pouvoir de l'employeur n'est cependant pas tout à fait absolu. En effet, il peut lui-même consentir des limites dans le contrat ou dans un accord d'entreprise[10], il ne peut pratiquer de discrimination et doit atteindre l'égalité de traitement entre les hommes et les femmes. Ces deux dernières limites feront l'objet de développements dans la suite de la communication. À cela il faut ajouter que les législations des États fédérés peuvent toujours améliorer la situation du salarié. Ainsi certains États exigent de l'employeur qu'il prévienne ce dernier de la modification de la rémunération au moins 24H avant qu'elle devienne effective[11].

Adoptée en 1938 sous Roosevelt, le *Fair Labor Standards Act (FLSA)* est la loi fédérale qui établit un salaire minimum et une réglementation des heures supplémentaires : une majoration de la rémunération de ces dernières à partir de la 41ème heure de travail effectif : 1H payée 1H30[12]. Il s'agit, au moment de l'adoption du texte, de donner aux salariés un niveau de vie assurant santé, efficacité et bien-être[13]. Le Président Obama a agi sur ces deux points : le relèvement du salaire minimum et la baisse des niveaux d'exemption.

1) le salaire minimum

Le salaire minimum fédéral est un salaire plancher d'ordre public[14]. Il ne s'applique toutefois pas à certaines catégories de personnes (les

---

[9] En 2014, sur les 145 Millions de salariés aux Etats-Unis, 75 millions sont payés à l'heure, http://www.lefigaro.fr/conjoncture/2014/01/28/20002-20140128ARTFIG00488-obama-aumgente-fortement-le-salaire-minimum-aux-etats-unis-php, consulté le 20 mai 2016.

[10] Dans ce cas elles ne profitent qu'aux salariés adhérents au syndicat – forcément unique – avec lequel il aura négocié.

[11] C'est le cas de la Caroline du Nord : N.C.G.S § 95-25. 13 (3).

[12] Fair Labor Standards Act, §207.

[13] 29 USC §202 a).

[14] 2 États (la Géorgie et le Wyoming) ont un salaire inférieur (5,25 dollars) et d'autres, situés dans le Sud pas de minimum, Lesne, Corine, Accord sur le salaire minimum aux Etats-Unis, Le monde Economie, 28 mars 2016,

étudiants, les travailleurs handicapés[15]) et il ne s'applique pas non plus, du moins tel quel, aux salariés qui reçoivent de manière régulière plus de 30 dollars de pourboires mensuels : serveurs, majordomes, commis de salle, porteurs de bagages. En effet pour ces salariés l'employeur est tenu de verser le complément des pourboires, avec un taux plancher, fixé par le FLSA à 2,13 dollars de l'heure[16].

En 1938 le salaire minimum était de 0,25 dollar de l'heure, en 1955, de 1 dollar. Depuis 2007, il est de 7,25 dollars. Il n'est pas indexé sur le coût de la vie et il n'augmente que par décision du Congrès. Selon le Président Obama, le pouvoir d'achat du salaire minimum américain a régressé de 20 % depuis trente ans[17]. D'autres études montrent sans surprise que les bas salaires concernent en majorité les Afro-Américains, les Latino-Américains, les femmes, les personnes homosexuelles[18]. Elles révèlent aussi qu'une hausse du salaire minimum concernerait désormais également des salariés plus âgés ou plus éduqués, et dont le salaire représente la principale, voire la seule source de revenus de la famille[19]. Le Président et les partisans d'une hausse du salaire minimum font valoir qu'elle apporterait du bien-être au travail, ce qui paradoxalement augmenterait la durée du travail (par ex dans les fast-foods américains par application de la règle « travailler plus pour gagner plus »), réduirait le turnover, et permettrait de diminuer les inégalités sociales. De plus l'augmentation du salaire minimum serait facteur de relance économique[20].

En 2014, le Président Obama a donc voulu faire voter une modification du FLSA portant à 10,10 dollars le montant du salaire minimum par trois augmentations de 95 cents entre 2014 et 2016. Ce

---

http://www.lemonde.fr/economie/article/2016/03/28/accord-sur-le-salaire-minimum-en-californie_4891123_3234.html , consulté le 20 mai 2016.

[15] 29 U.S.C, § 214 a) et e).

[16] Ibid.

[17] http://www.liberation.fr/planete/2014/04/30/l-augmentation-du-salaire-minimum-rejetee-au-senat-americain, consulté le 20 mai 2016.

[18] Mc Neil, Patrick, State and Local Governments Move Ahead of Congress on Minimum Wage Increase, The leadership Conference Education Fund, janv. 2015 p. 25.

[19] Ibid.

[20] Une autre solution serait de permettre une augmentation de l'endettement : « En l'absence d'une généralisation des augmentations de salaire, la pérennité de la reprise de l'activité aux États –Unis pourrait alors dépendre d'un redémarrage de l'endettement ». Problèmes économiques, n° Spécial n° 3138, Les années Obama, La documentation française 2016, p. 24.

montant avait été choisi par référence au SMIC français. Le dispositif aurait concerné les quatre millions de salariés encore au SMIC fédéral. Le texte prévoyait également une indexation du salaire minimum sur le coût de la vie, ainsi qu'une augmentation du salaire minimum des salariés payés au pourboire[21].

Le Congrès a refusé la modification de la FLSA. Les républicains arguent qu'un salaire minimum trop élevé finira par faire baisser l'emploi, notamment chez les jeunes et les personnes sans qualification. Ils s'appuient notamment sur une étude publiée en février 2014 par le Bureau du budget du Congrès (CBP) que l'on peut comparer à la Cour des comptes en France et selon laquelle augmenter graduellement le salaire à 10, 10 dollars conduirait à une perte de cinq cent mille emplois sur deux ans, même si dans le même temps elle faisait sortir de la pauvreté neuf cent mille personnes[22]. En réalité, pour qu'il y ait création d'emplois il faut de manière concomitante augmenter le salaire minimum et limiter le temps de travail[23].

Le Président Obama n'a cependant pas baissé les bras. Il a décidé d'agir dans la limite de ses pouvoirs, c'est-à-dire par voie de Décrets, en espérant donner l'exemple. Il a pris plusieurs Décrets en 2014. L'un interdit les mesures de rétorsion contre les salariés qui contestent leurs salaires[24], un autre donne pour instruction au Département du travail d'exiger des entreprises qui contractent avec l'État Fédéral de fournir leurs données salariales[25], et le dernier exige de relever sur trois ans le montant minimum à 10,10 dollars de l'heure du salaire

---

[21] Mc Neil, Patrick, State and Local Governments Move Ahead of Congress on Minimum Wage Increase, The leadership Conference Education Fund, janv. 2015, p. 25.

[22] http://www.liberation.fr/planete/2014/04/30/l-augmentation-du-salaire-minimum-rejetee-au-senat-americain, consulté le 20 mai 2016.

[23] Le passage aux 35 H aurait créé en France 350 000 emplois : http://lexpansion.lexpress.fr/actualite-economique/les-35-heures-ont-cree-350-000-emplois-affirme-un-rapport-censure-de-l-igas_1813373.html, consulté le 7 novembre 2016.

[24] EO 13665 du 8/04/2014, Non-Retaliation for Disclosure of Compensation Information ; 79 FR 20749.

[25] EO 13-673 du 31/07/2014, Fair Pay and Safe Workplaces, 79 FR 45309.

pour les salariés des entreprises de travaux public avec lesquelles l'État Fédéral contracte[26].

Pendant la même période de nombreux États et municipalités (pas tous démocrates), et même des entreprises ont relevé le montant du salaire minimum. En 2015 en effet, quarante-et-un États ont un salaire minimum supérieur au salaire minimum fédéral. Los Angeles a décidé que le salaire minimum doit passer à 15 dollars progressivement d'ici 2020. De même en 2016 le salaire minimum californien est à 10 dollars et devrait progressivement augmenter pour atteindre 15 dollars en 2022[27]. Même Wal-Mart, premier employeur aux États-Unis et leader de la distribution à bas prix, a relevé le montant minimum de ses salaires à 8,81 dollars puis à 10 dollars[28]. Mac Donalds a annoncé passer le minimum à 10 dollars d'ici la fin de l'année 2016[29]. Une autre façon d'améliorer la situation a été de décider de ne pas appliquer les exceptions au salaire plancher (par exemple la Californie et le Montana exigent de l'employeur qu'il verse le salaire minimum non amputé aux salariés payés au pourboire).

Le mouvement devrait prospérer, car l'opinion publique y est favorable[30], et Donald Trump a fait du « *ten-ten* » une promesse de campagne[31].

---

[26] EO 13658, du 12/02/2014, Minimum wage for Federal contractors; establishment ; 79 FR 9849. La mesure, qui concerne 2 millions de personnes, s'applique aux contrats établis ou renouvelés à partir du 1er janvier 2015.

[27] http://www.liberation.fr/futurs/2015/07/06/le-salaire-minimum-a-15-dollars-fait-rage, consulté le 20 mai 2016.

[28] http://www.lefigaro.fr/conjoncture/2014/01/28/20002-20140128ARTFIG00488-obama-augmente-fortement-le-salaire-minimum-aux-etats-unis.php, consulté le 20 mai 2016.

[29] Lesne, Corine, Accord sur le salaire minimum aux Etats-Unis, Le monde Economie, 28 mars 2016, http://www.lemonde.fr/economie/article/2016/03/28/accord-sur-le-salaire-minimum-en-californie_4891123_3234.html , consulté le 20 mai 2016.

[30] 7 américains sur 10 sont en faveur du relèvement à 10, 10 dollars de l'heure, Sondage du New-York Times –CBS 28/31 mai 2015, cité par libération.fr – http://www.liberation.fr/futurs/2015/07/06/le-salaire-minimum-a-15-dollars-fait-rage, consulté le 20 mai 2016.

[31] Que feront-ils s'ils gagnent ? : Le programme des candidats à la maison blanche, in Problèmes économiques contemporains, Les années Obama, n°3138, sept. 2016 ; Courrier International : Nos années Obama, n°1352 29 sept. 2016, p. 34-36, p.35.

2) La diminution des cas d'exemption

La *Fair Labor Standards Act* ne s'applique pas à deux catégories de salariés : d'une part ceux qui occupent un certain niveau qualification professionnelle et, - les conditions sont cumulatives, atteignent un certain niveau de salaire ; et d'autre part ceux qui, quelle que soit leur qualification professionnelle, atteignent un certain niveau de salaire, plus élevé que le premier : « *highly Compensated employees* ». Concrètement, depuis 2004, l'exemption s'appliquait aux salariés qualifiés « *Executive, Administrative et Professionnal* » et gagnant 455 dollars par semaine ou 23 660 dollars par an ; et à ceux qui, quelle que soit leur fonction, gagnaient plus de 100 000 dollars par an.

En 2015 Barack Obama a annoncé pour 2016 une proposition de réforme sur les heures supplémentaires, qui couvrirait tous les salariés qui gagnent jusqu'à environ 50 400 dollars par an. Il insistait sur le fait que les dures journées de travail méritent une paye équitable et que ce principe est fondamental pour la classe moyenne[32]. Le 18 mai 2016 le département du travail a entériné la modification de la loi FLSA avec la « final Rule » (amendement à la loi de 2015 sur les services à la personne : application of the *Fair Labour Standards Act to Domestic Services*) votée par le Congrès et qui restreint les cas dans lesquels les salariés ne sont pas soumis à la loi sur le salaire minimum et la majoration des heures supplémentaires[33] : au premier décembre 2016 pour être exempté, le salaire minimum sera de 913 dollars par semaine, ou 47 476 dollars par an, et il y aura revalorisation automatique tous les trois ans. Par ailleurs le plafond d'exemption des hauts salaires est relevé à 134 000 dollars annuels. Selon le Département fédéral du travail, quatre millions deux cent mille travailleurs américains bénéficieront désormais de la majoration des heures supplémentaires.

Le salaire minimum, le plafonnement de la durée du travail, la majoration des heures supplémentaires, les congés payés ont une

---

[32]http://www.lapresse.ca/international/etats-unis/201506/30/01-4881979-obama-veut-que-les-americains-soient-payes-pour-leurs-heures-supplementaires.php, consulté le 11 octobre 2016.

[33]Kartea, news letter des Ressources humaines internationales, Zoom sur les ressources humaines et le droit du travail local aux Etats-Unis, 2 juin 2016, http://www.kartea-ressources-humaines.fr.

fonction de santé publique, de protection de la vie personnelle du salarié, et ils peuvent se révéler créateurs d'emplois. L'administration Obama n'a agi que sur le volet « rémunération » de la FSLA, avec un succès indirect.

II. Obama et l'*Equal Pay Act* ou l'égalité de rémunération et de revenus entre les hommes et les femmes

Le *Equal Pay Act* est un amendement au FLSA, pris sous la Présidence de J.-F. Kennedy en 1963. Il est toujours considéré comme un texte autonome, d'où des développements séparés dans la présente étude. Ce texte impose l'égalité de rémunération entre les deux sexes pour un travail égal ou de valeur égale,[34] mais prévoit quatre motifs légitimes généraux de discriminations, qui justifient les différences de traitement qui seraient opérées par l'employeur : l'ancienneté, le mérite, la quantité ou la qualité de la production et *« toute autre différence fondée sur un autre facteur que le sexe »*.

En dépit de l'égalité formelle imposée il y a plus de 50 ans, les inégalités réelles persistent. En effet, en 2010, le salaire annuel médian d'un homme travaillant à temps complet était de 22,6 % supérieur à celui d'une femme[35]. En 2014, l'écart est encore de 21 % en moyenne, mais de 36 % si la femme est afro/américaine et de 44 % si elle est de type hispanique[36].

Dès son entrée à la Maison-Blanche, le Président Obama a œuvré pour que l'égalité salariale entre les hommes et les femmes devienne une réalité, ou, de manière plus pragmatique, pour que l'écart entre les deux sexes soit réduit. Le 29 janvier 2009, le tout premier projet de loi signé par Barack Obama a été le *Lilly Ledbetter Fair Pay Act,* qui allonge la durée pendant laquelle les femmes peuvent se plaindre de discriminations salariales et modifie en conséquence le *Equal Pay*

---

[34] 20 U.S.C § 206 d).

[35] The gender Wage Gap : 2014, Institute for women's Policy Research.

[36] https://www.whitehouse.gov/issues/equal-pay, consulté le 20 mai 2016.

Act[37]. Les mesures suivantes ne visent plus à changer le contenu de la loi, mais à développer les bonnes pratiques. Ainsi en 2010 l'administration Obama a créé la *Equal Pay Task Force.* Il s'agit de la mise en place d'une collaboration entre différents ministères (justice, travail) et agences gouvernementales (égalité hommes/femmes, ressources humaines) dont le but est de rendre effective la loi sur l'égalité salariale entre les sexes. Selon le site de la maison blanche[38], cette « force » a permis à des femmes de récupérer des millions de dollars de salaires perdus. Des programmes d'information/éducation des femmes sur leurs droits, et des employeurs sur leurs devoirs en la matière ont également été élaborés. En 2012, le Département du Travail a lancé le programme « *Equal Pay Challenge* », un concours récompensant les bonnes pratiques permettant de parvenir à une égalité réelle entre les salariés en matière de rémunération[39]. La pratique gagnante est une application qui permet de comparer les salaires, de manière à mieux les négocier à l'embauche puis au cours des carrières[40].

En avril 2014 le Président Obama a voulu à nouveau améliorer le dispositif fédéral, mais sans succès : le Sénat a par deux fois bloqué le *Paycheck Fairness Act.* Ce texte avait pour but de donner aux femmes des outils supplémentaires pour combattre les discriminations salariales dont elles sont l'objet (mesures de rétorsion, sanctions, preuve). Les Sénateurs craignaient les retombées économiques d'une probable flambée des actions en justice.

Barack Obama a donc tenté de réduire l'écart des salaires entre les hommes et les femmes. Le premier levier législatif était d'agir sur l'*Equal Pay Act,* le second, sur le dispositif antidiscriminatoire : *le Civil Rights Act* dont la portée est plus large.

[37] Lilly Ledbetter est une salariée qui, s'apercevant qu'en 20 ans elle avait perçu 200 000 dollars de moins que ses collègues masculins, avait porté l'affaire en justice puis obtenu gain de cause de la Cour Suprême en 2007.

[38] https://www.whitehouse.gov/issues/equal-pay, consulté le 20 mai 2016..

[39] Ceci concernait aussi les discriminations salariales fondées sur d'autres critères (race et origine).

[40] https ://www.whitehouse.gov/issues/equal-pay/app-challenge, consulté le 20 mai 2016.

III. Obama et le *Civil Rights Act* : la lutte contre les discriminations

Pris en 1964, le *Civil Rights Act*[41] déclare illégale toute discrimination notamment dans le travail fondée sur la race, la couleur, la religion, le sexe et l'origine. Il est applicable aux entreprises d'au moins quinze salariés. Le nombre de critères interdits de discrimination a progressivement augmenté, incluant l'âge au-delà de 40 ans [42], la grossesse [43], le handicap[44]. Enfin, depuis 1989 les salariés sont protégés contre les mesures de rétorsion[45]. Si un salarié ou un candidat à l'embauche pense être victime de discrimination, il doit dans les 180 jours de l'acte réputé discriminatoire saisir la *Equal Opportunity Commission (EEOC)* qui est une instance gouvernementale indépendante. Après enquête et si il s'avère que l'employeur a agi de manière discriminatoire, avec malveillance ou dans l'ignorance des droits que l'État fédéral garantit à tout individu, la Commission peut allouer des « *punitives damages* ». Par ailleurs les tribunaux peuvent imposer une embauche forcée.

Le Président Obama a œuvré pour la lutte contre les discriminations, pas seulement dans le travail, à la fin de son premier et pendant tout son second mandat. Les techniques utilisées sont la mise en place de mesures imposées aux agents fédéraux et aux entreprises partenaires, ainsi que l'élargissement du nombre de critères interdits.

En août 2011 le Président Obama a ainsi signé un Décret annonçant un plan « diversité » dans l'administration et les agences fédérales. Il s'agissait de lutter contre les discriminations fondées sur l'origine et de favoriser l'intégration. Plus de quarante actions ont été menées.

Concernant les personnes porteuses de handicap, le Président et ses équipes ont travaillé à la mise en œuvre de la loi de 1990 qui interdit

---

[41] Volume 42 de l'USStates Code.

[42] L'*Age Discrimination in Employment Act* de 1067 protège les personnes de plus de 40 ans des discriminations liées à l'âge, au moins à l'embauche.

[43] Pregnancy Discrimination Act, adopté en 1978.

[44] L'*American with dishabilities Act* de 1990 prohibe toute discrimination à raison du handicap dans le secteur public et dans le secteur privé.

[45] Whitsleblower Protection Act .

les discriminations à raison du handicap par diverses mesures (accessibilité, augmentation des pensions…) dont l'accès à l'emploi. En juillet 2010 a été signé un Décret visant à augmenter le nombre d'agents fédéraux porteurs de handicap[46]. Et en 2014, Barack Obama a initié une campagne sur l'insertion professionnelle et la carrière des personnes porteuses de handicap. La même année est entrée en vigueur la *Section 503 Affirmative Action Regulations* qui fixe un objectif de 7 % de personnes handicapées dans les entreprises. Enfin en juillet 2014 Barack Obama a signé un projet de loi qui oblige les ministères à œuvrer en faveur de l'amélioration professionnelle des personnes porteuses de handicap : le « *Workforce Innovation and 0pportunity Act (WIOA*)[47] ».

Le Président Obama a également agi contre les discriminations fondées sur l'orientation sexuelle et l'identité sexuelle. Il a en juillet 2014 pris un Décret interdisant aux entreprises travaillant avec l'État Fédéral de pratiquer des discriminations à raison de la race, la couleur, la religion, le sexe, l'orientation sexuelle, l'identité sexuelle telles qu'interdites au niveau fédéral ou local[48]. Cette mesure avait été introduite dans le projet de loi *« That LGBT Workplace Protection – The Employment Non-Discrimination Act (ENDA) »* qui avait été approuvé par le Sénat en 2013, mais rejeté par la Chambre des représentants, ce qui laissait vingt-neuf États fédérés n'interdisant pas les discriminations à raison de l'orientation sexuelle, et trente-deux qui ne prohibaient pas les discriminations à raison de l'identité sexuelle[49].

Barack Obama a signé 2014 une circulaire enjoignant le Secrétaire d'État au travail à demander aux entreprises travaillant avec l'État fédéral de révéler les mesures prises en matière de race et de sexe et de les encourager à réduire les inégalités dans l'emploi. En juillet 2014 dans le déjà cité *Fair Pay and Safe Workplaces Order*, il exigeait des entreprises travaillant avec l'État qu'elles divulguent

---

[46] EO 13548 du 26/07/2010 Increasing Federal Employment of Individuals With Disabilities, 75 FR 45039.

[47] Pour ces mesures, *Cf.* https://whitehouse.gov/issues/civil-rights/empowerment, consulté le 20 mai 2016.

[48] EO 13672 du 21/07/2014, Furthur Amendements to Executive Oorder 11178, Equal Employment Opportunity, Federal Government, and Executive Order 11246, Equal Employment Opportunity, 79 FR 42971.

[49] Mc Neil Patrick, Administrative Action Fills Void Created by Congressionnel Gridlock, The leadership Conference Education Fund, janv. 2015, p. 3 .

avant tout nouveau contrat avec l'État fédéral, les violations de la FLSA dans les trois dernières années et facilitait les actions en justice plutôt que les transactions pour certaines discriminations et violations des lois sur le travail[50].

Enfin en décembre 2014 le ministre de la Justice a donné des instructions aux agences fédérales et locales en ce qui concerne l'application du dispositif antidiscriminatoire[51].

Le dernier chantier, largement inachevé du Président Obama en droit individuel du travail, a porté sur la protection de la santé et de la maternité des salariés.

IV. Obama et *Familiy and Medical Leave Act* : la protection de la santé et de la maternité

Le *Familiy and Medical Leave Act,* adopté en 1993, accorde un congé exceptionnel sans solde pouvant aller jusqu'à douze semaines par an en cas de maladie grave (de soi-même si elle empêche de travailler, du conjoint, d'un parent ou d'un enfant) ou de maternité. Le congé de maternité peut être pris à partir de la naissance de l'enfant jusqu'à son premier anniversaire. Mais il faut remplir des conditions : ancienneté d'un an minimum, plus de mille deux cent cinquante heures travaillées au cours des douze derniers mois, être salariée d'une entreprise d'au moins cinquante salariés.

En 2015, Barak Obama a pris un Décret[52]obligeant les entreprises partenaires de l'État à accorder un congé maladie de sept jours à leurs salariés. À titre de comparaison, les fonctionnaires fédéraux ont déjà onze jours de congés payés.

---

50 EO 13-673 du 31/07/2014, Fair Pay and Safe Workplaces, 79 FR 45309.

51 https://www.whitehouse.gov/issues/civil-rights/discrimination, consulté le 20 mai 2016.

52 EO 13705 du 07/09/2015, Establishing Paid Sick leave for Federal Contractors, 80 FR 54697.

Le Président Obama a encore, en juin 2014[53], essayé de faire adopter un congé de maternité dans la Loi d'équité pour les travailleuses enceintes. Il avançait notamment que les États–Unis sont « le seul pays développé dans le monde n'offrant pas de congé de maternité »[54]. Le Congrès a fait blocage, et si Hillary Clinton avait inséré le congé de maternité rémunéré dans son programme, ce n'est pas le cas de Donald Trump[55]. Les salariées américaines devront donc continuer à compter sur la bonne volonté de leurs patrons et, si elles sont syndiquées, sur un accord d'entreprise.

En conclusion, on peut dire que le droit du travail a progressé pendant les deux mandats d'Obama essentiellement en ce qui concerne la rémunération du travail et la lutte contre les discriminations. Mais ces progrès sont fragiles parce qu'ils n'ont pas été inscrits dans les lois fédérales et résultent essentiellement de Décrets qui pourront être révoqués par le Président Trump. Il reste que la technique de l'apprentissage par l'exemple donne des résultats par la modification des lois des États fédérés et des réglementations prises par les villes, le changement de l'opinion publique et la prise de bonnes pratiques par les entreprises. Par ailleurs des études montrent que la relance de l'économie passe aussi par la formation professionnelle ainsi que par un encouragement de la mobilité, domaines qui n'ont pas été des « chantiers » d'Obama[56]. Peut-être l'administration Trump s'en saisira-t-elle ?

---

[53] http://www.terrafemina.com/societe/international/articles/45349-etats-unis-barack-obama-veut-instaurer-le-conge-maternite-a-la-francaise.html, consulté le 11/10/16.

[54] Ibid.

[55] Que feront-ils s'ils gagnent ? : Le programme des candidats à la maison blanche, *in* Problèmes économiques contemporains, Les années Obama, n°3138, sept. 2016, p. 34-36, p.34.

[56] L'endettement, un défi pour l'économie américaine, *in* Problèmes économiques contemporains, Les années Obama, n°3138, sept. 2016, p. 21-24, p. 24.

Les Relations du Président Obama avec la Cour Roberts

Élisabeth BOULOT

Maître de conférences, Université de Paris Est Marne-la-Vallée

Lorsque le Président Obama prend ses fonctions en janvier 2009, la Cour suprême est décrite comme l'une des plus « conservatrices » depuis l'époque du New Deal, à la suite des nominations faites par le Président G.W. Bush[1] : celle du juge Roberts, au poste de *Chief Justice* en 2005 et celle du juge Alito, en remplacement de Sandra O'Connor, en 2006.

La Cour Roberts s'est attachée, souvent dans des arrêts rendus à cinq voix contre quatre, à défendre et à promouvoir les droits des entreprises et des employeurs, à réduire à nouveau la portée des mesures antidiscriminatoires (à l'école[2] ou au travail[3]), à limiter le

---

[1] Voir en particulier : "An Ideological Divide", *The New York Times*, 11 mai, 2010, <http://www.nytimes.com/imagepages/2010/05/11/us/politics/11nominee-graphic.html?ref=politics>, "Measuring the Conservatism of the Roberts Court", *The New York Times*, 24 juillet, 2010, <http://www.nytimes.com/interactive/2010/07/25/us/20100725-roberts-graphic.html> et Robert Barnes "Recent Decisions Amount for a Dressing Down for the 9th Circuit", *The Washington Post*, 30 janvier, 2011. Marcia Coyle dans l'introduction de son ouvrage sur la Cour Roberts, qualifie celle-ci de "the most conservative Supreme Court in decades", *The Roberts Court. The Struggle for the Constitution*, New York, NY: Simon and Schuster, 201, p. 9.

[2] Voir l'arrêt *Parents Involved in Community Schools v. Seattle* (2008) qui, à quelques mois de l'élection du premier président noir, offrait une lecture de l'arrêt *Brown*, justifiant un abandon de politiques scolaires en complet désaccord avec les principes qui y sont énoncés. 5 ans plus tard, la Cour a invalidé dans l'arrêt *Shelby v. Holder*, un article essentiel du *Voting Rights Act*, donnant ainsi aux États toute latitude pour amoindrir le droit de vote des minorités (*voter suppression*).

[3] Les arrêts *Ledbetter v. Goodyear Tire and Rubber Co.* (2007) et *Ricci v. DeStefano* (2009) qui modifient l'interprétation du Titre VII du Civil Rights Act au profit des pompiers blancs de New Haven.

droit à l'avortement[4] et les droits des prisonniers[5]. Elle n'a pas hésité à créer de nouvelles règles de droit, par exemple en réinterprétant le Deuxième amendement en faveur de ceux qui défendent le droit des citoyens de posséder des armes à feu[6] .

En 2009, elle a procédé à un revirement de jurisprudence spectaculaire dans l'arrêt *Citizens United v. Federal Election Commission* en autorisant les entreprises et les syndicats à faire des dons anonymes aux candidats lors des élections, au nom de leur « liberté d'expression » protégée par le Premier amendement, ce qui constitue un désaveu des efforts du Congrès, depuis le début du 20ième siècle, pour lutter contre la corruption[7]. Le président n'a d'ailleurs pas

---

[4] Voir certaines des remarques de Edward F. Mannino, *Shaping America, The Supreme Court and American Society*, Columbia, SC: The University of South Carolina Press, 2009, à propos de cette décision : "Fourth, the opinion of the Court continued to lessen the distinction between the legislative power to legislate abortion regulations pre- and post-viability, a blurring that began in the joint opinion co-authored by Justice Kennedy in *Planned Parenthood v. Casey*. Fifth, and finally, *Gonzales v. Carhart* conclusively discarded the strict-scrutiny standard of review for abortion regulations from *Roe v. Wade*, replacing it with a rational-basis test", p. 250.

[5] "The Court's Aggressive Term", Editorial du *New York Times*, 4 juillet 2010 et "First Monday", Editorial du *New York Times*, le 3 octobre 2010, au lendemain de la rentrée judiciaire.

[6] Les pressions de la National Rifle Association ont fini par aboutir, comme le montre l'interprétation du Deuxième amendement dans les arrêts *District of Columbia v. Heller* (2008) et *McDonald v. Chicago* (2009). La Cour n'avait pas réexaminé un appel relatif au Deuxième amendement depuis 1939 (*U.S. v. Miller*) et, à cette époque, n'avait pas affirmé de droit individuel à posséder une arme à feu, Edward F. Mannino, *Shaping America, op. cit.*, p. 262-263 et Robert Barnes, Dan Eggen, "Supreme Court Affirms Fundamental Rights to Bear Arms", *The Washington Post*, 29 juin, 2010. A la suite du massacre de Tucson, le président Obama a de nouveau demandé des mesures plus strictes pour limiter ce droit.

[7] Voici le jugement porté par le sénateur John McCain sur la décision de la Cour tel qu'il est rapporté sur CBS News : "The Republican senator noted that in prior Court hearings on the issue of campaign financing, Justices Rehnquist and O'Connor had taken a different position. "Both had significant political experience; Justices Roberts, Alito and Scalia have none," he said. "We are going to see now an inundation of special-interest money into political campaigns," McCain warned. "I think that diminishes the influence of average citizens."
John McCain "Campaign Finance Reform is Dead", Face the Nation, *CBS News,* 24 janvier, 2010,
<http://www.cbsnews.com/stories/2010/01/24/ftn/main6136386.shtml>. Le découragement du sénateur McCain s'explique, en partie, par le fait que la loi de

caché sa désapprobation, et, fait quasi inusité, n'a pas hésité à critiquer publiquement cette décision dans son discours sur l'État de l'Union en janvier 2010, auquel les membres de la Cour assistaient silencieux[8].

Le départ du juge Souter fin juin 2009 puis celui du juge Stevens, l'année suivante, ont donné au président l'opportunité de nommer deux nouveaux juges. La première partie de cette communication examinera les choix d'Obama et les raisons invoquées par celui-ci pour les justifier.

Si certains présidents n'ont pas l'occasion de nommer de nouveaux membres, nombreux sont ceux qui ont vu la constitutionnalité des lois qu'ils avaient approuvées contestée. The Patient Protection and Affordable Care Act (PPACA)[9] a été l'objet de nombreux recours ; la manière dont certains ont été tranchés par la Cour Roberts ces dernières années sera étudiée dans la seconde partie ainsi que le rôle joué par Sonia Sotomayor et Elena Kagan.

I. Les choix d'un président

Le président a donc choisi deux femmes, une situation inédite. Ce fut Ronald Reagan qui nomma la première femme à la Cour suprême, en 1981 ; il l'avait promis durant sa campagne présidentielle. En 1993, le président Clinton choisit Ruth Bader Ginsburg qui, depuis 2006,

---

2002 amendait le *Federal Election Campaign Act* de 1971 qui réglemente le financement des campagnes électorales.
Lorsqu'Elena Kagan était *Solicitor General*, elle avait plaidé au nom du gouvernement fédéral le maintien des dispositions de cette loi. Voir l'enregistrement de cette plaidoirie sur le site : <http://www.oyez.org/cases/2000-2009/2008/2008_08_205>.

[8] "With all due deference to separation of powers, last week the Supreme Court reversed a century of law that I believe will open the floodgates for special interests — including foreign corporations — to spend without limit in our elections. I don't think American elections should be bankrolled by America's most powerful interests, or worse, by foreign entities. They should be decided by the American people. And I'd urge Democrats and Republicans to pass a bill that helps to correct some of these problems." President Barack Obama, State of the Union Address, 27 janvier, 2010, <http://www.whitehouse.gov/the-press-office/remarks-president-state-union-address>.

[9] Le titre étant très long on fait souvent référence à the Affordable Care Act ; j'utiliserai les initiales de ce titre abrégé (ACA) dans cet article par commodité.

était la seule représentante de la gent féminine de la Cour Roberts, Sandra O'Connor ayant pris sa retraite.

Lorsqu'il a annoncé qu'il avait décidé de nommer Sonia Sotomayor, le 26 mai 2009, Barack Obama a énuméré les trois qualités que, selon lui, se doit de posséder tout candidat à ce poste :

(1) avoir une parfaite maîtrise du droit afin de pouvoir donner des réponses claires à des questions juridiques complexes ;
(2) être conscient des limites du pouvoir judiciaire, c'est-à-dire être prêt à rendre une justice impartiale en appliquant le droit aux faits ;
(3) avoir l'expérience nécessaire pour comprendre comment fonctionne le monde et comment vivent les citoyens ordinaires.

Expliquant pourquoi son choix s'était porté sur Sonia Sotomayor, il a tout d'abord vanté sa connaissance du système judiciaire américain, car elle a occupé, tour à tour, un poste de procureur fédéral, de juge de première instance, puis de juge à la Cour d'appel du Second circuit à New York. Il a, ensuite, souligné qu'elle devait son premier poste de juge au président George H. Bush (un Républicain) et le second au président Bill Clinton (un Démocrate).

Sonia Sotomayor, qu'il a qualifiée d'« inspiring woman », est la première juge d'origine latino-américaine choisie pour siéger à ce poste[10], comme Thurgood Marshall fut le premier juge noir à faire partie de la Cour. Il a décrit son parcours personnel et professionnel comme celui de l'accomplissement toujours renouvelé et – toujours possible – du rêve américain, un écho à l'un des thèmes de sa campagne. Selon le président, elle est la preuve incarnée de cette Amérique multiculturelle dont l'idéal est celui de l'égalité des citoyens devant la loi[11], comme il le déclarait dans son discours à la convention démocrate en 2004[12].

---

[10]George W. Bush aurait souhaité pouvoir nommer un juge latino-américain à la Cour suprême, mais les deux candidats qu'il envisageait de proposer : Miguel Estrada et Alberto Gonzales étaient jugés trop conservateurs pour que leur nomination soit confirmée par le Sénat.

[11] Voir *The Audacity of Hope*, p. 231: "When I meet people for the first time, they sometimes quote back to me a line in my speech at the 2004 Democratic National Convention that seemed to strike a chord: 'There is not a black America and a white

Le profil et le parcours personnel d'Elena Kagan, nommée à la Cour en 2010, ne présente guère de similitudes avec celui de Sonia Sotomayor. Si elle aussi est originaire de New York, elle a grandi dans l'Upper West Side et elle est issue d'un milieu plus aisé. Son expérience professionnelle est très différente. Elle a été l'une des assistantes juridiques du juge Mikva à la Cour d'appel du District de Columbia puis du juge Marshall à la Cour suprême en 1987[13]. Elle n'a jamais siégé dans un tribunal[14]. En revanche, elle a occupé un certain nombre de postes de conseiller juridique dans les périodes où les Démocrates ont été au pouvoir, notamment lors de la présidence de Bill Clinton. Elle a aussi travaillé avec Joe Biden[15], lorsque celui-ci était sénateur et présidait la Commission judiciaire, puis elle a été nommée *Solicitor General* par Obama[16]. L'autre partie de sa carrière s'est déroulée dans le monde universitaire : professeur à l'école de droit de Chicago de 1991 à 1999 (où le président donnait des cours), elle fut la première femme à être nommée, en 2003, doyen de la Faculté de Droit d'Harvard où elle enseignait depuis 1999.

America and a Latino America and Asian America – there is the United States of America' […] I believe that part of America's genius has always been its ability to absorb newcomers, to forge a national identity out of the disparate lot that arrived on our shores. In this we have been aided by a Constitution that –despite being marred by the original sin of slavery – has at its very core the idea of equal citizenship under the law".

[12] "Obama's Remarks on His choice of Sotomayor", *The New York Times*, 26 mai, 2009 <http://www.nytimes.com/2009/05/26/us/politics/26obama.sotomayor.text.html?ref=politics>.

[13] Charlie Savage, examine dans un article du *New York Times* du 12 mai 2010, intitulé : "Kagan's Link to Marshall Cuts Both Ways", comment les progressistes et les conservateurs sont susceptibles d'interpréter les mémorandums rédigés par Elena Kagan qui se trouvent dans les archives du juge Marshall à la bibliothèque du Congrès, en particulier leurs divergences de vues. Voir également, du même auteur, l'article du 3 juin 2010 : "In Supreme Court Work, Early Views of Kagan".

[14] Le président Clinton avait proposé sa candidature pour un poste de juge, mais, comme c'est souvent le cas, en particulier lorsqu'au Congrès le parti majoritaire est différent de celui auquel appartient le président, sa nomination n'a pas été confirmée par le Sénat. Charles F.C. Ruff qui a examiné sa candidature a considéré qu'à 38 ans, elle n'avait pas l'expérience nécessaire pour siéger dans une Cour d'appel fédérale, *The New York Times*, 3 juin, 2010.

[15] En tant que conseiller spécial de la Commission judiciaire du Sénat lors de l'audience de confirmation du juge Ruth Bader Ginsburg en 1993.

[16] Elena Kagan fut la première femme à occuper ce poste.

Les choix du président ont obéi à des impératifs différents[17]. Les jugements rendus par Sonia Sotomayor laissaient à penser qu'elle défendrait une interprétation de la Constitution proche de celle du juge Souter qu'elle a remplacé[18]. À travers elle, Obama honore les Latino-Américains qui ont soutenu sa candidature. La presse n'a pas manqué de la décrire comme susceptible de défendre les droits des minorités de façon radicalement opposée à celle du juge noir conservateur, Clarence Thomas[19].

Elena Kagan est une brillante juriste[20]. Elle pourrait être en mesure, dans certains cas, de joindre sa voix à celle des juges les plus susceptibles de défendre une interprétation de la Constitution à laquelle souscrit le président,[21] car est décrite comme quelqu'un qui

---

[17] Voir Jeffrey Toobin, *The Oath. The Obama White House and the Supreme Court*, New York: NY, Doubleday, 2012, Chapitre 10 "Wise Latina" et 17 "Softball Politics".

[18] Depuis la présidence de Nixon, tous les juges de la Cour suprême ont siégé dans une cour fédérale ou une cour d'Etat, mais l'expérience de Sonia Sotomayor dans ce domaine est particulièrement étendue. De plus, sa nomination à ces postes a été décidée par des présidents de sensibilité politique différente, ce qui a sans doute été considéré comme un atout pour la confirmation de sa nomination en tant que juge à la Cour suprême. Christopher Eisgruber, commentant le fait que l'expérience du judiciaire semble être devenue un critère essentiel pour être choisi comme candidat, en souligne les avantages : "Presidents thus have at least as much information about the ideological leanings of judges as they do about other potential nominees to the Court. Moreover, they can use a nominee's judicial experience in the way that Nixon wished to, as evidence that they are appointing candidates chosen on the basis of legal merit rather than political credentials. If the Senate resists the candidate, the president can complain that the senators are behaving politically by refusing to seat a candidate who has already proven himself or herself to be a distinguished jurist," *The Next Justice. Repairing the Supreme Court Appointment Process.* Princeton, NJ: Princeton University Press, 2007, p. 140.

[19] Jodi Kantor, David Gonzales, "For Sotomayor and Thomas Path Diverge at Race", *The Washington Post*, 6 juin, 2009. Sonia Sotomayor a, en effet, depuis qu'elle siège à la Cour, défendu les programmes *d'affirmative action.* Dans l'arrêt *Fisher v. Texas*, en 2013, elle s'opposa fermement aux membres conservateurs de la Cour qui prônent l'idée que la Constitution est « color blind », déclarant « In my colleages' view, examining the racial impact of legislation only perpetuates racial discrimination. This refusal to accept the stark reality that race matters is regrettable ».

[20] Lors de son audition devant le Sénat, celui-ci l'a qualifiée de "brilliant thinker". De nombreux sénateurs ont souligné son aisance et son sens de l'humour.

[21] Voir l'analyse du choix du président faite par Peter Baker et Jeff Zeleny dans le *New York Times* du 9 mai 2010, "Obama Picks Kagan as Justice Nominee" : "In making his second nomination in as many years, Mr. Obama was not looking for a

recherche le consensus et sait être persuasif. Or à la Cour, la faculté d'un membre à obtenir l'adhésion à la position qu'il défend est essentielle. Ce fut le cas de Sandra O'Connor comme du juge Stevens qu'Elena Kagan a remplacé.

Le Sénat, à majorité Démocrate, a confirmé la nomination Sonia Sotomayor par 68 voix contre 31 ; elle a obtenu le soutien de 9 Républicains, qui sans doute ne souhaitaient pas s'aliéner le vote des Latino-Américains, et de 2 indépendants, et Elena Kagan par 63 votes pour et 37 contre[22]. Seulement 5 Républicains ont soutenu sa candidature, ce qui peut être interprété de deux manières, soit à cause de l'impopularité grandissante de la politique du président – elle s'est vue reprocher de cautionner l'expansion du pouvoir fédéral et une réforme de la santé jugée « socialiste », soit du fait qu'elle n'a aucune expérience du système judiciaire. Bob Schieffer a souligné que, dans ce qu'il a décrit comme « a toxic election year », de nombreux sénateurs Républicains, soucieux de leur réélection et des critiques des membres du *Tea Party*, ont cherché à prouver aux électeurs qui ne cautionnaient pas le choix du président. Cependant, ce dernier s'est félicité que le Sénat ait entériné ses nominations, car, pour lui, ce qui importe est que deux nouveaux juges, conscientes de l'impact des

---

liberal firebrand as much as a persuasive leader who could attract the swing vote of Justice Anthony M. Kennedy and counter what the president sees as the rightward direction of the court under Chief Justice John G. Roberts Jr. [...] As he presses an ambitious agenda expanding the reach of government, Mr. Obama has come to worry that a conservative Supreme Court could become an obstacle down the road, aides said." Cette opinion est partagée par Stephen L. Carter qui a été, lui aussi, l'un des assistants du juge Marshall : "Perhaps Elena Kagan is not a glad-hander in the Marshall style, but he belonged to another era. Nevertheless, as dean, she brought harmony to a Harvard Law School famously riven by ideological strife, an accomplishment that augurs well for her ability to work constructively in a fractious court. For years, liberals have longed for a counterweight to Justice Scalia. Maybe what would be better is a Marshall type, less interested in battling than in building. Americans have come to celebrate politics dominated by a combative political style in which disagreement goes hand in hand with dislike. The Supreme Court should be the last place where we want that contagion to spread.", "A Bench of Rivals", *The New York Times*, 15 mai, 2010. Cette idée semble avoir été défendue également par Lawrence Tribe dans une lettre adressée au président en 2009, selon le *Washington Post* du 28 octobre 2010, dans un article d'Al Kamen intitulé : "Obama Mentor Tribe Unfiltered - and on Paper", <http://www.washingtonpost.com/wp-dyn/content/article/2010/10/28/AR2010102806362.html>.

[22] Parmi ceux qui ont voté contre, il y a un Démocrate, Ben Nelson du Nebraska.

décisions de la Cour sur la vie des citoyens y siègent[23]. Ses propos font écho à ce qu'il écrivait dans *The Audacity of Hope* : "In sum, the Constitution envisions a road map by which we marry passion with reason, the ideal of individual freedom to the demands of community"[24].

Depuis le décès du juge Scalia, la Cour Roberts ne compte plus que huit membres. Se retranchant derrière ce qu'il a appelé « the Biden Rule[25] », le sénat, à majorité républicaine, a refusé d'examiner la

---

[23] En 2009, le président a salué la décision du Sénat en ces termes : "[It] is breaking yet another barrier and moving us yet another step closer to a more perfect union [...] With this historic vote, the Senate has affirmed that Judge Sotomayor has the intellect, the temperament, the history, the integrity and the independence of mind to ably serve on our nation's highest court.", Charlie Savage, "Sotomayor Confirmed by Senate 68-31", *The New York Times*, 6 août, 2009, <http://video.nytimes.com/video/2009/08/06/us/politics/1247463860421/obama-remarks-on-sotomayor-confirmation.html>. L'année suivante, il a déclaré que la décision du Sénat d'approuver la nomination d'Elena Kagan était : "A sign of progress that I relish not just as a father who wants limitless possibilities for my two daughters, but as an American proud that our Supreme Court will be more inclusive, more representative and more reflective of us as a people than ever before.", Carl Huse, *op,cit.*, *The New York Times,* 5 août, 2010. Il a également ajouté: "she understands that the law isn't just an abstraction or an intellectual exercise,"<http://www.whitehouse.gov/the-press-office/2010/08/06/remarks-president-and-elena-kagan-reception-honoring-her-confirmation>.

[24] Barack Obama, *The Audacity of Hope*, op. cit., p. 95.

[25] En juin 1992, dans un discours proposant une réforme des règles de procédures relatives à la de confirmation des juges à la Cour suprême, à suite de nombreuses péripéties (confirmation de justesse de William Rehnquist, rejet du juge Bork en 1987, débat houleux lors de l'audition (*confirmation hearing*) du juge Thomas), Joe Biden avait demandé au président W.H. Bush – alors qu'il n'y avait aucun siège vacant à la Cour – de bien vouloir, le cas échéant, accepter d'attendre le résultat de la prochaine élection ou de s'entendre avec le sénat sur le choix d'un candidat, Julie Hirschfeld Davis, « Joe Biden Argued for Delaying Supreme Court Picks In 1992 », *The New York Times*, 22 février 2016,<http://www.nytimes.com/2016/02/23/us/politics/joe-biden-argued-for-delaying-supreme-court-picks-in-1992.html?_r=0> et la réponse de l'intéressé : Joseph R Biden Jr, « Joe Biden : The Senate's Duty on a Supreme Court Nominee », *The New York Times*, 3 mars 2016, <http://www.nytimes.com/2016/03/04/opinion/joe-biden-the-senates-duty-to-advise-and-consent.html?action=click&contentCollection=Politics&module=RelatedCoverage&region=Marginalia&pgtype=article>.

candidature du Juge Merrick Garland[26], nommé par le président en mars 2016, arguant que le choix d'un nouveau membre incombait au prochain président ; cette forme d'obstruction est inédite[27].

Si au cours des deux premières années du premier mandat d'Obama, les relations avec la Cour Roberts ont été marquées par la nomination de deux nouveaux membres, au cours des années suivantes, la majeure préoccupation de son administration a été de défendre devant la Cour, à quatre reprises, la constitutionnalité de la loi sur la réforme de la santé, (*the Patient Protection and Affordable Care Act*), craignant que celle-ci, en invalidant certaines des dispositions de cette loi, votée à grande peine et sans la moindre voix des Républicains en 2010, lui porte un coup fatal.

II. La Cour Roberts et la constitutionnalité de la loi ACA

Entre 2012 et 2016, la Cour Roberts a rendu quatre arrêts relatifs à la constitutionnalité de l'ACA. Dans deux d'entre eux, les requérants contestaient des dispositions essentielles de cette loi ce qui aurait pu aboutir à son invalidation (*National Federation of Indepedent Businesses v Sebelius*, 2012 et *King v. Burwell*, 2015). Dans les deux autres, c'est l'obligation faite aux employeurs qui fournissent une assurance à leurs salariés d'inclure une prise en charge du coût de la contraception (*contraceptive mandate*) qui a été contestée par des entreprises privées (*for-profit companies*), (*Burwell v. Hobby Lobby Stores, Inc.)* et par des organisations charitables ou des institutions religieuses à but non lucratif (*non-profit religious groups*) au nom de

[26] Le juge Merrick Garland est actuellement le président (*Chief Judge*) de la Cour d'appel du District de Columbia.

[27] Amita Kelly, "McConnell: Blocking Supreme Court Nomination 'About A Principle, Not A Person"', NPR, 16 Mars 2016, < http://www.npr.org/2016/03/16/470664561/mcconnell-blocking-supreme-court-nomination-about-a-principle-not-a-person>. Voir aussi Greg Sargent, "Republicans: The Next President Should Fill Scalia's Seat. Correction:The Next Republican President Should", *The Washington Post*, 27 octobre 2016, <https://www.washingtonpost.com/blogs/plum-line/wp/2016/10/27/republicans-the-next-president-should-fill-scalias-seat-correction-the-next-republican-president-should/?utm_term=.1206747bcada&wpisrc=nl_opinions&>.

leur liberté de conscience (*free exercise of religion*), *Zubick v. Burwell.*

Avant de procéder à l'analyse de l'arrêt *National Federation of Indepedent Businesses v Sebelius*, il faut rappeler brièvement les particularités du système d'assurance maladie Américain. Jusqu'à l'entrée en vigueur de la réforme en 2014, pour bénéficier d'une assurance maladie aux États-Unis, il fallait ou :

Être salarié d'une entreprise de plus de 50 employés. La couverture médicale offerte par l'entreprise était variable, mais elle s'étendait généralement à la famille du salarié.

Être âgé de plus de 65 ans et bénéficier de l'assurance des seniors, *Medicare*, créée par l'administration Johnson en 1965. Une partie des frais est prise en charge par l'État fédéral ; certains frais sont pris en charge par le retraité.

Avoir demandé et obtenu l'aide médicale gratuite, *Medicaid,* créée pour les plus démunis également en 1965. Elle était allouée sous conditions de ressources uniquement aux familles avec enfants, aux femmes enceintes et aux handicapés.

La plupart des petites entreprises n'offrent pas de couverture maladie. Dans ce cas, le salarié doit financer lui-même son assurance maladie en souscrivant un contrat auprès des nombreux assureurs privés dont le coût est élevé. Les assureurs avaient la possibilité d'exclure une personne à cause de ses antécédents médicaux (*pre-existing conditions*) ou de refuser de prendre en charge les pathologies ou les soins coûteux. Les polices d'assurance étaient plus chères pour les femmes[28].

En conséquence, quand le président Obama a pris ses fonctions à la Maison-Blanche 51 millions d'Américains n'avaient pas d'assurance maladie, soit parce qu'ils ne voyaient pas la nécessité de souscrire un contrat quand l'entreprise n'en offrait pas soit du fait de leur âge et de leur condition physique, ou encore parce que leurs moyens financiers étaient trop faibles pour en assumer le coût.

---

[28] Pour avoir un bref aperçu des étapes la construction du système de santé américain, voir Elisabeth Boulot, « Gérer l'héritage des réformes passées et réformer le système de santé américain. Politiques étatiques, propositions des candidats à la présidence », Marie-Françoise Alamichel, éd., Héritage(s) dans le monde anglophone. Concepts et réalités. Paris : L'Harmattan, 2009, 289-307.

L'ACA, votée en mars 2012, a pour but d'assurer un maximum d'Américains, comme s'y était engagé le candidat Obama durant sa campagne. Certaines de ses dispositions s'appliquent à tous les employeurs de plus de 50 salariés.

Depuis 2014 tous les citoyens américains adultes de plus de 26 ans doivent avoir un contrat d'assurance maladie, sinon, ils sont contraints de payer une pénalité en fonction de leurs revenus, prélevée par l'administration fiscale (*shared responsibility payment*).

Afin de faciliter l'achat d'une assurance maladie à un prix raisonnable, une bourse d'achat d'assurance maladie (*marketplace*) est proposée, soit à l'échelon étatique soit par l'État fédéral. 16 États ont établi ce type de système. Les assureurs ne peuvent plus exclure les clients ni appliquer des tarifs plus élevés aux femmes, lesquelles bénéficient d'un droit à être couverte pour des soins et examens de dépistage et le coût de la contraception, mais pas de l'IVG[29] (*preventive care services*).

La loi prévoyait également une extension de la couverture *Medicaid* aux Américains, célibataires ou mariés, juste au-dessus du seuil de pauvreté. Ce programme étant financé pour partie par les États, l'État fédéral s'engageait à prendre en charge le surcoût durant les 3 premières années, contraignant en contrepartie les États à adhérer à ce nouveau programme, sous peine de se voir supprimer tout financement à l'avenir.

National Federation of Independent Businesses v Sebelius, 2012

National Federation of Indepedent Businesses v Sebelius, est considéré comme la plus importante affaire sur laquelle la Cour Roberts a eu à statuer étant donné les enjeux politiques, économiques et sociaux qui résulteraient de la décision de la majorité. Pas moins de trois jours d'audience (*oral arguments*) ont été consacrés aux

[29] Depuis l'amendement Hyde, voté en 1976, des fonds fédéraux ne peuvent financer une IVG que dans deux cas : lorsque la vie de la mère est en danger et lorsque la grossesse résulte d'un inceste ou d'un viol. La version de l'ACA votée par la Chambre des Représentants incluait un amendement reprenant les dispositions de l'amendement Hyde (amendement Stupack-Pitts). La version du sénat qui fut finalement votée ne contenait aucune disposition similaire. A la suite d'un accord avec Bart Stupak, le président Obama a pris un décret spécifiant que les fonds alloués par le Ministère de la santé dans le cadre du programme *Medicaid* ne financeraient pas l'IVG (Executive Order 13535, 24 mars 2010).

plaidoiries des avocats du fait de l'importance, du nombre et de la complexité des points de droit à examiner[30].

C'est en Floride que le premier procès contre l'ACA a été intenté. 12 États se sont joint à cette plainte déposée le jour même où Barack Obama a apposé sa signature au bas du texte voté par le Congrès, alors à majorité Démocrate. 13 autres États ont ensuite déposé plainte, arguant également que :

(1) le Congrès avait outrepassé les pouvoirs qui lui sont conférés par la Constitution en imposant l'obligation de souscrire une assurance maladie sauf à ceux qui en sont exemptés.
(2) La réforme de *Medicaid* était inconstitutionnelle, car elle violait le Dixième amendement.

L'arrêt pris par la Cour a affirmé la constitutionnalité de l'ACA. Dans son opinion le *Chief Justice* Roberts a décidé que :

(1) Seul, le pouvoir du Congrès à lever l'impôt lui permet d'obliger les citoyens Américains et les entreprises de plus de 50 salariés à s'assurer. Bien que le texte de la loi qualifie la taxe à payer en cas de refus d'acheter une police d'assurance maladie d'amende (*penalty*), celle-ci étant prélevée par l'IRS (administration des impôts fédérale) a été considérée par la majorité de la Cour comme un prélèvement fiscal. De ce fait, le *Chief Justice* a conclu que le *Tax Anti-Injunction Act* n'empêchait la Cour de statuer sur le fond – contrairement à ce que certains tribunaux avaient décidé[31] – cette « amende » n'étant pas un impôt direct. Dans le cas de l'achat individuel d'une assurance maladie, certains peuvent d'ailleurs bénéficier d'un crédit d'impôt. Les entreprises en bénéficient également. Quatre juges se sont ralliés à cette conclusion.

(2) Le *Chief Justice* a rejeté l'argument du gouvernement selon lequel « la clause du commerce » ou celle des « moyens appropriés et nécessaires » (*proper and necessary clause*) de l'article I

---

[30] Voir Laurence Tribe et Joshua Matz, *Uncertain Justice. The Roberts Court and the Constitution*, New York, NY: Henry Holt and Company, LLC, 2014, pp. 52-87 et Ilya Somin, « Federalism and the Roberts Court », *Publius: The Journal of Federalism*, Vol: 46(3), 2016, 441-462, p. 441.

[31] Certains tribunaux avaient jugé irrecevable la plainte relative à l'obligation de s'assurer au motif que l'on ne peut contester un impôt avant de l'avoir payé (*Tax Anti-Injuction Act,* 1867).

s'appliquaient dans ce cas, arguant que le Congrès ne peut réglementer l'inaction (c'est-à-dire le refus de souscrire une assurance santé) même si cette décision a un impact économique. Quatre juges ont soutenu cette conclusion.

(3) Il a invalidé au nom de l'équilibre des pouvoirs entre les États fédérés et le gouvernement fédéral, l'extension obligatoire du programme *Medicaid.* Jugeant la mesure trop coercitive, il a laissé aux États toute latitude dans ce domaine. 19 États ont profité de cet arrêt pour ne pas mettre en place cette partie de la réforme. Sept juges se sont ralliés à cette partie de son opinion, dont les juges Breyer et Kagan.

(4) Enfin, le *Chief Justice* a spécifié que l'annulation de cette disposition de la loi, n'entrainait pas l'invalidation de celle-ci, cet article pouvant être dissocié du reste du texte (*severability*).

L'arrêt comprend une opinion dissidente rédigée par la juge Ginsburg, une opinion dissidente sans auteur exprimant l'opinion des juges Kennedy, Scalia, Alito et Thomas une – pratique inédite – et une brève opinion dissidente du juge Thomas.

Il ne fait pas de doute que, quel que soit la manière dont les choses se sont passées en coulisses[32], le *Chief Justice* qui écrit seul l'opinion majoritaire – une situation rarissime – n'a pas souhaité que la Cour qu'il préside (composée de membres inamovibles et non élus) invalide une loi de cette importance votée par le Congrès. Sa volonté de faire preuve de « modestie judiciaire » est d'ailleurs clairement exprimée dans cet arrêt. Cependant ce « sauvetage » s'est effectué en limitant l'exercice de la « clause du commerce » par le Congrès et en réaffirmant les pouvoirs des États[33]. Les Américains modestes en ont, en partie, fait les frais.

King v Burwell, 2015

Dans une plainte, déposée en Virginie, les requérants arguaient que la section 36B de l'ACA obligeait les États à organiser une bourse d'achat d'assurance maladie et que, dans ceux où cette bourse

[32] Voir, Jan Crawford, "Roberts Switched Views to Uphold Healthcare Law", CBSnews, 12 juillet 2012, <http://www.cbsnews.com/news/roberts-switched-views-to-uphold-health-care-law/> et Jeffrey Toobin, *The Oath*, *op.cit.*, p. 286-289.
[33] Voir, Ilya Somin, «The Roberts Court and Federalism », *op.cit.*, p. 441-462.

n'existait pas, les personnes qui achetaient leur assurance grâce à la bourse d'achat fédérale ne pouvaient pas bénéficier du crédit d'impôt prévu par la loi. Cette plainte avait été rejetée en première instance et, en appel, par la Cour fédérale du Quatrième Circuit. Dans une opinion rédigée par le *Chief Justice* à laquelle se sont ralliés cinq juges (Breyer, Kagan, Ginsburg, Sotomayor et Kennedy), la Cour a confirmé la décision de la Cour d'appel qui avait décidé que le texte de l'article 36B était ambigu, et affirmé que lorsqu'il était examiné dans le contexte de la loi, il n'y avait pas de doute que le législateur, tout en souhaitant inciter les États à mettre en place ces bourses d'achat, avait prévu une bourse fédérale dont les utilisateurs devaient bénéficier des mêmes droits à un crédit d'impôt. Faisant à nouveau profession de « modestie judiciaire », le *Chief Justice* déclara que le but du Congrès étant de faciliter l'acquisition d'une police d'assurance, l'article 36B, malgré ses imperfections, ne pouvait pas avoir l'effet contraire. Avec le ton sarcastique qu'on lui connaissait, le juge Scalia, auteur de l'opinion dissidente, se moqua des « manigances » (*jiggerry-pokery*) du *Chief Justice* volant, une fois de plus, au secours de l'ACA. Quoi qu'il en soit, grâce à cet arrêt de la Cour Roberts, 6 millions 4 cent mille Américains ont pu conserver le bénéfice du crédit d'impôt. 34 États n'ont, en effet, pas mis en place de bourse d'achat.

Hobby Lobby Stores v Burwell, 2014

L'obligation faite aux employeurs de plus de 50 salariés de leur fournir une assurance maladie comprenant la prise en charge de la contraception a été contestée par trois entreprises familiales. Elles ont argué que plusieurs modes de contraception ayant des effets abortifs, leurs convictions religieuses leur interdisaient de souscrire une police d'assurance pour leurs salariés comprenant la prise en charge de ces méthodes de contraception. Les y contraindre violait le *Religious Freedom Restoration Act* de 1993 (RFRA) qui stipule que le gouvernement fédéral :

(1) ne peut prendre des mesures qui restreignent indûment *(impose a heavy burden*) la liberté religieuse (*free exercise of religion*) des « personnes ».

(2) que le gouvernement fédéral doit démontrer, lorsqu'il réduit cette liberté, qu'il a des raisons impératives de le faire et qu'il n'y a pas d'autres moyens plus restrictifs.

La majorité de la Cour composée du *Chief Justice* et des juges Thomas, Alito, Scalia, et Kennedy a confirmé la décision de la Cour d'Appel du Dixième Circuit qui – contrairement à celle Troisième Circuit – s'était appuyée sur le *Dictionary Act* de 1871 définissant les sociétés, les commerces et les entreprises comme des « personnes », pour en déduire que la loi de 1993 protégeait la liberté religieuse des propriétaires de la société Hobby Lobby, membres de l'église Mennonite et ceux de la société Conestoga, déboutés en appel par la Cour d'appel du Troisième Circuit en dépit de leur appartenance à une église chrétienne. Selon la doctrine de ces dénominations religieuses, la vie commence à la conception. La Cour a jugé qu'imposer à la famille Hahn et à la famille Green, sous peine de forte pénalité, d'appliquer les dispositions de cette partie de l'ACA « restreignait indûment » leur liberté religieuse et que le Ministère de la Santé n'avait pas apporté la preuve qu'il ne pouvait mettre en œuvre des moyens moins contraignants afin d'assurer aux salariées de ces entreprises (et d'autres dans le même cas) la prise en charge sans supplément de coût de ces moyens de contraception.

Le juge Alito, auteur de l'opinion de la Cour a reconnu pour la première fois aux entreprises privées familiales *(closely held for-profit companies*) le droit de faire valoir leurs convictions religieuses afin de déroger aux dispositions d'une loi fédérale. En 2010, la Cour avait déjà reconnu, dans l'arrêt *Citizens United v Federal Electoral Commission*, la liberté d'expression des entreprises et des syndicats, en se fondant sur la clause du Premier amendement, et les avait autorisés à verser des contributions illimités aux candidats à une élection sans passer par un PAC (*Political Action Committee*).

L'opinion dissidente rédigée par la Juge Ginsburg[34] s'insurge contre cette nouvelle liberté accordée aux entreprises privées rappelant que, s'il est légitime que la liberté de conscience des propriétaires de ces entreprises soit respectée en temps qu'êtres humains, les salariés de l'entreprise qu'ils dirigent doivent pouvoir profiter des mêmes

[34] Les juges Sotomayor, Breyer et Kagan se sont ralliés à cette opinion dissidente, sauf sur un point : "Justice Breyer and Kagan would not decide the threshold question whether for-profit corporations or their owners can bring RFRA claims, and therefore do not join this part of the dissenting opinion. All four of us, however agree in unison that RFRA gives Hobby Lobby and Conestoga no right to opt out of the contraceptive coverage." Ruth Bader Ginsburg with Mary Hartnett and Wendy W. Williams, *My Own Words*, New York: NY, Simon and Schuster, 2016, p. 310.

avantages que ceux des entreprises privées qui n'ont pas d'objections religieuses à ces formes de contraception. Bien que la Cour réaffirme la constitutionnalité de l'accès à la contraception (*Griswold v. Connnecticut*, 1965), limite cette décision aux entreprises familiales et exclut toute possibilité d'invoquer le RFRA pour justifier des mesures discriminatoires à l'encontre de leurs salariés, Ruth Bader Ginsburg défend le droit à contraception et, ayant certainement à l'esprit les efforts des Républicains pour discréditer le planning familial aux États-Unis et supprimer les fonds qui lui sont alloués, tire la sonnette d'alarme. Elle dénonce les conséquences néfastes de cet arrêt : certains employeurs, contrairement à ce qu'affirme la Cour, pourraient à l'avenir refuser d'appliquer d'autres lois fédérales pour des raisons religieuses. Cette décision est une grande victoire pour les catholiques et les autres églises chrétiennes ; en effet la majorité de la Cour a repris les objections formulées par la conférence des évêques[35].

Zubic v. Burwell 2016

Les décrets d'application de l'ACA ont dispensé les églises, les synagogues les mosquées et leurs auxiliaires ainsi que les congrégations religieuses d'inclure dans leur assurance maladie la prise en charge de la contraception. Pour les institutions religieuses qui n'entrent pas dans ce cadre parce qu'elles emploient du personnel pour des activités non religieuses : comme les soins aux malades, aux personnes âgées ou l'enseignement, il est prévu qu'elles remplissent un imprimé signifiant à leur assureur ou au gouvernement fédéral qu'elles refusent que leur police d'assurance comprenne la prise en charge de frais médicaux liés à la contraception pour leurs salariés. Dans ce cas, l'assureur couvre le coût directement. À la suite de l'arrêt *Hobby Lobby*, Les Petites Sœurs des Pauvres qui gèrent des maisons de retraite, ont refusé cette procédure, arguant qu'elle viole leur liberté religieuse, protégée par le RFRA, leurs salariés pouvant continuer à bénéficier du remboursement des contraceptifs par le biais de leur police d'assurance alors que l'Église catholique interdit la

[35] Il faut souligner qu'un amendement prévoyant une clause de conscience avait été retiré du texte législatif élaboré par le sénat ce qui a permis à 5 sénateurs Démocrates de finalement voter la loi, en dépit du fait que les cardinaux américains aient pris position contre celle-ci, condamnant certaines formes de contraception à visée « abortive », voir Terence P. Jeffrey, « Without Catholic Nun We Would Not Have Gotten Obamacare Done », Cnsnews.com, 10 juin 2015,< http://www.cnsnews.com/news/article/terence-p-jeffrey/>.

contraception. D'autres institutions religieuses ont également déposé plainte[36] ; toutes ont été déboutées par les tribunaux de première instance (*District Courts*) et les Cour d'appel fédérales, sauf celle du Huitième Circuit[37]. Lorsqu'un désaccord surgit entre les Cours d'appel fédérales, la Cour suprême peut choisir de trancher la question.

L'affaire *Zubic v Burwell* regroupe tous ces litiges. À la suite du décès du Juge Scalia, les huit membres de la Cour n'ont pu décider cette affaire au fond à cause de leurs divergences de vues, et, dans une brève opinion « per curiam », ils ont renvoyé les requérants devant les instances d'appel afin qu'elles trouvent un compromis qui respecte leur liberté religieuse tout en garantissant la prise en charge des contraceptifs, rappelant que l'ACA ne permet pas que cette prise en charge soient dissociée de l'assurance maladie que l'employeur doit fournir à ses salariées (*seamless coverage*). L'administration Obama souhaite qu'il en soit ainsi afin d'éviter que les assureurs facturent des frais supplémentaires aux femmes comme par le passé.

Ces arrêts démontrent les désaccords profonds entre une majorité de la Cour (certes réduite en nombre, à ce moment-là) qui soutient les vues défendues par une partie de la droite chrétienne et qui, d'une manière générale, est peu encline à affirmer les droits et les choix des femmes que ce soit au travail ou dans leur vie personnelle et l'administration Obama qui s'est attachée à promouvoir l'égalité de traitement au travail et à défendre leur liberté de choix sur la contraception et l'IVG.

La décision de nommer deux femmes à la Cour s'inscrit dans cette volonté constante du président, au cours de ses deux mandats, d'œuvrer pour améliorer la condition des femmes, en particulier les plus modestes. Elena Kagan comme Sonia Sotomayor se sont généralement ralliées aux opinions dissidentes de Ruth Bader

---

[36] Priests for Life (mouvement "pro-life", c'est à dire contre l'avortement), Southern Nazarene College et Geneva College, East Texas Baptist University, Roman Catholic Archbishop of Washington.

[37] Heartland Christian College et CNS International Ministries. Voir, Robert Barnes, "Ruling Sets Up New Review of Objections to Contraceptive Mandate", *The Washington Post*, 17 septembre 2015, <https://www.washingtonpost.com/politics/courts_law/ruling-sets-up-new-review-of-religious-objections-to-contraceptive-mandate/2015/09/17/bac4c13e-5d64-11e5-8e9e-dce8a2a2a679_story.html>.

Ginsburg, même si dans certains cas, Elena Kagan semble plus proche du juge Breyer dans son interprétation de la Constitution.

Les divergences de vues entre la Cour Roberts et l'administration Obama sur bien des points reflètent les failles profondes entre deux conceptions de l'avenir de la société américaine que les résultats des élections ont cruellement percées à jour. Donald Trump, dès son entrée à la Maison-Blanche, s'est attaché à préserver le conservatisme de la Cour Roberts sur les questions de société et de mœurs et à la conforter dans sa détermination à limiter les pouvoirs du Congrès, en nommant Neil Gorsuch au poste laissé vacant par le décès d'Anthony Scalia. Quant à l'ACA, de fortes menaces pèsent sur son devenir et des millions d'Américains risquent de perdre leur couverture médicale, en dépit des dénégations des Républicains[38]. Si la première tentative pour abroger ou amender cette loi a échoué[39], la Chambre représentants a voté le 4 mai 2017 l'*American Health Care Act* à une courte majorité[40]. À l'heure où nous écrivons ces lignes, le Sénat s'apprête à élaborer son propre texte de loi[41].

---

[38] L'heure étant grave, Barack Obama est sorti de sa réserve pour appeler les élus Républicains à faire preuve de courage en s'opposant à l'abrogation de l'ACA dans le discours qu'il a prononcé lors la cérémonie où il a reçu le prix Profile in Courage 2017 le 8 mai 2017, « Barack Obama Full Speech 2017 Profiles in Courage Award », 7 mai, 2017, *Youtube*, <https://www.youtube.com/watch?v=Ztg6avAMggM>.

[39] Voir, Daniel White, « Obama vetoes Obamacare Repeal », *Time*, 8 janvier 2016, <http://time.com/4173152/president-obama-vetoes-affordable-care-act-repeal/>. Les Républicains voulaient couper les vivres au planning familial (*Planned Parenthood*).

[40] Voir, Ed O'Keefe, Paige Winfield Cunningham et Amy Goldstein, « House Republicans Claim a Major Victory with Passage of Healthcare Overhaul », *The Washington Post*, 4 mai 2017, <https://www.washingtonpost.com/powerpost/republicans-plan-health-care-vote-on-thursday-capping-weeks-of-fits-and-starts/2017/05/03/e7dd7c28-306d-11e7-9dec-764dc781686f_story.html?utm_term=.2fe350a21eda&wpisrc=nl_evening&wpmm=1>.

[41] Voir, Robert Costa et Sean Sullivan, « Senate Republicans Face Their Own Divisions in Push for Healthcare Overhall. Meet the All-Male Coalition Working on the Senate Healthcare Bill », *The Washington Post*, 9 mai 2017, <https://www.washingtonpost.com/powerpost/senate-republicans-face-their-own-divisions-in-push-for-health-care-overhaul/2017/05/09/f9d3558e-34b8-11e7-b412-62beef8121f7_story.html?utm_term=.5a0c95a2a901&wpisrc=nl_headlines&wpmm=1>. Cet article souligne que, selon la procédure dite de « *reconciliation* » qui ne requiert que 51 voix (au lieu de 60), une majorité dont les Républicains ne disposent pas, le texte voté par le Sénat devra tenir compte des contraintes budgétaires

Bibliographie

Bader Ginsburg, Ruth, avec Hartnett Mary et Williams Wendy W., My Own Words, New York, NY: Simon and Schuster, 2016, 370p.

Coyle, Marcia, The Roberts Court. The Struggle for the Constitution, New York, NY: Simon and Schuster, 2013, 407p.

Eisgruber, Christopher, L., The Next Justice. Repairing the Supreme Court Appointment Process, Princeton, NJ: Princeton University Press, 2007, 238p.

Mannino, Edward F., Shaping America. The Supreme Court and American Society, Columbia, SC: The University of South Carolina Press, 2009, 328p.

Obama, Barack, The Audacity of Hope. Thoughts on Reclaiming the American Dream, Edinburg, GB, Canongate Books, 2007, 375p.

Persily, Nathaniel, Metzger, Gillian E. et Morrison, Trevor W. (Eds), The Healthcare Case. The Supreme Court's Decision and its Implications, New York, NY: Oxford University Press, 2013, 385p.

Somin, Ilya, « Federalism and the Roberts Court », Publius: The Journal of Federalism, Vol : 46(3), 2016, pp. 441-462.

Toobin, Jeffrey, The Oath. The Obama White House and the Supreme Court, New York, NY: Doubleday 2012, 312p.

Tribe, Laurence et Matz, Joshua, Uncertain Justice. The Roberts Court and the Constitution, New York, NY: Henry Holt and Company, LLC, 2014, 401p.

---

imposées par la Chambre. D'autre part, la décision de ne pas inclure de femmes dans la commission chargée d'élaborer le texte laisse à penser que les avantages accordés aux femmes dans l'ACA seront supprimés ou fortement amputés.

Bibliographie

Huit ans d'Obama : Quel bilan social ?

Taoufik DJEBALI

Maître de conférences, Université de Caen-Normandie

À la surprise générale, Donald Trump est devenu le 45e président américain. Très peu d'observateurs avaient prédit la défaite retentissante de la candidate démocrate Hillary Clinton face à ce milliardaire excentrique. Il faut dire que le président sortant, Barak Obama, a terminé son deuxième mandat avec un niveau enviable de popularité[1]. À première vue, Obama n'a en aucun cas représenté un boulet politique pour le candidat de son parti à la présidentielle de 2016. Comment expliquer donc la défaite de Hillary Clinton malgré la mobilisation d'Obama en sa faveur pendant la campagne électorale ? Peut-on voir dans l'élection de Trump une sévère sanction contre Obama et son bilan ? Peut-on juger le bilan d'Obama à travers le prisme des élections et des œuvres de démolition de son successeur ?

Certes, une tentative d'évaluation de la politique sociale américaine n'a pas vocation à porter un jugement sur des mesures prises par l'administration. Le système américain, avec sa complexité et ses contre-pouvoirs, limite le champ d'action du président. De surcroît, la philosophie et l'idéologie qui sous-tendent cette politique, sa portée, sa réception et sa pérennité sont plus importantes à étudier. Peu de mesures depuis le New Deal avaient impacté l'histoire sociale américaine. Très souvent, des mesures prises dans la précipitation, sans être étudiées par rapport à une réalité et un contexte, ont fini par se faire oublier. D'autres, portées par l'idéologie ou par un esprit revanchard, n'ont apporté que controverses et tergiversations. Chacun sait que défaire ce qui a été accompli par ses prédécesseurs est une méthode classique en politique. Cette action vise à faire table rase du passé et à valoriser sa propre politique. Dans cette optique Obama n'avait pas besoin de défaire l'héritage de son prédécesseur, une tâche

---

[1] Selon Gallup, Obama avait 57 % d'avis favorables entre le 7 et le 13 novembre 2016. Voir Gallup Poll, « Presidential Approval Ratings—Barack Obama », <http://www.gallup.com/poll/116479/barack-obama-presidential-job-approval.aspx>.

accomplie par les ravages de la crise économique et sociale qui a frappé les États-Unis à partir de décembre 2007. Ainsi, l'élection d'Obama a eu lieu dans un contexte exceptionnel. En effet, après une intervention militaire controversée et meurtrière en Afghanistan et en Irak et une crise financière et économique sans précédent depuis les années 1930, les Américains étaient à la recherche d'un président compatissant, compétent et capable d'améliorer leur situation. Ils ont trouvé dans la personne d'Obama le symbole du changement et dans son programme les raisons d'espérer. Mais par ce qui pourrait s'apparenter à un vote-sanction en novembre 2016, les Américains ont porté un regard critique sur son bilan. Ce regard ne peut se comprendre que par rapport aux énormes attentes qu'avaient ces Américains en 2008.

I. Du militant associatif au candidat du changement

Un bilan se dresse par rapport à des promesses, des attentes et des accomplissements. Ainsi, pour avoir une idée claire sur le bilan social d'Obama, il serait bon de retracer son parcours, ses promesses et le contexte général dans lequel elles ont été tenues.

Ancien militant associatif dans des organisations à but non-lucratif tel que le *New York Public Interest Research Group* (PIRG), une organisation pour la défense du consommateur et de l'environnement et l'*Association of Community Organizations for Reform Now* (ACORN), une association pour l'organisation communautaire et le soutien aux pauvres, Obama a suscité beaucoup d'espoir dans divers segments de la population américaine : les Africains-Américains voyaient en lui un des leurs, les plus démunis le percevaient comme leur champion, les classes moyennes, fragilisées par la crise, pensaient trouver en lui un sauveur, quant à la gauche, déçue par la présidence Clinton et galvanisée par les années Bush, elle ne pouvait pas trouver mieux qu'Obama pour porter leurs valeurs. En bref, une coalition politique post New Deal a émergé, remettant l'État au cœur de la question sociale.

Les primaires démocrates de 2008 ont vu émerger John Edwards comme le défenseur des pauvres. Mais si sa candidature n'a pas abouti, elle a forcé Obama, entre autres, à recentrer le programme démocrate et le débat politique autour de la marginalité et des politiques sociales.

Fort d'une légitimité et d'une crédibilité acquises pendant des années de travail social, Obama a intégré la question de la pauvreté dans sa rhétorique, sans pour autant développer un discours ou une stratégie bien construits sur la question. Dans un discours prononcé le 14 mai 2008, le candidat démocrate a tenu des propos associant la question politique à son histoire personnelle :

"I moved to Chicago more than two decades ago to lift up neighborhoods that were devastated by joblessness and poverty when the local steel plants closed. And today, I can tell you that the fight I waged then... will be a fight I carry into the White House for the next four years, because that fight is not done. It has not even been started by this White House. We're going to have to change things around, because we need to lift up every American out of poverty. That is one of the goals of the Democratic Party. That's what we're going to be fighting for. I moved to Chicago more than two decades ago to lift up neighborhoods that were devastated[2]".

Sans expliquer la méthode, sans avancer une stratégie claire et sans proposer une coupure avec la politique en place, Obama a promis de réduire la pauvreté de 50 % en 10 ans ; une promesse plutôt vague dont la mise en œuvre devrait s'étaler sur une période qui dépasserait la limite temporelle de sa présidence. D'ailleurs, pour séduire les électeurs conservateurs, Obama leur a promis de maintenir sinon de renforcer les Faith-Based Initiatives (FBI), programme phare de l'ère Bush, qui visait le renforcement du rôle des organisations caritatives et religieuses dans la lutte contre l'exclusion sociale. Malgré leur efficacité discutable, mise en lumière dans l'ouvrage *Tempting Faith* de David Kuo, vice-président de l'Office of Faith-Based and Community Initiatives (OFBCI) (Kuo 2006), et l'augmentation constante du taux de pauvreté, Obama a déclaré quelques mois avant l'élection présidentielle de 2008 :

"I believe that change comes not from the top-down, but from the bottom-up, and few are closer to the people than our churches,

---

[2] Discours du candidat Barak Obama le 14 mai 2008 Grand Rapids (Michigan), < http://www.washingtonpost.com/wp-dyn/content/article/2008/05/14/AR2008051403533.html>.

synagogues, temples and mosques… The fact is, the challenges we face today— from saving our planet to ending poverty— are simply too big for government to solve alone[3]".

L'agence gouvernementale Office of Faith-Based and Community Initiatives, devenue l'Office of Faith-Based and Community Partnerships sous Obama, ne pouvait avoir qu'un impact marginal dans un contexte de marasme économique et de déliquescence sociale. Son maintien ne tenait qu'à son rôle symbolique et politique. Cependant, ce programme demeure une création conservatrice, associée dans l'historiographie sociale à l'ère Bush. Obama n'avait pas cherché à se l'approprier ni à aller au-delà de sa philosophie.

Les raisons pour lesquelles Obama n'avait pas cherché à s'investir énergiquement dans la question sociale sont certainement liées à la difficile conjoncture économique et aux risques politiques associés très souvent à la question sociale. Ainsi, pendant huit ans, le président démocrate a très peu investi le champ social au profit d'une intervention massive dans le domaine économique. Parmi les rares domaines sociaux qui ont été investis par Obama, on peut citer l'éducation et surtout la santé.

Il est certes impossible de dissocier la question économique de la question sociale ; les mesures d'ordre économique ont toujours des retombées sociales. Ainsi, le bilan social des deux mandats d'Obama doit prendre en considération l'aide aux entreprises, le plan de sauvetage des banques, les mesures fiscales, en plus des décisions prises pour aider les plus démunis ou ceux qui connaissent un déclassement social.

II. L'administration Obama à l'œuvre : l'économique plutôt que le social

La présidence Bush a été l'une des plus mouvementées et des plus controversées de la période d'après-guerre. Elle a débuté par les attaques terroristes du 11 septembre 2001 pour se terminer par une crise multidimensionnelle d'une ampleur inégalée, celle qu'on

[3] Discours de l'Ohio. Cité dans « Obama Delivers Speech on Faith in America », *New York Times*, 1 juillet 2008.

s'accorde à appeler la Grande récession pour mettre l'accent sur les similitudes qui la lie à la Grande Dépression des années 1930. Ce serait une injustice que d'attribuer cette crise aux seuls choix politiques de George W. Bush. En effet, les dérégulations, opérées sous ses prédécesseurs aussi bien démocrates que républicains, ainsi que le démantèlement du système de protection sociale avec la réforme de 1996 (*Personal Responsibility and Work Opportunity Reconciliation Act*) avaient contribué également au déclenchement et à l'aggravation de la crise. En effet, l'ultralibéralisme triomphant depuis les années 1980 s'est soldé par une concentration sans précédent des richesses, une fragilisation accélérée des classes moyennes et un déclassement rapide des classes populaires.

Ainsi, la récession déclenchée à la fin de 2007 par la crise des « *subprime* », a été à la fois l'aboutissement logique d'une dérive conservatrice de la classe politique américaine et le début d'une crise financière, économique et sociale qui allait bouleverser le monde. Une fois au pouvoir, Obama avait la tâche ardue de redresser l'économie, sauver le système bancaire et aider les plus démunis. Devant cette tâche compliquée, le président américain a choisi une approche d'aide financière aux banques et aux entreprises pour pallier la question du chômage galopant et de la pauvreté croissante. Notons que la question sociale sous Obama ne peut en aucun cas être étudiée indépendamment de la question économique. Les mesures fiscales, monétaires et économiques devraient être intégrées à toute tentative de tracer le bilan du président démocrate. Certes, dans un pays qui valorise le travail et stigmatise l'assistance, il était plus simple et plus judicieux politiquement de s'attaquer à la question économique plutôt que sociale. Pourtant, comme pendant les années 1930, le contexte était propice à des réformes de fond. D'ailleurs, Emanuel Rahm, chef du cabinet de la Maison-Blanche, ne s'est pas trompé quand il a déclaré : « Ne laissez jamais filer une occasion offerte par une crise. Ce que je veux dire par cela c'est que c'est l'occasion de faire des choses qu'on ne pouvait pas faire avant[4] ». Les propos tenus quelques jours après l'élection d'Obama ont été interprétés comme le coup d'envoi de profonds changements socio-économiques et environnementaux. Cependant, dès sa prise de pouvoir Obama a

---

[4] Propos tenus le 19 novembre à la « Conference of Corporate Chief Executives », organisée par Wall Street Journal. Voir Wall *Street Journal*, 28 janvier 2009, <https://www.wsj.com/articles/SB123310466514522309>.

insisté sur l'urgence du plan de relance avec ses deux volets économique et fiscal. Les grandes réformes promises par Emanuel Rahm allaient être mises à l'écart en faveur d'un changement dans la continuité. Dans ce sens, le programme de relance économique — *American Recovery and Reinvestment Act* (ARRA) — fut signé par le président dès le mois de février 2009 ; c'est dire à quel point ce programme fut politiquement consensuel. Cependant, l'économiste néo-keynésien Paul Krugman, bien que partisan du plan de relance, le jugea insuffisant et incapable de répondre aux besoins conjoncturels.

Les crises et les récessions qui ont frappé les États-Unis depuis au moins la Grande dépression ont convaincu la plupart des économistes et des décideurs de l'efficacité de l'approche keynésienne dans la revitalisation de l'économie. Ainsi, en 2009, la somme de 787 milliards de dollars (augmentée en 2012 à 831 milliards), a été allouée à la politique de relance. Vers la fin de 2013, 816 milliards ont été dépensés : 291 milliards en allégements fiscaux (*tax relief*), 264 milliards en pensions diverses (chômage notamment) et 261 milliards pour financer des contrats avec le privé, des aides et des prêts (Amadeo 2017).

Le document législatif relatif à la réforme énumère de son côté cinq objectifs de ce plan de relance. Il s'agit de : a) préserver et créer des emplois ainsi que de promouvoir la relance économique ; b) aider les personnes les plus affectées par la récession ; c) apporter les investissements nécessaires à l'efficacité économique par le biais du progrès technologique dans le domaine de la science et de la santé ; d) investir dans le domaine du transport, de l'environnement et des infrastructures pour stimuler l'économie ; e) stabiliser les budgets locaux et subétatiques pour éviter une diminution des services ou une augmentation des impôts[5].

Pour atteindre ces objectifs, deux options ont été privilégiées : les dépenses publiques directes et les allégements fiscaux. Quant aux plus démunis, ils ont obtenu une dotation supplémentaire de 20 milliards de dollars en forme d'assistance alimentaire dans le cadre du programme *Supplemental Nutrition Assistance*. De même, d'autres programmes sociaux ont bénéficié d'un financement accru,

[5] Texte de loi. 111th Congress of the United States, « Section 3. Purposes and Principles », <https://www.gpo.gov/fdsys/pkg/BILLS-111hr1enr/pdf/BILLS-111hr1enr.pdf>.

notamment le *Women, Infants, and Children*, le *Emergency Food Assistance* ainsi que le *National School Lunch.*

L'objectif d'Obama était de maintenir les programmes, conçus notamment sous la présidence de Roosevelt et de Johnson, tout en les renforçant par un financement plus conséquent. En effet, peu de changements ont été apportés à la structure et à la conception des programmes d'aide aux plus démunis. On peut également penser qu'à travers cette continuité, l'administration Obama a voulu insister sur le caractère provisoire de ce financement exceptionnel. La fin de la crise impliquerait ainsi la fin de la générosité de l'État.

Par ailleurs, la section 202 du plan de relance appelle à la création d'un fonds spécifique de cinq milliards de dollars que les États peuvent utiliser soit pour venir en aide aux populations pauvres, soit pour créer des emplois. La législation exige des États d'augmenter le nombre de bénéficiaires de l'allocation familiale —*Temporary Assistance for Needy Families* (TANF). Cette mesure inverse du coup une provision importante de la réforme Clinton, signée en août 1996 et qui prévoyait une amende infligée aux États qui ne réduiraient pas le nombre de bénéficiaires de TANF. Grâce aux mesures Obama, il était possible pour les États d'assouplir leur réglementation et de permettre à des personnes qui auraient pu être exclues de la liste des bénéficiaires de profiter d'une aide financière de l'État. Ainsi, en 2009, pour la première fois depuis la mise en place de TANF le nombre de bénéficiaires a augmenté pour baisser trois ans plus tard avec l'inversement des marqueurs économiques.

Tableau 1 : Indicateurs démographiques et sociaux (2000-2016)

Année	Population totale (millions)	Chômage (%)	Personnes pauvres (%)	Personnes en grande pauvreté (%)	Bénéficiaires de TANF (milliers)
2016	323	4,9	—	—	2 763
2015	321	5,3	13,5	6,1	3 088
2014	318	6,2	14,8	6,6	3 504
2013	316	7,4	14,8	6,5	3 782
2012	314	8,1	15,0	6,6	4 106
2011	311	8,9	15,0	6,6	4 417
2010	309	9,6	15,1	6,7	4 370
2009	306	9,3	14,3	6,3	4 041
2008	304	5,8	13,2	5,7	3 732
2007	301	4,6	12,5	5,2	3 969
2006	298	4,6	12,3	5,2	4 230
2000	282	4,0	11,3	4,5	5 778

Source : Pour la population des États-Unis, voir La Banque Mondiale, « Population, Total », <http://donnees.banquemondiale.org/indicateur/SP.POP.TOTL?locations=XU-US> ; pour les chiffres sur le chômage, voir : La Banque Mondiale, « Chômage, Total (% de la population), <http://donnees.banquemondiale.org/indicateur/SL.UEM.TOTL.ZS?locations=XU-US> ; Pour les chiffres sur la pauvreté, voir US Cernsus Bureau, « Historical Poverty Tables », https://www.census.gov/data/tables/time-series/demo/income-poverty/historical-poverty-people.html> ; pour les chiffres sur TANF, voir *Administration for Children and Families*, TANF *Caseload Data.*

En somme, le plan de relance a inversé la tendance défavorable aux pauvres déclenchée par la réforme de Reagan dans les années 1980 (*Omnibus Budget and Reconciliation Act*). Cependant, l'action d'Obama faisait partie d'un plan d'urgence et d'un peaufinage rendu inéluctable par le caractère dévastateur de la récession. On peut comprendre qu'en l'absence d'un mouvement social de masse, il n'y avait aucune urgence ni aucune nécessité d'agir différemment. Même le mouvement Occupy Wall Street, arrivé trop tard sur la scène politique (en 2011) était incapable de mobiliser suffisamment pour impacter la politique sociale et économique du gouvernement. Paradoxalement, c'était le mouvement ultraconservateur le Tea Party qui a incarné le mécontentement populaire. La corrélation paraît donc évidente entre l'absence d'un mouvement social « progressiste » et la nature timorée de la politique sociale mise en place.

La question sociale n'était pas l'apanage de l'aide sociale directe. Les plans de relance économique qui devait dynamiser les gros travaux, stimuler la recherche et améliorer l'enseignement, sont des moyens d'éviter le chômage de masse et d'encourager l'emploi. De ce fait, les plans de relance ont agi directement et indirectement sur les conditions de millions d'Américains en leur offrant des possibilités d'embauche et en évitant leur licenciement.

Par ailleurs, le plan de sauvetage, certes contesté par les conservateurs les plus attachés à la « pureté » du modèle libéral, a eu un effet direct sur le plan social. L'expérience des années 1930 a montré qu'en refusant d'intervenir dans les secteurs vitaux comme les banques ou les industries lourdes, l'État prenait un risque économique et social majeur. En d'autres termes, la Grande dépression a certainement joué un rôle important dans la façon dont le gouvernement a géré la Grande récession.

Peu de publicité a été faite autour des programmes de sauvetage (*bailout*), qui, il faut le dire, avaient commencé de façon hésitante sous la présidence Bush. La confusion autour de son ampleur, son financement et son coup reflète l'absence de consensus autour de sa légitimité. En effet, si les « progressistes » critiquent ce choix c'est parce qu'ils le trouvent injuste et inéquitable ; les conservateurs, eux, le trouvent contraire au principe du laissez-faire.

Des années plus tard et après une victoire éclatante en 2012 sur le républicain Mitt Romney, Obama peut se vanter d'avoir sauvé des entreprises, des banques et surtout des emplois. Même si la récession a été dure pour des millions d'Américains, surtout en l'absence d'un système efficace de protection sociale, les États-Unis, comme à l'accoutumée, étaient capables de rebondir bien avant les autres pays post-industriels.

Le plan de sauvetage ainsi que le plan de relance économique n'étaient pas les seules actions de l'administration Obama. Les mesures en matière d'allégement fiscal demeurent des mesures des plus importantes de par leur aspect symbolique et leur effet sur la question sociale.

III. Les allégements fiscaux et la question sociale

Les allégements fiscaux, figurant dans le plan de relance d'Obama, ont suscité peu de controverses et peu d'opposition. Sa tonalité conservatrice et le gain politique qui peut lui être associé ont facilité la tâche d'Obama au congrès et auprès du public, généralement en faveur de ce type de mesure. D'ailleurs, le Congrès, certes à majorité démocrate, avait très vite adopté cette mesure, pourtant il n'a pas hésité à montrer de la réticence et parfois de la résistance vis-à-vis des réformes présidentielles. En effet, pendant ses huit années à la Maison-Blanche, Obama n'a trouvé que très peu de soutien et de collaboration au congrès. Démocrates conservateurs *(Blue Dogs)* et républicains se sont montrés intraitables avec les propositions de réforme sociale d'Obama. Seules les réformes fiscales ont trouvé grâce à leurs yeux. Elles ont été adoptées par le congrès un mois seulement après leur introduction.

Des allégements fiscaux, votés dans le cadre d'ARRA, devaient coûter 288 milliards de dollars à l'État fédéral, soit 37 % du budget total du plan de relance. Ces allégements, qui profitent aux individus, aux familles et aux petites entreprises, s'inscrivent dans une logique keynésienne de stimulation de la consommation. Les classes moyennes sont d'ailleurs les premières bénéficiaires de ces allégements. Dans ce sens, le programme fédéral qui reflète le mieux cette stratégie est le *'Making Work Pay' Tax Credit* qui répond à la fois à un impératif idéologique et culturel lié à la valorisation du travail salarial et à un impératif économique lié à la stimulation de la croissance par les dépenses publiques[6].

[6] Pour plus de détails sur les programmes d'allègement fiscal, voir : The American Recovery and Reinvestment Act of 2009, 111th Congress (Summary), < https://www.congress.gov/bill/111th-congress/house-bill/1>.

Ces allégements fiscaux ne profitaient pas nécessairement aux plus démunis puisqu'il s'agit d'un crédit d'impôt de 400 $ pour une personne seule et de 800 $ pour un couple imposable. Ce crédit d'impôt (remboursable) est calculé sur la base de 6,2 % du salaire, dans la limite d'un salaire annuel maximum de 75 000 $ pour une personne seule. Le *'Making Work Pay'* est de loin le programme le plus coûteux de tous les programmes d'allégements fiscaux (116 milliards sur 10 ans). On peut déjà faire remarquer la similitude entre ce programme et l'Earned Income Tax Credit, un programme mis en place depuis 1975.

Parmi les nombreux autres programmes, on notera : a) l'*'American Opportunity' Education Tax Credit* qui permettait aux étudiants d'origine modeste de bénéficier d'un crédit d'impôt pouvant aller jusqu'à 2500 $ par an pour payer une partie de leurs frais d'inscription et leurs fournitures scolaires. Comme à l'accoutumée sous l'administration Obama, ce programme n'était qu'une version « améliorée » de *Hope Scholarship Tax Credit*, un programme qui remonte à 1998. De la même façon, les allégements fiscaux profitant aux petites et moyennes entreprises n'étaient qu'un prolongement d'une politique qui avait commencé avec la création de la Small Business Administration en 1953.

Si les allégements fiscaux pouvaient s'inscrire dans une logique culturelle américaine rejetant l'égalitarisme de fait et la redistribution des richesses, ils n'ont pas bénéficié du soutien populaire escompté. D'ailleurs, l'administration Obama n'a pas mis tous les moyens communicationnels et médiatiques pour les défendre et les populariser. On peut se poser des questions sur cette discrétion. Ce qui est sûr, c'est que très peu d'Américains avaient connaissance de ces mesures. En effet, un an après leur mise en place, un sondage commandé par CBS a montré que seulement 12 % des Américains pensaient que les impôts avaient baissé. Par contre, 24 % pensaient qu'Obama les avait augmentés ; un paradoxe ô combien frappant quand on sait que 95 % des salariés américains payaient moins d'impôts sous Obama (Hendin 2010). Cependant, il faut noter que les Américains ont le réflexe du rejet de l'intervention de l'État. Contrairement à la plupart des populations mondiales, la population américaine valorise l'individualisme, rejette le rôle de l'État et conteste le bien-fondé de la politique sociale et de l'intervention dans le domaine économique. Dans un sondage fait par ABC

News/Washington Post, 56 % des Américains voulaient moins d'État et moins de services[7]. Ces résultats allaient dans le même sens qu'un précédent sondage qui avait trouvé que 57 % des personnes interrogées affirmaient n'avoir jamais bénéficié d'un service social étatique. Or, après vérification, il s'est avéré que 94 % en avaient bénéficié[8]. Certes les réponses dépendaient étroitement de beaucoup de paramètres y compris le statut social, le revenu, la résidence et l'appartenance politique de la personne interrogée. Selon Suzanne Mettler, qui utilise le terme de « *submerged state* » pour évoquer le caractère parfois obscur et peu connu de l'action sociale du gouvernement, deux éléments laissent la population dans l'ignorance et l'incapacité de porter un jugement clair et objectif : le gouvernement, par ses décisions opaques et peu précises d'une part, et les ultraconservateurs par leur dénigrement du gouvernement et leur publicité en faveur de l'économie de marché, d'autre part (Mettler 2010).

La politique fiscale d'Obama bien qu'elle ait été impopulaire dans son ensemble, a été coûteuse, compliquée, mal expliquée et peu défendue. Dès 2010, le président a subi une défaite cuisante, preuve que beaucoup d'Américains n'étaient pas convaincus de la pertinence des choix de son administration. Notons que malgré les cadeaux fiscaux attribués aux classes moyennes, ces dernières ont continué leur déclin au profit des classes supérieures et inférieures provoquant une polarisation qui témoignerait de l'impact limité de la politique sociale d'Obama, d'une part, et de la vigueur des classes supérieures, très peu affectées par la récession, d'autre part. Selon une étude de PEW Center, les revenus des classes moyennes, qui représentaient 62 % de l'ensemble des revenus en 1971, n'ont représenté que 43 % en 2014 ; une baisse conséquente qui témoigne de l'effritement de cette catégorie de population[9]. Ainsi, sous Obama, les riches sont devenus

---

[7] Cité dans S. Mettler « Our Hidden Government Benefits », *New York Times*, 19 septembre 2011, <http://www.nytimes.com/2011/09/20/opinion/our-hidden-government-benefits.html?mcubz=2>.

[8] Cornell University. Survey Research Institute, (In the News), « Our Hidden Government Benefits », 2011, <https://www.sri.cornell.edu/sri/news.2011.cfm>.

[9] Les termes de revenu moyen et classe moyenne sont souvent utilisés de façon interchangeable. Cette définition réduit la classe à la question de revenus. D'autres, intègrent l'éducation, la sécurité et la nature de l'emploi, la culture générale ou politique, les réseaux sociaux… dans la définition. Voir, PEW Research Center, « The American Middle Class is Losing Ground », 9 décembre 2015, <

plus riches, les classes moyennes se sont appauvries ; un phénomène comparable à celui observé dans les années 1980 sous la présidence de Ronald Reagan. Cependant, contrairement à l'indignation généralisée des intellectuels et des hommes politiques « progressistes » contre Reagan et sa politique, la situation et les inégalités accrues sous Obama n'ont suscité que peu d'intérêt. Décidément, ce ne sont pas les sujets de prédilection des conservateurs et du Tea Party, occupés pendant huit ans par le lieu de naissance d'Obama et par le mariage homosexuel ; ce ne sont pas non plus les sujets de choix des progressistes, soucieux de protéger un président censé être un des leurs.

Une fois la récession passée, la plupart des indicateurs sociaux ont montré des signes de rétablissement et le deuxième mandat d'Obama a été marqué par un *statu quo* décisionnel en matière sociale et économique. L'administration démocrate n'avait qu'à maintenir et consolider la convalescence économique et garantir la paix sociale. Ainsi, la fin du deuxième mandat d'Obama a été marquée par une reprise de l'activité économique et par l'amélioration globale des marqueurs sociaux qui résultaient plus de la fin du cycle économique dépressionnaire que d'une action gouvernementale profonde.

La focalisation d'Obama sur la question économique, traitée selon l'approche keynésienne par l'injection de fonds dans les grands chantiers et la nouvelle technologie et par des allégements fiscaux, censés stimuler la consommation, l'ont détourné de la recherche d'une réforme structurelle en matière sociale. De plus, sa recherche du consensus a rendu une partie de son action inaudible. En somme, son programme de sauvetage a été contesté, sa politique de relance passée sous silence, quant à sa réforme de l'enseignement — *Race to the Top* — elle était peu différente de *No Child Left Behind* mise en place par son prédécesseur.

---

http://www.pewsocialtrends.org/2015/12/09/the-american-middle-class-is-losing-ground/>.

IV. L'Obamacare : le symbole d'une présidence

La question économique s'était imposée pendant la campagne électorale de 2008 comme la question centrale qu'il fallait traiter en urgence. La question sociale, par ailleurs, vue dans son ensemble comme conséquence logique de la récession, n'a pas connu l'attention nécessaire de la part des pouvoirs publics. Seule la santé a été épargnée par la marginalisation de la question sociale. En effet, malgré l'incapacité des gouvernements successifs depuis pratiquement un siècle à mettre en place une couverture médicale universelle, Obama avait décidé de lier le destin de sa présidence à une réforme radicale du système de santé. C'était un pari risqué quand on sait que même des réformistes comme Roosevelt, avec son New Deal et Johnson, avec sa Grande société, étaient incapables d'imposer une réforme profonde du système. Certes, Johnson a introduit le Medicaid, un programme de santé pour les pauvres et le Medicare qui offre une couverture médicale aux personnes de plus de 65 ans, mais la plupart des Américains ne faisaient pas partie de ces deux catégories. Il fallait donc payer une assurance privée pour se protéger contre les aléas de la vie. Comme on peut le deviner, beaucoup d'Américains qui n'étaient pas assez pauvres ou assez âgés pour profiter de la couverture médicale fédérale, n'avaient pas assez de moyens pour payer une assurance privée. De ce fait, au moment de l'élection d'Obama, plus de 46 millions d'Américains n'avaient pas de couverture médicale[10].

Obama était déterminé à aller jusqu'au bout de son engagement électoral et à faire adopter une réforme de la santé. Avec une majorité confortable au congrès et une détermination solide, qui n'avait d'égal que l'opiniâtreté des républicains, décidés de contrer toute action du président, l'une des plus ardues batailles législatives s'est engagée.

Affaiblis par l'héritage bushiste et anéantis par les défaites électorales cuisantes en 2008, les républicains ont trouvé leur salut

[10] Selon le Bureau of the Census, 46,34 millions d'Américains n'avaient pas d'assurance maladie en 2008. Voir *Current Population Report*, « People without Health Insurance Coverage… Table 7», (Income, Poverty, and Health Insurance Coverage in the United States : 2008),
< https://www.census.gov/prod/2009pubs/p60-236.pdf>.

dans une unité sans faille et une agressivité peu connue dans la tradition politique américaine. C'était dans ce contexte que la réforme de la santé a été engagée. Mais, à la surprise générale, la majorité numérique démocrate au congrès n'avait pas garanti l'adoption rapide du projet de loi. Au contraire. Les « erreurs » tactiques d'Obama, qui avait laissé le projet totalement aux mains du congrès[11] et qui voulait à tout prix une action bipartisane, ainsi que le basculement progressif des conservateurs démocrates du côté des républicains ont compliqué la tâche de son administration. Cette dernière avait pourtant des arguments de taille pour défendre l'idée et l'urgence d'une réforme : le coût exorbitant des dépenses en matière de santé, le nombre important de personnes ne bénéficiant d'aucune couverture médicale et la complexité des programmes de santé en place. D'ailleurs, dans la dernière étude sur l'évaluation des systèmes de santé à travers le monde, publiée dans la revue scientifique *The Lancet*, les États-Unis sont classés 35e, loin derrière les pays européens et le Canada (Barber *et al.* 2017). Pourtant, la population américaine est celle qui dépense le plus pour la santé au monde : 17,1 % du PIB contre 10,4 % Canada et 11,5 % en France.

[11] Obama a certainement voulu éviter les problèmes rencontrés par Clinton au début de son mandat quand il a voulu imposer sa réforme au congrès.

Tableau 2 : Comparaison des budgets de la santé — États-Unis, France et Canada.

(En % par rapport au PIB)

Pays	2000	2007	2008	2009	2010	2011	2012	2013	2014
États-Unis	13,1	15,6	16,02	17,00	17,01	17,05	17,01	16,9	17,14
Canada	8,7	9,8	10,03	11,17	11,2	10,82	10,77	10,66	10,45
France	9,8	10,5	10,57	11,28	11,20	11,33	11,44	11,56	11,54

Source : The World Bank, « Health Expenditures. Total, (% of GDP), <data.worldbank.org/indicator/SH.XPD.TOTL.ZS>

Obama s'est fixé quelques objectifs qui semblaient à première vue légitimes : réduire le coût et faire bénéficier de la couverture médicale un maximum d'Américains. Mais c'était sans compter avec la diversité des acteurs, donc des intérêts, la puissance des lobbys et même l'opposition d'une partie de la population. Malgré les chiffres record des assurés, la désintégration accélérée du tissu social et le caractère inégalitaire qui entoure ce sujet, Obama a dû faire face aux mêmes problèmes que ses prédécesseurs. Il faut dire que sur le fond, sa réforme s'inscrivait dans la continuité de ce qui avait été proposé par Clinton et bien d'autres avant lui. Dans son discours du 9 septembre 2009, il affirme que : « comme les soins de santé représentent un sixième de notre économie, je crois qu'il est judicieux de s'appuyer sur ce qui fonctionne et corriger ce qui ne fonctionne pas, plutôt que d'essayer de construire un système entièrement nouveau à partir de zéro[12] ».

Ces propos traduisent chez Obama la recherche du consensus plutôt que la confrontation, et la réforme plutôt que la rupture. Mais très souvent, ce consensus n'a pas été trouvé et les réformes proposées ont été soit dénaturées, soit affaiblies par les conservateurs des deux

[12] Discours du 9 septembre 2009. "Full Text of Barack Obama's Speech to Congress on Healthcare Reform", *The Guardian*, 10 septembre 2009, <https://www.theguardian.com/world/2009/sep/10/barack-obama-healthcare-reform-speech-full-text>.

partis, à l'image de l'absence d'une caisse publique d'assurance maladie dans la réforme de 2010.

Tableau 3 : Comparaison des dépenses publiques en matière de santé — États-Unis, Canada, France.

(En % par rapport au PIB)

Pays	2000	2007	2008	2009	2010	2011	2012	2013	2014
États-Unis	5,7	7,0	7,4	8,0	8,1	8,1	8,0	8,0	8,3
Canada	6,1	6,9	7,1	7,9	7,9	7,7	7,7	7,6	7,4
France	7,8	8,1	8,2	8,7	8,7	8,7	8,8	8,9	9,0

Source : World Bank, « World Development Indicators, Health Expenditure, Public (% of GDP) », <http://data.worldbank.org/indicator/SH.XPD.PUBL.ZS?locations=XU-US>

Après un débat passionné, une obstruction républicaine systématique et des amendements qui allaient à l'encontre des objectifs de la réforme, le congrès a enfin voté en faveur de la *Patient Protection and Affordable Care Act* (ACA) le 30 mars 2010. Les républicains ont unanimement voté contre ce qu'ils ont considéré comme une réforme « socialisante » et « dangereuse ». Pourtant, la réforme proposée n'avait rien de collectiviste et était même éloignée du modèle français, britannique ou canadien. Sans caisse publique d'assurance maladie, le modèle offert par la réforme d'Obama donne libre cours au secteur privé. De ce fait, elle ne constituait pas une véritable rupture avec le système déjà en place. Pourtant, on peut la considérer comme la réforme la plus significative depuis la mise en place du Medicaid et du Medicare, signés en 1965 par le président Johnson.

Tableau 4 : Situation de la couverture médicale entre 2013 et 2015*

(En millions et en pourcentage)

Programme	2015	2014	2013
Medicaid	62,38 (20 %)	61,65 (19 %)	54,91 (18 %)
Medicare	43,30 (14 %)	41,89 (13 %)	40,87 (13 %)
Sans assurance	28,96 (09 %)	32,96 (10 %)	41,79 (13 %)
Assurés par l'employeur	155,96 (49 %)	154,34 (49 %)	155,69 (50 %)

* ACA a pris effet en 2013.

Selon les projections du Congressional Budget Office, la loi devrait étendre la couverture en assurance santé à près de 95 % de la population à l'horizon de 2019. La même étude affirme que l'État ferait des économies de 143 milliards en dix ans si la réforme était appliquée avec vigueur. Pourtant, pour la même période, le programme coûterait 938 milliards, une somme considérable quand on sait que Medicare et Medicaid ont non seulement survécu à ses chamboulements, mais ont été renforcés (Van Water 2010). Il faut dire qu'une partie de ses coûts serait couverte par des prélèvements obligatoires sur les assurances privées « haut de gamme », ainsi que sur les bénéfices des industriels de la santé et sur une augmentation des cotisations du Medicare pour les personnes gagnant plus de 200 000 $ par an (250 000 pour un ménage).

Même si l'Obamacare a maintenu le Medicare, renforcé le Medicaid et fait l'impasse sur l'assurance publique (*public option),* elle demeure une réforme importante. Avec l'obligation de chaque Américain de contracter une assurance maladie, sous peine d'une amende, elle a eu un effet direct sur le nombre d'assurés. Ainsi, le nombre de non-assurés sous Obama a fortement diminué, passant de 42 millions de personnes (13 %) en 2010 à 29 millions de personnes (9 %) en 2016[13] ; un résultat important qu'on ne peut attribuer qu'à la réforme du système de santé. En effet, contrairement au plan de relance qui a consacré l'État « submergé » et discret, la réforme ACA

[13] Voir Tableau 4.

a été l'exemple même de l'État actif, interventionniste et efficace, même si cette efficacité est contestée par la gauche radicale qui la juge insuffisante et par la droite conservatrice qui la trouve contraire aux valeurs de l'Amérique.

V. De la contestation d'une action à la démolition d'un bilan

Le bilan social d'Obama ne se limite pas à son plan de relance et sa réforme du système de santé. Beaucoup de mesures ont été prises dans le domaine de la vie privée, à l'instar du mariage homosexuel et les actions contre les saisies immobilières… Mais l'intensité de la Grande Récession a défini les contours du débat politique et de l'action gouvernementale en imposant une orientation économique, et à moindre degré social, à l'administration Obama.

Quelques années après la signature d'ARRA, les économistes continuent de discuter de son utilité et de son efficacité. Un certain nombre d'entre eux sont plus enclins à faire cette évaluation sous l'emprise d'une idéologie ultralibérale et donc sont opposés à toute intervention de l'État dans le domaine économique. Ils ne trouvent à ARRA qu'une intervention coûteuse et inutile. Fidèles à la tradition libérale du laissez-faire, ils arguent que la reprise de l'économie n'était pas due à l'intervention de l'État, mais à la règle de l'autorégulation du marché. De plus, ils soutiennent que la reprise était le fruit d'une politique monétaire active et d'un dynamisme inattendu des marchés émergents. D'ailleurs, ils ne manquent pas de dénoncer les effets pervers de la relance : chômage toujours au plus haut (il a baissé depuis) et une dette sans précédent.

De leur côté, les partisans d'Obama ne manquent pas de faire des éloges appuyés au plan de relance. Selon eux, il a précipité la fin de la récession en sauvant plus de 640 000 emplois entre février et octobre 2009 (Amadeo 2017). Ils précisent que le plan de relance a été encore plus efficace que prévu. En 2009, 242 milliards ont été dépensés dans le cadre de ce plan, dont 93 milliards en réduction d'impôts, 86,5 milliards en pension chômage et 62,5 milliards en forme d'aide à la création d'emplois. À la fin de 2013 le plan de relance avait coûté plus de 816 milliards grâce à une rallonge budgétaire exceptionnelle.

Par ailleurs, le Congressional Budget Office, un des artisans de ce plan, a estimé qu'ARRA pourrait stimuler la croissance économique de 1,4 % à 3,8 % en 2009 même si l'année 2009 connaîtrait une contraction globale de 3 %[14]. En 2010, l'activité économique a connu une croissance de 2,5 % faisant des États-Unis l'un des premiers pays à surmonter la récession.

La veille des élections de 2012 et encore plus en 2014, Obama a présenté un bilan économique plutôt positif avec une croissance solide, des indicateurs favorables et une bourse euphorique. Cependant, malgré ce bilan, les démocrates avaient perdu leur majorité au congrès dès 2010. Certes, Obama a été réélu en 2012, mais les Américains ont jugé bon de ne plus lui donner une majorité au congrès. Il faut dire que si les Américains étaient plutôt indifférents au plan de relance, ils étaient plus critiques vis-à-vis de la réforme emblématique de l'aire Obama : la réforme de la santé. L'opposition à ce qui est devenu l'Obamacare a été virulente dès le début, mais les difficultés techniques et les dérives budgétaires ont galvanisé les opposants au programme et leur ont donné des arguments pour dénoncer la réforme. Après l'échec des recours à la justice, les opposants ont mis leur espoir dans la mobilisation politique et intellectuelle contre la réforme. À part les arguments plutôt farfelus comme les « panels de la mort » (*death panels*) ou « le risque clinique de raccourcir la vie des personnes âgées » (*pull the plug on granny*) que pourraient provoquer l'Obamacare pour faire des économies, un certain nombre d'Américains trouvaient le système injuste puisqu'il permettait à quelques personnes de payer pour la santé des autres.

Notons que la plate-forme des assurances (*exchanges* ou *marketplace*), créée par la réforme et qui regroupe, dans une perspective comparatiste, l'ensemble des assureurs participant, a automatiquement mis une pression sur les prix des assurances. Contre toute attente, cela a entraîné le retrait de quelques assureurs du marché provoquant moins de concurrence, plus de monopole et enfin une augmentation des coûts de l'assurance du moins des gammes supérieures. Quelques géants de l'assurance comme le Blue Cross Blue Shield et Deloitte Consulting n'ont trouvé leur équilibre financier dans quelques localités que quelques années après la mise en

[14] Rappelons que l'économie s'était rétractée de 5,4 % au premier semestre de 2009, (avant la mise en place d'ARRA), et de 0,5 % au second semestre. Le solde annuel demeure donc négatif.

place de la « bourse aux assurances ». Dans la région de Knoxville, Tennessee, par exemple, le dernier assureur qui travaille dans le cadre de l'Obamacare—Humana— a annoncé le 14 février 2017 qu'il quittait le circuit, laissant toute une région sans assurance réglementée et la région de Memphis et de Nashville avec un seul assureur — Cigna (Fletcher 2017). Dans ce cas, les habitants n'ont qu'un choix limité : payer une amende pour cause de non-assurance ou s'assurer à prix fort en dehors du programme Obamacare et donc ne pas bénéficier de la subvention de l'État.

Par ailleurs, d'autres assureurs ont décidé de prendre des mesures plus radicales. Aetna, par exemple, a décidé de se retirer des quatre États où il se trouve. Il prévoit une perte nette de 200 millions de dollars en 2017, qui vont s'ajouter aux 700 millions de pertes accumulées depuis la mise en place de l'Obamacare (Luhby 2017).

Les tergiversations politiques même avant la victoire de Trump en 2016 ont fortement inquiété les assureurs. Deux changements ont été proposés par les républicains : la suppression des subventions payées par l'État aux assureurs pour permettre aux plus démunis d'avoir une assurance et la suppression de l'obligation de contracter une assurance. Sauf que cette obligation permet en réalité aux assureurs de couvrir également une population jeune et en bonne santé, ce qui leur permet d'équilibrer leurs comptes. Dans ce sens, les groupes de pression, les organisations représentant les médecins, les hôpitaux et les patients avaient exprimé à maintes reprises leur inquiétude quant au projet de réforme proposé par les républicains ; un paradoxe frappant quand on sait l'alignement de beaucoup de ces organisations sur les positions républicaines et surtout l'opposition qu'elle avait exprimée contre l'Obamacare.

Notons que les assureurs veulent avoir une vision sur le long terme. Or, avec les incertitudes politiques, leurs difficultés se sont multipliées. Comme s'est plaint James Sung, un des hauts responsables de S&P Global Ratings, « *The rules are changing all the time... insurers like certainty* » (Fletcher 2017).

Conclusion

Du passage d'Obama à la Maison-Blanche, l'histoire ne va probablement pas retenir d'importants chamboulements socio-économiques et politiques. En effet, Obama n'était pas un grand réformateur social à l'image de Roosevelt et de Johnson. Ses actions en matière sociale ont été conditionnées par la Grande récession qui avait débuté sous son prédécesseur George W. Bush. Même si la fin de la récession a été précipitée par un plan de relance audacieux et coûteux, sur le plan politique, Obama n'a pas pu tirer profit de l'embellie économique qui a caractérisé ses dernières années au pouvoir. Beaucoup trouvent sa présidence hésitante, plutôt terne et parfois dangereuse. Il est vrai que malgré sa discrétion habituelle, Obama a suscité une opposition viscérale des conservateurs. En l'absence d'un projet constructif, d'un bilan positif par rapport à l'ère Bush, ces conservateurs de tous bords ont concentré leurs attaques sur des questions personnelles ou sensationnelles qui n'ont parfois aucun lien avec la réalité politique.

Bien qu'elle soit inattendue, l'élection de Donald Trump a été une bonne surprise pour beaucoup de conservateurs. Cette élection leur offre une occasion inespérée pour mettre à plat la politique d'Obama et anéantir son bilan. Ainsi, la remise en cause de l'Obamacare est devenue une obsession républicaine, avec le soutien d'un exécutif et d'un congrès conservateurs. On aurait pu imaginer l'Obamacare à l'abri des assauts conservateurs puisque le prix politique à payer serait important (près de 20 millions de millions de bénéficiaires depuis sa mise en place), mais c'est sans compter avec la détermination de la frange anti-Obama dans la politique américaine. En effet, après un premier échec à trouver une majorité au congrès pour abroger l'Obamacre, Trump a réussi à engranger un succès législatif du moins symbolique pour le moment. La chambre des représentants a finalement approuvé une révision en profondeur de l'Obamacare. Il faut dire que la mouture de la proposition républicaine n'a rien à voir avec celle déjà retoquée le mois de mars 2017. La nouvelle réforme — American Healthcare Act — proposée par les républicains a du mal à s'imposer en tant que projet viable et crédible, même si dans le sillage d'Obamacare, elle se propose « d'encourager la concurrence et de donner aux Américains une assurance médicale abordable et de qualité[15] ». Elle interdit aux assureurs de refuser d'assurer un Américain souffrant d'une maladie grave ou chronique, et maintient la prise en charge des enfants par le contrat de leurs parents, jusqu'à l'âge de 26 ans. En revanche, les républicains proposent de supprimer le principe de solidarité entre les classes et de mettre fin à l'obligation d'avoir une couverture médicale.

Le projet de loi aura certainement du mal à passer au Sénat dans sa version actuelle. L'opposition commence à s'organiser avec des démocrates plus que jamais déterminés à défendre le bilan d'Obama et quelques républicains soucieux de se faire désavouer dans leur circonscription ou désireux de défendre les millions de personnes d'origine modeste qui vont perdre leur assurance. Bref, le bilan d'Obama va hanter l'imaginaire républicain pour un certain temps. Les républicains conservateurs se focalisent sur ce qu'ils pensent être négatif dans le bilan du président « afro-américain », mais la confusion autour de l'action de Donald Trump, qui le moins qu'on puisse dire, transgresse les normes politiques et diplomatiques et jette le trouble sur la cohérence idéologique et politique des républicains, va certainement présenter le bilan d'Obama sous un autre angle.

Bibliographie

Amadeo, Kimberly, « What Was Obama's Stimulus Package ? », *The Balance*, 1 mai 2017, <https://www.thebalance.com/what-was-Obama-s-stimulus-package-3305625>.

Barber, Ryan, et *al.*, « Healthcare Access and Quality Index Based on Mortality from Causes Amenable to Personal Health Care in 195 Countries and Territories, 1990-2015 », *The Lancet*, 18 mai 2017, <http://www.thelancet.com/journals/lancet/article/PIIS0140-6736(17)30818-8/abstract>.

[15] Lire la proposition intégrale sur : « Full Text : GOP Plan to Repeal and Replace Obamacare », *CNN Politics*, 7 mars 2017, <http://edition.cnn.com/2017/03/06/politics/house-republicans-obamacare-repeal-replace-text/index.html>.

Béland, Daniel, Alex Wadden, « The Obama Presidency and Health Insurance Reform: Assessing Continuity and Change », *Social Policy and Society*, vol. 11, no. 3, juillet 2012, p. 319-330.

Béland, Daniel, François Vergniolle de Chantal, « État en Amérique. Entre invisibilité politique et fragmentation institutionnelle », *Revue Française de Science Politique*, vol. 64, no. 2, 2014, p. 191-205

Biebricher, Thomas, « Faith-Based Iniatives and Pastoral Power », *Economy and Society*, vol. 40, no. 3, août 2011, p. 399-420.

Biebricher, Thomas, « Faith-Based Initiatives and the Challenges of Governance », *Public Administration*, vol. 89, no. 3, 2011, p. 1001-1014.

Crotty, William, (dir.), *The Obama Presidency : Promise and Performance*, Lanham (Md) : Lexington Books, 2012, 231 p.

Daguerre, Anne, « US Social Policy in the 21st Century : The Difficulties of Comprehensive Social Reform », *Social Policy and Administration*, vol. 45, no.4, août 2011, 389-407.

De Sousa, Monica, « A Race to the Bottom ? President Obama's Incomplete and Conservative Strategy for Reforming Education in Struggling Schools or the Perils of Ignoring Poverty », *Stetson Law Review*, vol. 39, 2009-2010, p. 631-32.

Djebali, Taoufik, « La Politique sociale en temps de crise : Le bilan des années Obama », *Recherches Internationales*, vol. 106, janvier-mars 2016, p. 171-190.

Djebali, Taoufik, « Pauvreté et politique sociale sous la présidence Obama : vers une tentative d'évaluation », in C. Duquesne (Ed.), Centre D'Études et de Recherches Internationales (CERI), *Ceriscopes*, 15 février 2012, <http://ceriscope.sciences-po.fr/>.

Dorrien, Gary, *The Obama Question : A Progressive Perspective,* Lanham (Md) : Rowman and Littlefield, 2012, 245 p.

Dowdle, Andrew, Dirk Van Raemdonk, Robert Moranto, *The Obama presidency : Change and Continuity*, New York : Routeledge, 2011 232 p.

Eppreh-Butet, Raphaël, Mokhtar Ben Barka (dir.), Le Président Barack Obama à l'épreuve du pouvoir : Bilan de son premier mandat et perspectives d'avenir, Paris : Harmattan, 2015, 237 p.

Fording, Richard, « Barak Obama's 'Fight' to End poverty : Rhetoric and Reality », *Social Science Quarterly*, vol. 93, no. 5, décembre 2012, p. 1161-1184.

Hendin, Robert, "Poll Reveals Most Americans Don't Know they Got a Tax Cut", *CBS NEWS,* 2 février 2010, <http://www.cbsnews.com/news/poll-reveals-most-americans-dont-know-they-got-a-tax-cut/>.

Kantor, Paul, « The Two Faces of American Urban Policy », *Urban Affairs Review*, vol. 49, no. 6, 2013, p. 821-850.

Kuo, David, Tempting Faith : An Inside Story of Political Seduction, New York: Free Press, 2006, 283 p.

Luhby, Tami,« Obamacare : What's Going Right, What's Going Wrong ? », *CNN Money*, 12 mai 2017, <http://money.cnn.com/2017/05/12/news/economy/Obamacare-insurers-premiums/index.html>.

Maranto, Robert, McShane Michael, *President Obama and Education Reform : The Personal and the Political*, New York : Palgrave Macmillan, 2012, 201 p.

Mettler, Suzanne, « Reconstituting the Submerged State: Challenges of Social Policy Reform in the Obama Era », *Perspectives on Politics*, vol. 8, no. 3, septembre 2010, p. 803-824.

Mettler, Suzanne, The Submerged State. How Invisible Government Policies Undermine American Democracy, Chicago : University of Chicago Press, 2011, 163 p.

Peschek, Joseph, « The Obama Presidency and the Great Recession: Political Economy, Ideology, and Public Policy », *New Political Science*, vol. 33, n. 4, décembre 2011, p. 429-444.

Piven, Frances, « Poor Relief », *New Labor Forum*, vol. 18, no. 3, automne 2009, p. 47-52.

Van Water, Paul, N., « How Health Reform Helps reduce the Deficit », Center on Budget and Policy Priorities, 10 mai 2010.

<http://www.cbpp.org/research/ how-health-reform-helps-reduce-the-deficit>.

Watson Robert et al., (dir.), *The Obama Presidency : A Preliminary Assessment*, Albany: State University of New York Press, 2012, 443 p.

Weatherford, Stephen, Lorraine M. McDonnell, « Advancing a Social Policy Obama's Stimulus and Education Reform », *The Forum*, vol. 9, no. 1, 2011, p.1-19.

Wilson, William J., « The Obama Administration's Proposals to Address Concentrated Urban Poverty », *City and Community*, vol. 9, no. 1, mars 2010, p. 41-49.

Deuxième partie

Politique étrangère

Le retour de la France dans les structures du commandement intégré de l'OTAN et l'« enthousiasme » du président Obama

Noëmie Fossé

Docteure de l'Université Paris I Panthéon-Sorbonne

" I enthusiastically welcome the decision made by French President Nicolas Sarkozy to fully reintegrate France into the NATO Alliance. President Sarkozy's leadership has been essential and is much appreciated[1]. "

Grâce à ce retour, Barack Obama acquiert une solide relation de coopération au regard de son projet de politique étrangère, celui de renouveler le *leadership* américain[2]. En ce début de premier mandat, le président Obama ne pouvait espérer meilleur soutien que la réintégration pleine et entière d'un allié historique dans l'Organisation du Traité de l'Atlantique Nord (OTAN). C'est pourquoi le 21 mars 2009, soit quatre jours après le vote de confiance des députés français au gouvernement de François Fillon, Barack Obama accueille avec enthousiasme la rénovation d'un partenariat transatlantique fort. Après plus de quarante années d'éloignement et quelques tentatives de rapprochement, le président Sarkozy renforce, par cette réintégration, la position de la France dans un monde multipolaire ainsi que son influence et sa visibilité sur la scène internationale.

---

[1] The White House - Office of the Press Secretary – For Immediate Release – March 21, 2009 – Statement from President Obama welcoming France's return to NATO's military structure. Disponible à l'adresse suivante : <https://obamawhitehouse.archives.gov/the-press-office/statement-president-obama-welcoming-frances-return-natos-military-structure>. Extrait du communiqué du président Obama>.

[2] Lire l'article de Barack Obama, « *Renewing American Leadership* », *Foreign Affairs*, New-York, juillet 2007. Disponible à l'adresse suivante : <https://www.foreignaffairs.com/articles/2007-07-01/renewing-american-leadership>.

À travers ce communiqué de presse, le quarante-quatrième président des États-Unis d'Amérique évoque trois points essentiels à propos de ce retour : l'histoire de l'Alliance, le contexte de cette réintégration et l'importance du multilatéralisme au sein de l'OTAN. De la réintégration officielle de la France à la fin de son second mandat, Barack Obama ne cessera d'être en quête d'une nouvelle multilatéralité, seule stratégie capable de repositionner la politique étrangère américaine.

La France et l'OTAN : une histoire transatlantique

Depuis la signature du Traité de Washington, le 4 avril 1949, les relations diplomatiques entre la France et l'OTAN, et plus spécialement entre les États-Unis et la France, vacillent entre amitié et inimitié. Durant six décennies, leurs coopérations ont été ponctuées par divers désaccords, permettant à la France de faire figure d'exception au sein de cette organisation politico-militaire. Car, comme le rappelle Barack Obama dans son communiqué, *« France is a founding member of NATO and has been a strong contributor to NATO missions throughout the Alliance's history »*. En effet, la France est un des douze membres fondateurs de l'Alliance[3] et l'un des contributeurs les plus actifs.

Dès 1945, face à la menace de la puissance militaire soviétique, le général de Gaulle, conscient de la faiblesse des moyens militaires français, parvient à obtenir un engagement américain au sujet de la défense de l'Europe. En 1949, en pleine Guerre froide, le Traité de Washington est signé et donne naissance à l'Alliance atlantique. Selon l'article 5, cette Alliance repose sur un principe simple, celui de considérer qu'une attaque armée contre l'un des membres est une attaque dirigée contre la totalité des membres. En 1951, l'Alliance devient une organisation composée de différentes structures politiques, civiles et militaires, fortement dominées par les États-

[3] Les onze autres membres sont : Belgique, Canada, Danemark, États-Unis, Islande, Italie, Luxembourg, Norvège, Pays-Bas, Portugal et Royaume-Uni.

Unis[4]. Les infrastructures de l'OTAN s'installent en France, et les organes de commandement, en raison de la position stratégique de cette région et de ses divers moyens de communication, s'implantent à Paris et en région parisienne[5].

Mais, comme le souligne Hubert Védrine dans son rapport sur l'avenir de la relation transatlantique et les perspectives de l'Europe de la Défense, dès le mois de septembre 1958, le général de Gaulle « adresse au Président Eisenhower et au Premier ministre Macmillan un Mémorandum réclamant une direction tripartite (États-Unis, Grande-Bretagne et France), pour l'Alliance et une prise en compte mondiale, et pas seulement atlantique, de leur sécurité »[6]. Malgré la tenue de nombreuses réunions tripartites, les Américains n'ont pas voulu modifier la direction de l'Alliance et encore moins, dévoiler sur quelles bases étaient entreposées les armes nucléaires de l'Alliance atlantique.

Tant et si bien que, après plus de sept années de négociations, le général de Gaulle décide le 7 mars 1966, dans une lettre adressée au président américain Lyndon B. Johnson, de faire recouvrer à la France sa pleine souveraineté, notamment au niveau des questions militaire et nucléaire, et de faire cesser sa coopération au sein des commandements intégrés. Les infrastructures et les bases de l'OTAN se vident de leurs militaires et de leurs civils. Par conséquent, cet éloignement entraîne le transfert du quartier général et du siège de l'OTAN en Belgique, près de Bruxelles. Néanmoins, la France demeure un membre actif de l'Alliance et de l'Organisation. En avril

---

[4] Lire l'article de Maurice Vaïsse, « La France et l'OTAN : une histoire », *Politique étrangère*, 2009/4 (Hiver), pp. 861 à 872. Disponible à l'adresse suivante : <https://www.cairn.info/revue-politique-etrangere-2009-4-page-861.htm>.

[5] Lire l'article de Jenny Raflik, « Lorsque l'OTAN s'est installée en France… », *Relations internationales*, 2007/1 (n°129), pp. 37 à 49. Disponible à l'adresse suivante : <http://www.cairn.info/revue-relations-internationales-2007-1-page-37.htm>.

[6] Lire le rapport de Hubert Védrine « Rapport pour le président de la République française sur les conséquences du retour de la France dans le commandement intégré de l'OTAN, sur l'avenir de la relation transatlantique et les perspectives de l'Europe de la Défense », Paris, Présidence de la République, 14 novembre 2012, 25 pages. Voir « Rappel de l'historique des relations entre la France et l'OTAN », pp. 2 à 5. Disponible à l'adresse suivante : <http://www.ladocumentationfrancaise.fr/var/storage/rapports-publics/124000607.pdf>.

1969, le général de Gaulle quitte le pouvoir et ses premiers successeurs ne prennent pas le risque de revenir sur sa décision.

Ce n'est qu'en décembre 1995, date à laquelle le président Jacques Chirac demande la réintégration pleine et entière de la France dans l'OTAN, que cette décision d'éloignement est clairement remise en cause. Cependant, vu les deux conditions imposées par ce dernier, ce rapprochement n'a pas pu aboutir à une réintégration complète. La première condition visait à mettre en place une répartition équilibrée du commandement de l'OTAN entre l'Europe et les États-Unis, et la seconde, à lancer une politique européenne de sécurité et de défense. Toutefois, cette tentative de rapprochement a permis à la France de participer plus activement aux opérations militaires de l'Alliance. En revanche, en 2003, par son refus de participer à l'invasion militaire de l'Irak, le président Chirac se retrouve, temporairement, mis au banc de la diplomatie américaine.

Cette opposition, perçue par l'administration Bush comme une volonté de contraindre la puissance américaine dans le but de faire de l'Union européenne une contre-puissance, aurait pu ébranler fortement plus de deux siècles de relations et d'amitiés franco-américaines. Suite à cette crise diplomatique, il a fallu attendre l'élection, en mai 2007, de Nicolas Sarkozy, sixième président de la Vème République française, pour entrevoir un retour possible de la France dans le commandement intégré de l'OTAN[7].

Du Congrès américain au 60ème anniversaire du Traité de Washington : les étapes d'une réintégration pour une Alliance forte et une Europe forte

sous l'impulsion du président Sarkozy, la réintégration de la France se déroule en deux étapes distinctes. La première est engagée, en 2007, sous le second mandat de George W. Bush et la seconde, en 2009, sous le premier mandat de Barack Obama. Le 7 novembre 2007,

[7] Lire l'ouvrage de Olivier Kempf, *L'OTAN au XXIe siècle. La transformation d'un héritage*, Monaco, Éditons du Rocher, 2014, 614 pages.

date à laquelle s'enclenche la première phase de la première étape, Nicolas Sarkozy prononce, à la tribune du Congrès américain, un discours bienveillant à l'égard des États-Unis. Mais, face aux membres du Congrès, il expose également ceci : « Tous nos Alliés, à commencer par les États-Unis [...], ont un intérêt stratégique à ce que l'Europe s'affirme comme un partenaire crédible et fort. » Puis, il complète son argumentation en déclarant que « plus l'Europe de la Défense sera aboutie, plus la France sera résolue à reprendre toute sa place dans l'OTAN ». Le ton est donné. Par le biais de ce discours, Nicolas Sarkozy aspire à faire véhiculer, aux États-Unis, l'image d'une France qui a pour ambition de bâtir « une Europe de la défense crédible et forte au sein d'une Alliance rénovée »[8].

Lors du sommet de l'OTAN à Bucarest, en avril 2008, le président Sarkozy démontre de nouveau à son auditoire qu'il désire « conforter l'Alliance » et « renforcer l'Europe de la défense »[9], tout en obtenant le soutien du président Bush. Les conclusions de ce 20ème sommet de l'OTAN annoncent implicitement une ouverture américaine ainsi que la réintégration prochaine de la France dans l'OTAN. La parution, en juin 2008, du Livre blanc sur la Défense et la Sécurité nationale vient incontestablement renforcer cette volonté politique d'un futur retour[10].

---

[8] Déclaration de M. Nicolas Sarkozy, Président de la République, sur les relations franco-américaines, à Washington le 7 novembre 2007. Circonstances : Voyage officiel aux États-Unis les 6 et 7 novembre ; discours devant le Congrès des États-Unis d'Amérique. Disponible à l'adresse suivante : <http://discours.vie-publique.fr/notices/077003410.html>.

[9] Déclaration de M. Nicolas Sarkozy, Président de la République, sur les liens de la France et de l'Union européenne avec l'OTAN, l'envoi de militaires français supplémentaires en Afghanistan et sur l'élargissement de l'Alliance atlantique à des pays de l'Est européen, à Bucarest le 3 avril 2008. Circonstances : Sommet de l'OTAN, à Bucarest (Roumanie) du 2 au 4 avril 2008. Disponible à l'adresse suivante : <http://discours.vie-publique.fr/notices/087001027.html>.

[10] Le Livre blanc précise que la France ne participera pas au groupe des plans nucléaires de l'Alliance et conserve ainsi son indépendance nucléaire. Lire le rapport rédigé sous la présidence de Jean-Claude Maillet (Président de la Commission du Livre blanc sur le défense et la sécurité nationale), *Défense et Sécurité nationale : le Livre blanc*, Paris, Odile Jacob/La Documentation française, juin 2008, 350 pages. Disponible à l'adresse suivante : <http://www.ladocumentationfrancaise.fr/var/storage/rapports-publics/084000341.pdf>. Lire le second rapport, *Défense et Sécurité nationale : le Livre blanc – Les débats*, Paris, Odile Jacob/La Documentation française, juin 2008, 414 pages. Disponible à l'adresse suivante :

Ce livre expose l'ambition européenne et internationale de la France et pour ce faire, le pays se doit d'adopter de nouveaux choix stratégiques. Le 7 février 2009, dans le cadre d'une conférence sur la sécurité à Munich, Nicolas Sarkozy met fin, par son intervention, à la dernière phase de la première étape. En déclarant que « d'ici au mois d'avril », c'est-à-dire avant le sommet de l'OTAN à Strasbourg-Kehl, la France tentera « d'être au rendez-vous d'une grande ambition » pour l'Europe et l'OTAN[11], le président français ne laisse guère place au suspense.

Le 11 mars 2009, dix-huit mois après l'engagement d'un débat et huit mois après la parution du Livre blanc, Nicolas Sarkozy annonce officiellement que la question du retour de la France dans le commandement intégré de l'OTAN sera débattue à l'Assemblée nationale afin de conclure deux années de débats. C'est à l'École militaire, lors de la clôture du colloque sur la France, la défense européenne et l'OTAN au XXIème siècle, que le président se prononce sur l'aboutissement d'un long processus de renouvellement pour une Alliance forte et une Europe forte[12]. Le 17 mars, les députés français octroient, à la majorité, leur confiance au gouvernement de François Fillon, légiférant ainsi le retour complet de Paris dans les structures militaires de l'OTAN. Quatre jours plus tard, Barack Obama adresse au président Sarkozy un communiqué de bienvenue, et écrit ces quelques lignes à propos de l'impérieuse nécessité de contribuer au renforcement de l'Alliance et de l'Europe :

“ France's full participation in the NATO military command structure will further contribute to a stronger Alliance and a stronger Europe. […] In this context, I also welcome the further strengthening

---

<http://www.ladocumentationfrancaise.fr/var/storage/rapports-publics/084000342.pdf>.

[11] Déclaration de M. Nicolas Sarkozy, Président de la République, notamment sur l'OTAN, les relations euro-russes et sur la défense européenne, à Munich le 7 février 2009. Circonstances : Conférence sur la sécurité, à Munich (Allemagne) le 7 février 2009. Disponible à l'adresse suivante : <http://discours.vie-publique.fr/notices/097000416.html>.

[12] Déclaration de M. Nicolas Sarkozy, Président de la République, sur le retour de la France dans le commandement intégré de l'OTAN et la Défense européenne, à Paris le 11 mars 2009. Circonstances : Clôture du colloque sur la France, la défense européenne et l'OTAN au XXIème siècle, à Paris le 11 mars 2009. Disponible à l'adresse suivante : <http://discours.vie-publique.fr/notices/097000766.html>.

of European defense capabilities. During my upcoming visit to France and Germany for the 60th Anniversary NATO Summit, I look forward to discussing ways to ensure that our strengthened Alliance, with France as a full participant in all its structures, will be as important in the 21st century as it was in the 20th century[13]. "

Ce communiqué de presse parachève la première phase de la deuxième étape. La dernière phase, celle qui entérine la réintégration et rend ce retour effectif, prend effet, vu la portée historique de cette décision, lors du 60ème anniversaire de la signature du Traité de Washington, le 4 avril 2009. Ce 60ème anniversaire, célébré durant le 21ème sommet de l'OTAN à Strasbourg-Kehl en France et en Allemagne, se transforme alors, avec la réintégration de la France, en un évènement majeur pour les membres fondateurs de l'Alliance. Car, comme le souligne si justement Barack Obama dans son communiqué du 21 mars : « *The NATO Alliance has been the cornerstone of trans-Atlantic security for the past 60 years.* ». Conscient de la tâche qui lui incombe, le président Obama se montre, au cours de ce sommet, très réceptif vis-à-vis de ce retour. Pour preuve, il délivre, devant quelques milliers de jeunes français et allemands, un long et remarquable discours sur l'importance d'une Alliance forte et d'une Europe forte. Ce discours nous permet aussi de discerner les grandes lignes de sa doctrine en matière de relations transatlantiques et nous confirme son soutien à une défense européenne crédible et forte[14].

Preuve supplémentaire de cette entente cordiale, le jour même, en se prêtant au jeu des questions-réponses lors d'une conférence de presse commune, les deux chefs d'État démontrent aux autres membres de l'Alliance l'infaillible et respectueuse relation d'amitié entre la France et les États-Unis[15]. De même, lors de cette conférence,

---

[13] Extrait du communiqué de presse du 21 mars 2009.

[14] The White House – Office of the Press Secretary – For Immediate Release – April 3, 2009 – Remarks by President at Strasbourg Town Hall, Rhenus Sports Arena, France. Disponible à l'adresse suivante : <https://obamawhitehouse.archives.gov/the-press-office/remarks-president-obama-strasbourg-town-hall>.

[15] Conférence de presse conjointe de MM. Nicolas Sarkozy, Président de la République, et Barack Obama, Président des États-Unis d'Amérique, sur les relations franco-américaines et sur l'OTAN, à Strasbourg le 3 avril 2009. Disponible à l'adresse suivante : <http://discours.vie-publique.fr/notices/097001035.html>.

les présidents français et américain ne cachent pas leur enthousiasme face à cette nouvelle coopération. Le 4 avril, jour du 60ème anniversaire, Nicolas Sarkozy réaffirme cette volonté d'unité, et insiste sur le sens du partenariat transatlantique. Puis, il conclut son intervention par cette phrase : « Nous voulons les deux : le lien transatlantique et l'Europe de la défense »[16]. La conférence de presse de Barack Obama viendra attester ce sentiment de confiance mutuelle et ce regain d'enthousiasme autour du renouvellement de l'Alliance et du *leadership* européen[17].

L'« enthousiasme » du président Obama : la stratégie du « leadership from behind » et du « burden-sharing »

Pour comprendre l'enthousiasme du président Obama, il suffit de lire son article-programme publié dans la revue *Foreign Affairs* en juillet 2007, intitulé « *Renewing American Leadership* »[18]. Il y développe, en tant que candidat au primaire démocrate pour l'élection présidentielle de 2008, sa vision stratégique d'une diplomatie et d'un *leadership* renouvelés. Chacune des questions discutée ultérieurement telle que la situation en Irak, la redynamisation des forces armées, l'arrêt de la propagation des armes nucléaires, le combat contre le terrorisme ou la rénovation des partenariats est énoncée à l'intérieur de ce court essai de politique étrangère. Le choix de ce titre reflète aussi sa détermination à faire table rase de la doctrine observée sous l'administration Bush. Six mois après l'annonce de sa candidature au primaire démocrate, Barack Obama partage, avec le lectorat de ce

---

[16] Déclaration de M. Nicolas Sarkozy, Président de la République, sur la France et l'OTAN, à Strasbourg le 4 avril 2009. Circonstances : Déplacement à Strasbourg à l'occasion du sommet de l'OTAN, les 3 et 4 avril 2009. Disponible à l'adresse suivante : <http://discours.vie-publique.fr/notices/097001036.html>.

[17] The White House – Office of the Press Secretary – For Immediate Release – April 4, 2009 – News Conference by President Obama, Palais de la Musique et des Congrès, Strasbourg, France. Disponible à l'adresse suivante : <https://obamawhitehouse.archives.gov/the-press-office/news-conference-president-obama-4042009>.

[18] Voir la note n°2.

magazine new-yorkais, les ambitions d'un futur président, motivé par le changement et la régénération du *leadership* américain.

Dans son communiqué de presse du 21 mars, lorsqu'il énonce : « The United States is committed to its success, and knows that it is through close cooperation with Allies and partners that we can overcome our most difficult challenges. », Barack Obama condense, en une seule phrase, les fondements de sa théorie en matière de politique étrangère, c'est-à-dire renforcer et réinventer les alliances et les partenariats dans un monde confronté aux mêmes dangers. Par cette phrase, le président Obama invite implicitement tous les pays membres ainsi que tous les pays partenaires de l'OTAN, et en l'occurrence la France, à investir davantage dans leur défense et à adopter une nouvelle stratégie. Dès le début de son premier mandat, l'ancien sénateur de l'Illinois démontre qu'il est un fervent adepte du multilatéralisme et de la realpolitik, tout en alternant idéalisme et pragmatisme.

À partir du 22ème sommet de l'OTAN à Lisbonne, en novembre 2010, les chefs d'État et de gouvernement s'engagent à concevoir et à déployer ce « nouveau concept stratégique »[19], destiné à lutter contre les menaces du XXIème siècle[20]. Le « Concept stratégique 2010 » expose les valeurs communes de l'Organisation et les objectifs stratégiques retenus pour les dix années à venir. En mai 2012, lors du 23ème sommet de l'OTAN à Chicago, les membres de l'Alliance poursuivent leurs objectifs fixés par la feuille de route adoptée à

---

[19] Lire le Concept stratégique 2010, « Engagement actif, défense moderne. Concept stratégique pour la défense et la sécurité des membres de l'Organisation du Traité de l'Atlantique Nord, adopté par les chefs d'État et de gouvernement au sommet de l'OTAN à Lisbonne, les 19 et 20 novembre 2010 », Bruxelles, Division Diplomatique publique de l'OTAN, 2010, 42 pages. Disponible à l'adresse suivante :
<https://www.nato.int/nato_static_fl2014/assets/pdf/pdf_publications/20120214_strategic-concept-2010-fra.pdf>.

[20] OTAN – Division diplomatie publique – Communiqué de presse – Déclaration du sommet de Lisbonne publiée par les chefs d'État et de gouvernement participant à la réunion du Conseil l'Atlantique Nord tenue à Lisbonne le 20 novembre 2010 (15 pages). Disponible à l'adresse suivante : <https://www.nato.int/nato_static_fl2014/assets/pdf/pdf_2010_11/2010_11_11DE1DB9B73C4F9BBFB52B2C94722EAC_PR_CP_2010_0155_FRE-Summit_LISBON.pdf>.

Lisbonne[21]. Toutefois, entre ces deux sommets, le monde arabo-musulman s'est lancé, depuis le mois de décembre 2010, dans un long processus révolutionnaire, réprimé par certain régime. Tel est le cas en Libye où les répressions sanglantes des manifestations de Benghazi ont déclenché, du mois de mars au mois d'octobre 2011, une vaste opération de raids aériens menée par l'OTAN, les États-Unis, la France et le Royaume-Uni, visant à stopper les forces du régime du colonel Kadhafi.

L'opération nommée « *Unified Protector* », et menée sous l'égide de l'OTAN, visait à protéger les populations civiles et à mettre un terme à la crise en Libye[22]. C'est à l'occasion de cette intervention qu'est née l'expression du « *leading from behind* ». L'expérimentation du *leadership* en retrait et de la répartition des efforts, le « *burden-sharing* », détermine et confirme la vision stratégique de Barack Obama en matière d'interventions militaires extérieures. En effet, pour la première fois, Washington participe à une opération militaire multilatérale, sans en assurer la direction[23]. En 2013 et 2014, avec les cas de la Syrie et de l'Ukraine, Barack Obama se démarque une nouvelle fois en optant pour une stratégie de retenue militaire et une réelle répartition des efforts. À l'automne 2013, l'administration Obama renonce à frapper le régime de Bachar el-Assad, laissant le champ libre à la Russie et à l'Iran. En 2014, face à la crise ukrainienne, Barack Obama reste fidèle à sa stratégie et choisit de ne pas intervenir dans les négociations européennes[24].

---

[21] OTAN – Communiqué de presse du 21 mai 2012 – Déclaration du sommet sur les capacités de défense pour les forces de l'OTAN à l'horizon 2020. Disponible à l'adresse suivante : <https://www.nato.int/cps/fr/natolive/official_texts_87594.htm?mode=pressrelease>.

[22] Lire sur le site web de l'OTAN (4 avril 2012), « L'OTAN et la Libye ». Disponible à l'adresse suivante : <https://www.nato.int/cps/fr/natohq/topics_71652.htm>.

[23] Lire l'article de Ryan Lizza (2 mai 2011). *« The Consequentialist. How the Arab Spring remade Obama's Foreign Policy ».* In *The New Yorker*, [En ligne]. Page consultée le 10 septembre 2017. Disponible à l'adresse suivante: <https://www.newyorker.com/magazine/2011/05/02/the-consequentialist>.

[24] Lire l'article de Christian Nünlist (Mars 2016, n°188). « La politique étrangère d'Obama : premier bilan ». In *Center for Security Studies (CSS) ETH Zurich*, [En ligne]. Page consultée le 10 septembre 2017. Disponible à l'adresse suivante: <http://www.css.ethz.ch/content/dam/ethz/special-interest/gess/cis/center-for-securities-studies/pdfs/CSSAnalyse-188-FR.pdf>.

Les évènements en Ukraine renforcent le projet atlantiste, celui de bâtir une Europe forte et une Alliance forte. En effet, vu le contexte européen, lors du 24ème sommet de l'OTAN à Newport, les membres s'engagent à soutenir l'Ukraine, à développer les capacités de défense et à dépenser 2 % de leur PIB au titre de la défense[25]. D'ailleurs, en février 2014, dans une tribune commune publiée dans *Le Monde* et le *Washington Post*, Barack Obama et François Hollande, élu en mai 2012, avaient déclaré qu'il fallait « qu'un plus grand nombre de pays prennent des initiatives et partagent le poids et le prix du leadership »[26]. La conclusion des déclarations du 25ème sommet de l'OTAN à Varsovie, en juillet 2016, confirme la bonne exécution des plans de renforcement des moyens de l'OTAN, décidés lors du précédent sommet[27]. Sept années après la réintégration de la France dans le commandement intégré de l'OTAN, la vision stratégique commune de Barack Obama et de Nicolas Sarkozy s'est finalement imposée au sein d'une Alliance rénovée.

L'objectif principal de Nicolas Sarkozy était de renforcer la position de la France au sein de l'Alliance, tout en conservant la souveraineté du pays si chère au général de Gaulle. Ce retour, mûrement réfléchi par l'Élysée, a été officiellement formulé au début du premier mandat de Barack Obama. Si la demande officielle avait été formulée sous l'ère Bush, il est certain que l'opinion publique française n'aurait pas réagi de la même manière. Pour l'opinion française, l'élection de Barack Obama représentait, d'une part, le renouveau américain et d'autre part, la rupture avec les années Bush.

---

[25] OTAN – Communiqué de presse du 5 septembre 2014 – Déclaration du sommet du Pays de Galles publiée par les chefs d'État et de gouvernement participant à la réunion du Conseil de l'Atlantique Nord tenue au Pays de Galles les 4 et 5 septembre 2014. Disponible à l'adresse suivante : <https://www.nato.int/cps/fr/natohq/official_texts_112964.htm>.

[26] Lire la tribune de Barack Obama et François Hollande (10 février 2014). « Hollande et Obama : L'alliance entre nos deux pays s'est transformée ». In *Le Monde.fr* [En ligne]. Page consultée le 10 septembre 2017. Disponible à l'adresse suivante : <http://www.lemonde.fr/international/article/2014/02/10/une-alliance-transformee-par-barack-obama-et-francois-hollande_4363116_3210.html>.

[27] OTAN – Communiqué de presse du 9 juillet 2016 – Communiqué du sommet de Varsovie publié par les chefs d'État et de gouvernement participant à la réunion du Conseil de l'Atlantique Nord tenue à Varsovie les 8 et 9 juillet 2016. Disponible à l'adresse suivante : <https://www.nato.int/cps/fr/natohq/official_texts_133169.htm>.

Élu en pleine crise économique mondiale, Barack Obama avait besoin d'un soutien de taille pour faire face aux nombreux défis du XXIème siècle. De plus, les présidents américain et français partageaient le même objectif, celui de bâtir une Alliance forte et en Europe forte afin de renforcer les relations transatlantiques en matière de défense et de sécurité. Voulant mettre un terme à l'héritage des années Bush, et par la même occasion à celui de la Guerre froide, le président Obama s'est efforcé, au cours de ses deux mandats, à s'inscrire dans une perspective multilatérale et multipolaire.

Le président Obama et les commémorations des 70 ans du *D-Day* : Entre devoir de mémoire et devoir de paix

Noëmie Fossé

Docteure de l'Université Paris I Panthéon-Sorbonne

“ [...] America's claim – our commitment - to liberty, our claim to equality, our claim to freedom and to the inherent dignity of every human being – that claim is written in the blood on these beaches, and it will endure for eternity. Omaha – Normandy - this was democracy's beachhead. And our victory in that war decided not just a century, but shaped the security and well-being of all posterity.[1] ”

Cette citation, extraite du discours prononcé au cimetière américain de Colleville-sur-Mer, reflète pleinement l'idée générale de cet article et le contexte si particulier du 70ème anniversaire du Débarquement allié en Normandie. À travers ces quelques lignes, Barack Obama, président réélu en 2012 et lauréat du prix Nobel de la paix en 2009, revendique solennellement l'engagement des États-Unis d'Amérique pour la promotion et la sauvegarde des libertés collectives et individuelles inhérentes à tout être humain. Il est le garant de cet engagement scellé par le sang versé des libérateurs alliés, tombés sur ces plages pour la sécurité et le bien-être des générations futures. Ce message implicite s'adresse aux ennemies des libertés et de la démocratie ainsi qu'aux défenseurs de ces idéaux communs.

[1] The White House – Office of the Press Secretary – For Immediate Release – June 6, 2014 – Remarks by President Obama at the 70th Anniversary of D-Day – Omaha Beach, Normandy – Normandy American Cemetery and Memorial. Extrait du discours du président Obama prononcé, le 6 juin 2014, au cimetière américain de Colleville-sur-Mer (Calvados). Disponible à l'adresse suivante : <https://obamawhitehouse.archives.gov/the-press-office/2014/06/06/remarks-president-obama-70th-anniversary-d-day-omaha-beach-normandy>.

L'anaphore litanique du mot « *claim* », « revendication », fait référence aux combats menés en Afghanistan ou en Irak contre l'obscurantisme. Mais, en ce 6 juin 2014, en regard de l'actualité européenne et de l'Histoire, la crise ukrainienne est omniprésente dans les médias et les esprits.

Le programme de ces commémorations fait donc office de test diplomatique majeur face aux caméras du monde entier et à la présence de nombreux vétérans de la Seconde Guerre mondiale. La crise ukrainienne est une piqûre de rappel destinée à ceux pensant que la paix, la liberté et la démocratie sont de vieux idéaux européens acquis *ad vitam aeternam*. Pourtant, l'histoire européenne et le travail mémoriel ne cessent de nous alerter de la vulnérabilité de cette quiétude tant rêvée et si péniblement recouvrée. Les États-Unis et l'Union européenne ont, de ce fait, le devoir moral de tout mettre en œuvre afin d'éviter à cette crise politico-militaire de s'empêtrer dans une déstabilisation partielle ou totale des territoires concernés, et de s'étendre aux autres pays frontaliers de la Russie.

Lors de cette journée commémorative, Barack Obama est dans l'obligation de démontrer, à son auditoire et au monde, son attachement profond au devoir de mémoire et au devoir de paix. Son programme, composé d'un parcours mémoriel classique, débute par la traditionnelle cérémonie franco-américaine au cimetière américain de Colleville-sur-Mer – Mémorial d'Omaha Beach, suivi d'un déjeuner officiel au château de Bénouville en présence des chefs d'État et de gouvernement invités, et s'achève par la cérémonie internationale de Sword Beach (Ouistreham). Cette visite officielle, marquée par de fortes tensions diplomatiques, apparaît alors comme étant l'unique occasion pour Barack Obama et Vladimir Poutine de se rencontrer et de poursuivre ainsi leur dialogue à propos de la crise ukrainienne. La présence de l'ensemble des acteurs peut également permettre à ces commémorations de devenir le point de départ d'un processus de négociations diplomatiques, capable de mettre fin au conflit ukrainien.

Hommage aux combattants de la liberté : « [...] your legacy is in good hands.[2] »

Face aux 9 387 tombes du cimetière américain de Colleville-sur-Mer, François Hollande et Barack Obama rendent, par leur discours empreint d'émotion et de gratitude, un vibrant hommage aux combattants de la liberté et à l'amitié franco-américaine. Barack Obama clame son attachement viscéral au devoir de mémoire, indispensable à la bonne compréhension de notre présent et de notre futur. Voilà ce qu'il dit à ce propos :

" Here, we don't just commemorate victory, [...]. We don't just honor sacrifice, [...]. We come to remember why America and our allies gave so much for the survival of liberty at its moment of maximum peril. We come to tell the story of the men and women who did it so that it remains seared into the memory of a future world.[3] "

Il est vrai que ces commémorations sont essentielles pour se souvenir de la dureté des combats en Normandie et honorer ceux qui ont eu le courage de les affronter. Mais, ce devoir de mémoire ne se résume pas à faire de l'histoire et à célébrer la victoire d'une des batailles de France. Le devoir de mémoire est un outil pédagogique, une clef qui ouvre les portes du passé à toutes les générations. Il faut se souvenir des raisons pour lesquelles des centaines de milliers de jeunes gens ont décidé de s'engager dans l'armée américaine ou britannique. En s'engageant, ces jeunes hommes n'avaient qu'une seule idée en tête, vaincre Hitler et le nazisme, arrivé au pouvoir de façon démocratique. Dans l'esprit des soldats américains et alliés, même à des milliers de kilomètres du continent européen, le péril nazi était quelque chose de concret et de réellement menaçant pour l'avenir des démocraties et de l'humanité. Ses grands-parents maternels ont fait partie de cette génération d'Américains qui ont pris conscience de

---

[2] Extrait du discours du président Obama prononcé, le 6 juin 2014, au cimetière américain de Colleville-sur-Mer (Calvados). Voir la note n°1.
[3] Voir la note n°1.

l'ardente nécessité de contribuer à l'effort de guerre. Sa grand-mère appartenait à « une armée de femmes », chargée de la fabrication d'un gigantesque programme d'armement pour faire des États-Unis « un puissant arsenal de la démocratie »[4]. Son grand-père, quant à lui, servait en tant que mécanicien dans l'armée du général Patton.

À propos du devoir de mémoire, Barack Obama nous livre deux réflexions qui se rejoignent. La première insiste sur l'importance de porter les témoignages et l'héritage de ceux qui étaient prêts à mourir pour la liberté d'autres peuples[5]. La seconde est annoncée sous la forme d'une question rhétorique très pertinente, renvoyant à l'histoire actuelle de l'armée américaine[6]. Car, comme les soldats du *D-Day*, des hommes et des femmes continuent à s'engager dans les différents corps de l'armée pour défendre les valeurs de libertés et de démocratie, et libérer des populations qu'ils n'ont jamais rencontrées. Il s'agit, bien évidemment, de la génération d'hommes et de femmes engagée sur le front afghan et irakien. Cette comparaison entre les combattants de la *Greatest Generation*[7] et ceux de la *9/11 Generation* est évidente lorsque, à la suite de son discours, le président américain leur rend un hommage croisé.

L'hommage aux trois vétérans du Débarquement, présents dans l'assistance, commence ainsi : *« Whenever the world makes you cynical, stop and think of these men. Whenever you lose hope, stop and think of these men. »*. Ces trois vétérans[8] sont les témoins vivants de la folie meurtrière des hommes, mais également du courage et de la

---

[4] Voir la note n°1. « And back home, an army of women - - including my grandmother - - rolled up their sleeves to help build a mighty arsenal of democracy. »

[5] « We have to honor those who carry forward that legacy, recognizing that people cannot live in freedom unless free people are prepared to die for it. »

[6] « What more powerful manifestation of America's commitment to human freedom than the sight of wave after wave after wave of young men boarding those boats to liberate people they had never met ? »

[7] Le terme a été inventé par Tom Brokaw, journaliste américain. Voir l'ouvrage de Tom Brokaw, *The Greatest Generation*, New-York, Random House Large Print, 1998, 560 pages. Pour compléter, il est aussi recommandé de lire l'ouvrage de Kenneth D. Rose, *Myth and the Greatest Generation. A Social History of Americans in World War II*, New-York, Routledge, 2008, 384 pages.

[8] Wilson Colwell, vétéran de la *101st Airborne*, était âgé de 16 ans lorsqu'il a été parachuté en Normandie. Harry Kulkowitz, lui aussi adolescent, a débarqué sur Utah Beach et, « Rock » Merritt, a débarqué sur Omaha Beach en tant que soldat du *508th Regiment* et a servi 35 ans dans l'armée américaine.

bonté humaine. Cette phrase sous-entend qu'aucun combat ne peut être perdu tant qu'il y aura des hommes et des femmes prêts à se sacrifier pour la paix et la liberté. Selon Barack Obama, cet héritage est entre de bonnes mains, celles de la *9/11 Generation*. Cette génération a dû faire face aux traumatismes des quatre attentats-suicides du 11 septembre 2001 et aux souvenirs tragiques de cette journée, notamment ceux liés à l'effondrement des tours jumelles du *World Trade Center* à New York. Comme ceux de la *Greatest Generation*, qui avaient rejoint l'armée américaine après l'attaque surprise de *Pearl Harbor* menée, en décembre 1941, par les forces aéronavales japonaises, les combattants et combattantes de la *9/11 Generation* ont répondu à l'appel de Georges W. Bush. Après la déclaration de guerre contre le terrorisme (*War on Terror*), de jeunes gens ont pris la décision de rejoindre l'armée américaine dans le but de combattre les bases arrière du terrorisme, c'est-à-dire selon l'administration Bush en Afghanistan (octobre 2001) et en Irak (mars 2003). Certes, le contexte international ne correspondait en aucun point à celui des années 1940, mais ces attaques-suicides ont profondément changé la face du monde et bouleversé le début de notre XXIème siècle.

Cette passerelle faite entre ces deux générations de soldats démontre qu'il est parfois nécessaire d'intervenir dans une région lorsque cette dernière présente des risques pour la sécurité des États-Unis et du monde. L'invasion de l'Afghanistan et de l'Irak par les troupes américaines, malgré les nombreuses controverses autour de ces deux guerres, est, selon Barack Obama, la continuité de cet engagement. C'est pourquoi il rend un hommage singulier à quatre de ces soldats de la *9/11 Generation*, présents à la cérémonie[9]. Après plus de dix années de présence américaine en Afghanistan et en Irak, ces deux pays subissent tous les maux qu'une occupation militaire, une guerre civile et une lutte contre le terrorisme peuvent apporter à des

---

[9] ▪ *Specialist* Jannice Rodriguez, lauréate du titre de *101st Airborne Division Air Assault Soldier of the Year*, a rejoint l'armée américaine en 2012.

▪ *Staff Sergeant* Melvin Cedillo-Martin, militaire parachutiste de la *82nd Airborne*, a rejoint l'armée américaine après avoir quitté l'Honduras. Il a participé à plusieurs missions en Iraq et en Afghanistan.

▪ *Sergeant First Class* Brian Hawthorne, décoré de la *Bronze Star Medal* pour avoir, à Bagdad, sauvé la vie de son meilleur ami, a servi deux fois en Irak.

▪ *Sergeant First Class* Cory Remsburg, a servi dix fois chez les *Rangers*, avant d'être grièvement blessé par un engin explosif improvisé, un *IED*, en Afghanistan.

populations civiles. Depuis le mois de décembre 2011, les troupes combattantes ont quitté l'Irak. Toutefois, la situation irakienne oblige l'administration Obama à renforcer son contingent de conseillers militaires, postés dans les villes stratégiques du pays, afin d'entraîner et d'assister les forces irakiennes et kurdes[10]. En octobre 2002, Barack Obama avait fait savoir à ses partisans et à ses adversaires qu'il était fermement opposé à cette guerre et l'avait même qualifiée de « *dumb war* » et de « *rash war* »[11]. Mais, en ce premier semestre de l'année 2014, la situation irakienne est plus que préoccupante. En effet, l'expansion et la menace de l'État islamique en Irak ont sérieusement bouleversé les plans de l'administration Obama. En Afghanistan, les troupes combattantes devaient quitter le sol afghan au mois de décembre 2014. Cependant, vu la situation très préoccupante du pays, les forces de sécurité afghanes doivent être soutenues dans le but de mener à bien la transition sécuritaire et démocratique[12]. Face à la menace talibane et à la fragilité de l'armée afghane, Barack Obama avait annoncé, en mai 2014, que le retrait définitif de toutes les troupes américaines ne pourra se faire qu'à la fin de l'année 2016[13].

De retour à la vie civile, cette génération d'hommes et de femmes, héritière des vétérans du *D-Day*, aura aussi son rôle à jouer au sein de chacune des communautés ou professions qu'elle représente. Ses représentants deviendront, eux aussi, « les leaders » dont les États-

---

[10] The White House – Office of the Press Secretary – For Immediate Release – June 19, 2014 – Remarks by the President on Situation in Iraq – James S. Brady Press Briefing Room. Disponible à l'adresse suivante : <https://obamawhitehouse.archives.gov/the-press-office/2014/06/19/remarks-president-situation-iraq>.

[11] En octobre 2002, au *Federal Plaza* à Chicago, Barack Obama, sénateur démocrate de l'Illinois, prononce un discours contre la guerre en Irak. Disponible à l'adresse suivante : <http://obamaspeeches.com/001-2002-Speech-Against-the-Iraq-War-Obama-Speech.htm>.

[12] The White House – Office of the Press Secretary – For Immediate Release – May 25, 2014 – Remarks by the President to the Troops at Bagram Air Base, Afghanistan – Bagram Air Base, Afghanistan. Disponible à l'adresse suivante : <https://obamawhitehouse.archives.gov/the-press-office/2014/05/25/remarks-president-troops-bagram-air-base-afghanistan>.

[13] The White House – Office of the Press Secretary – For Immediate Release – May 27, 2014 – Statement by the President on Afghanistan – Rose Garden. Disponible à l'adresse suivante : <https://obamawhitehouse.archives.gov/the-press-office/2014/05/27/statement-president-afghanistan>.

Unis ont « besoin pour les têtes de pont de notre époque »[14]. Le choix de ces mots souligne l'importance des défis à relever sur le sol américain en matière de politiques économiques et sociales. Quant aux populations d'Afghanistan et d'Irak, leur avenir est loin d'être prédictible. L'unique certitude est que l'armée américaine déclenchera, dès que la situation des pays le permettra, un plan de retour définitif pour l'ensemble de ses troupes. D'ailleurs, au cours des premières minutes de son intervention, Barack Obama tient à rappeler que les États-Unis n'ont jamais eu l'intention de s'installer sur des terres libérées par son armée. Puis, il insiste sur le fait que son pays a toujours veillé à la propagation du mouvement démocratique sur tous les continents[15]. Selon lui, chaque intervention menée par l'armée américaine est pavée de bonnes intentions. Il renforce cet argumentaire lorsqu'il nous fait part, à la fin de son discours, de l'un de ses rêves. L'espoir qu'un jour, les futures générations, afghanes et irakiennes, se rassemblent dans des lieux symboliques, comme en Normandie, afin d'honorer la mémoire des troupes américaines qui auront contribué à l'essor démocratique de leur pays respectif[16]. Cette façon de clamer au monde que les États-Unis n'ont jamais eu et n'auront jamais vocation à devenir un pays colonialiste ou impérialiste, est, vu le contexte, un message destiné à la Russie et à son intervention politico-militaire en Crimée. Il suffit de lire entre les lignes pour comprendre que les messages forts de ce discours sont directement adressés aux protagonistes de la crise ukrainienne, c'est-à-dire à Vladimir Poutine et aux séparatistes pro-russes de la péninsule de Crimée et de la région du Donbass.

---

[14] « They, too, will become leaders in their communities, in commerce, in industry, and perhaps politics -- the leaders we need for the beachheads of our time. »

[15] « And from Western Europe to East, from South America to Southeast Asia - - 70 years of democratic movement spread. »

[16] « And someday, future generations, whether 70 or 700 years hence, will gather at places like this to honor them and to say that these were generations of men and women who proved once again that the United States of America is and will remain the greatest force for freedom the world has ever known. »

Le contexte particulier des cérémonies : entre devoir de mémoire et crise ukrainienne

Les sous-entendus des discours commémoratifs des présidents Obama et Hollande remplacent les quelques déclarations maladroites, et parfois véhémentes, relevées à l'encontre de la Russie. Les commémorations du 70ème anniversaire du *D-Day* sont, par définition, des cérémonies officielles organisées à la mémoire des soldats alliés et du Débarquement, qui est soit un évènement majeur dans l'histoire militaire. Mais, comme l'a si bien suggéré Barack Obama lors de son unique intervention, ces cérémonies sont aussi l'occasion d'exercer un devoir de mémoire dans le but de se souvenir de cet évènement tragique qu'est la Seconde Guerre mondiale, et faire en sorte qu'une telle tragédie ne se reproduise plus. Le président français avait lui-même profité de son intervention au cimetière de Colleville-sur-Mer pour insister sur le devoir de mémoire et le devoir de paix. Si bien qu'avant de conclure son discours, et de passer la parole à son homologue américain, François Hollande lui avait adressé cette injonction amicale : « Soyons dignes de l'histoire qui nous rassemble pour continuer à la faire unie.[17] ». En revanche, l'introduction de son discours, prononcé lors de la cérémonie internationale à Ouistreham, résonne plus comme une mise en garde :

« Vous représentez ici 19 pays rassemblés avec la France pour marquer la réconciliation, la réunion, l'hommage que nous devons à tous ces vétérans ici présents [...]. Cette cérémonie [...] exceptionnelle : exceptionnelle par son ampleur, [...] ; exceptionnelle aussi dans ce moment précis où nous nous rassemblons. Nous faisons un devoir de mémoire, [...]. Mais nous envoyons aussi un message par la cérémonie d'aujourd'hui, [...], un message de paix, une exigence pour les Nations Unies d'intervenir là où c'est nécessaire pour la sécurité collective ; un message pour l'Europe qui a permis la

[17] Déclaration de M. François Hollande en hommage aux combattants américains du Débarquement de Normandie, à Colleville-sur-Mer (Calvados) le 6 juin 2014. Disponible à l'adresse suivante : <http://discours.vie-publique.fr/notices/147001263.html>.

paix alors qu'elle avait été le continent de la guerre tout au long du XXe siècle.[18] »

La cérémonie internationale, point d'orgue des commémorations, se déroule sous le signe du devoir de mémoire, du devoir de paix et de la crise ukrainienne. Cette mise en garde est clairement destinée au président de la Fédération de Russie, Vladimir Poutine, au président-élu de l'Ukraine, Petro Porochenko, et au président des États-Unis d'Amérique, Barack Obama. Ces trois chefs d'État sont, pour ainsi dire, les acteurs principaux d'une possible désescalade de la crise en Ukraine. Depuis les guerres de Yougoslavie, l'Europe n'avait pas connu une telle crise qui, d'une part, mettait en danger la stabilité d'une partie du continent et, d'autre part, évoquait les mauvais souvenirs de l'entre-deux-guerres. D'ailleurs, dès l'intervention de l'armée russe à la frontière ukrainienne et l'annonce de l'annexion de la Crimée à la Fédération de Russie, plusieurs personnages politiques ont aussitôt comparé ces agissements à ceux perpétrés en Autriche ou dans les Sudètes par l'Allemagne nazie. De l'invasion militaire au manque de réactions vives de la part des pays occidentaux, de nombreuses similitudes apparaissent entre ces deux annexions, même si soixante-seize années les séparent. Cependant, même si le caractère exceptionnel de ce début de crise peut le justifier, il est assez maladroit de comparer les agissements de Vladimir Poutine en Ukraine à ceux d'Adolf Hitler en Autriche[19].

---

[18] Déclaration de M. François Hollande au 70ème anniversaire du Débarquement de Normandie, à Ouistreham (Calvados) le 6 juin 1944. Cérémonie internationale de commémoration à Ouistreham. Disponible à l'adresse suivante : <http://discours.vie-publique.fr/notices/147001262.html>.

[19] Cette comparaison a été formulée par Hillary Clinton, ancienne secrétaire d'État de Barack Obama, le 4 mars 2014 lors d'une collecte de fonds en Californie. Elle a déclaré ceci : « *Now if this sounds familiar, it's what Hitler did back in the 30s* ». Lire l'article de Karen Robes Meeks (4 mars 2014). « *Hillary Clinton compares Vladimir Putin's actions in Ukraine to Adolf Hitler's in Nazi Germany* ». In *Long Beach Press Telegram*, [En ligne]. Page consultée le 10 juin 2017. Disponible à l'adresse suivante : <http://www.presstelegram.com/general-news/20140304/hillary-clinton-compares-vladimir-putins-actions-in-ukraine-to-adolf-hitlers-in-nazi-germany>. Le 31 mars 2014, devant une cinquantaine d'élèves, le ministre des finances allemand, Wolfgang Schäuble, avait également comparé la politique menée par Vladimir Poutine en Crimée à celle d'Adolf Hitler. Il a déclaré ceci : « De telles méthodes ont déjà été utilisées par Hitler dans les Sudètes ». Lire l'article de

Cette crise politico-militaire fait ressurgir les démons du passé si chaotique de l'Europe du siècle dernier. De la Première Guerre mondiale à la chute de l'U.R.S.S., le XXème siècle, appelé aussi le Court Vingtième Siècle[20] n'a été qu'une succession de guerres, de crises et de crimes contre l'humanité. Les responsables européens et internationaux n'ont pas su, ou voulu, s'opposer fermement à l'expansionnisme délirant du chancelier Hitler. La pangermanisation de l'Europe s'est faite sous le regard médusé ou complaisant des dirigeants de cette époque charnière de la montée des extrêmes. Le rattachement de l'Autriche (*anschluss*) avait été proclamé et ratifié le 10 avril 1938, après la tenue d'un référendum, où 99,75 % de la population autrichienne avait voté en faveur du « oui ». L'Allemagne hitlérienne violait impunément le traité de Versailles de 1919, et débutait ainsi son projet de conquête des territoires germanophones[21]. L'annexion de la Crimée et de la ville portuaire de Sébastopol, quant à elle, est avalisée, le 16 mars 2014, par la tenue d'un référendum en Crimée, organisé en deux semaines, où 96,6 % des votants ont dit « oui » à la Crimée russe[22]. En annexant la péninsule de Crimée, la Russie de Poutine a volontairement violé trois traités internationaux signés par la Russie elle-même[23].

Frédéric Lemaître (31 mars 2014). « Schäuble compare Poutine à Hitler ». In *Allemagne.blog.lemonde.fr*, [En ligne]. Page consultée le 10 juin 2017. Disponible à l'adresse suivante : <http://allemagne.blog.lemonde.fr/2014/03/31/schauble-compare-poutine-a-hitler/>.

[20] Eric J. Hobsbawm, *L'Âge des extrêmes. Histoire du Court XXe Siècle*, Bruxelles, Éditions Complexe – Le Monde Diplomatique, 1999, 810 pages.

[21] Ian Kershaw, *Hitler. 1936-1945 : Némésis*, Tome II, Paris, Flammarion, 2000, édition revue en 2001, 1642 pages. Lire le chapitre : « La dynamique de l'expansion », pp. 125 à 215.

[22] Ioulia Shukan, *Génération Maïdan : Vivre la crise ukrainienne*, La Tour d'Aigues, Éditions de l'Aube, 2016, 208 pages.

[23] Anna Dolya, « L'annexion de la Crimée : leçons pour la sécurité européenne », *Question d'Europe*, n°182, 22 février 2016, 8 pages. Disponible à l'adresse suivante : <http://www.robert-schuman.eu/fr/questions-d-europe/0382-l-annexion-de-la-crimee-lecons-pour-la-securite-europeenne>. Le premier traité non respecté est le Mémorandum de Budapest, signé, en 1994, entre l'Ukraine, la Russie, les États-Unis et le Royaume-Uni. Par cet accord, l'Ukraine s'engageait à se défaire du stock d'armes nucléaires, hérité de l'U.R.S.S., et en contrepartie, les États signataires s'engageaient à respecter l'indépendance et la souveraineté ukrainiennes dans ses frontières et à s'abstenir de toute menace ou usage de la force contre l'Ukraine. Le deuxième traité non respecté est le Traité d'amitié, de coopération et de partenariat entre la Russie et l'Ukraine, signé à Kiev en 1997. Et, le troisième traité non

La violation de ces trois traités nous oblige à nous interroger sur les véritables intentions du président Poutine. La première des questions à se poser est sans aucun doute celle-ci : Vladimir Poutine est-il animé par le désir de vouloir récupérer, par des voies plus ou moins légales et éthiques, les territoires perdus du bloc soviétique ? Depuis la chute de l'U.R.S.S. en 1991, la Russie a été dans l'obligation de disloquer l'Union soviétique et d'accorder l'indépendance à ses anciens pays satellites. Il est donc probable que le démantèlement de l'U.R.S.S. puisse correspondre, pour la Russie, à l'humiliation ressentie par l'Allemagne lorsque les vainqueurs de la Première Guerre mondiale ont décidé de lui imposer les clauses prévues par le Traité de Versailles de 1919. Ce qui nous amène à d'autres interrogations : Vladimir Poutine a-t-il l'intention d'étendre l'« espace vital » du peuple russe ? Soit, avec l'annexion de la Crimée, Vladimir Poutine proclame-t-il un néo-eurasisme[24] ? Ou encore, cette annexion, ne préfigure-t-elle pas la naissance d'une ère nouvelle, celle de la *Novorossia* (« Nouvelle Russie »), au sein des pays de l'Europe de l'Est afin de contrer l'européanisation, et par extension l'occidentalisation, totale de ces derniers ? « Que veut Poutine ? »[25]

Les évènements de l'hiver 2013-2014 en Ukraine ont été déclenchés en novembre, place Maïdan[26] à Kiev, suite à la suspension de l'accord d'association avec l'Union européenne par le président

---

respecté est l'Accord entre la Russie et l'Ukraine sur la frontière russo-ukrainienne, signé à Kiev en 2003, selon lequel la péninsule de Crimée est et demeure une partie intégrante de l'Ukraine.

[24] Lire l'article de Marlène Laruelle, « Le néo-eurasisme russe. L'empire après l'empire ? », *Cahiers du monde russe* [En ligne], 42/1, 2001, mis en ligne le 1er janvier 2007, consulté le 20 juin 2017. Disponible à l'adresse suivante : <http://monderusse.revues.org/8437>. Lire l'ouvrage de Marlène Laruelle, *La quête d'une identité impériale. Le néo-eurasisme dans la Russie contemporaine*, Paris, Petra, 2007, 37 pages. Pour compléter, lire l'ouvrage collectif publié sous la direction de Benoît Pélopidas, Didier Chaudet, Florent Parmentier, *L'Empire au miroir. Stratégies de puissance aux Etats-Unis et en Russie*, Genève, Librairie Droz, « Travaux de Sciences Sociales », 2007, 248 pages. Lire le chapitre : « De l'eurasisme au néo-eurasisme, nostalgies d'empire », pp. 55 à 81.

[25] Lire l'ouvrage de Jean-Robert Jouanny, *Que veut Poutine ?*, Paris, Seuil, 2016, 176 pages.

[26] Pour se rendre compte de la violence des manifestations à Kiev, il est conseillé de visionner le documentaire de Sergeï Loznitsa, *Maïdan* (DVD, ARP Sélection, 2015). De novembre 2013 à mars 2014, ce cinéaste ukrainien a filmé la place Maïdan. Les plans longs et fixes, sans commentaires, accentuent la gravité des évènements et la confusion qu'engendre un soulèvement populaire.

ukrainien Viktor Ianoukovytch. Le 22 février, le Kremlin assiste au renversement du pouvoir pro-russe installé à Kiev, mettant en danger le projet d'une union eurasienne et l'avenir de la base navale de Sébastopol. Dès le 23 février, des manifestations anti-Maïdan éclatent dans le sud et l'est du pays, notamment en Crimée et dans la région du Donbass[27]. À partir de cette date, les évènements vont se succéder, laissant place à une réelle confusion. Des élections présidentielles anticipées sont organisées en mai 2014. Petro Porochenko, candidat pro-européen, est élu dès le premier tour[28]. Entre temps, Vladimir Poutine s'est empressé de signer le décret de rattachement, et prononce, le jour même, devant la Douma, soit le 18 mars 2014, un discours sur l'intégration de la Crimée à la Fédération de Russie[29]. Il débute son discours en rappelant que la Crimée était une question « d'une importance vitale, d'une portée historique » pour la Russie. Pour justifier cette annexion, il se lance dans une longue explication composée d'un argumentaire basé sur des faits historiques, et d'un récit mettant en avant l'insécurité des citoyens russes ou russophones en Ukraine. Tout au long de son discours, il tente de se disculper auprès de la diplomatie internationale, et plus particulièrement auprès de l'Europe et des États-Unis qui refusent de reconnaître l'annexion. Le président Poutine quant à lui refuse d'admettre le déploiement d'un système de défense antimissile de l'Alliance atlantique aux frontières de la Fédération de Russie. Il n'apprécie guère l'expansion de l'Union européenne aux portes de la Russie, et encore moins celle de l'OTAN[30] et son déploiement d'infrastructures militaires. Le président Poutine ne peut laisser s'accroître cette expansion européano-atlantiste qui menace directement ses propres projets politiques et économiques.

---

[27] Lire l'ouvrage de Christine Dugoin-Clément et Mathieu Boulègue, *L'Ukraine : entre déchirements et recompositions*, Paris, l'Harmattan, 2015, 220 pages.

[28] Petro Porochenko prend ses fonctions de président de l'Ukraine, le 7 juin 2014, soit au lendemain des commémorations du Débarquement allié en Normandie.

[29] Discours du 18 mars 2014 du président Vladimir Poutine sur l'intégration de la Crimée à la Fédération de la Russie. Vladimir Poutine s'est adressé aux députés de la Douma, aux membres du Conseil de la Fédération, aux délégués des régions russes et aux représentants de la société civile du Kremlin.

[30] L'Organisation du Traité de l'Atlantique Nord (OTAN) est une alliance politico-militaire signée à Washington, le 4 avril 1949. L'Alliance atlantique est née de la Guerre froide, opposant les États-Unis et l'U.R.S.S. ainsi que leurs alliés respectifs. Cette organisation internationale a été créée dans le but de contrer la puissance soviétique.

Néanmoins, malgré la crise diplomatique internationale, Vladimir Poutine n'a pas hésité à se rendre aux commémorations. Par sa présence, il veut démontrer à ses homologues européens et américains qu'il n'est pas opposé au dialogue et à la réconciliation russo-ukrainienne. Cependant, la guerre du Donbass confirme que l'ouverture d'un dialogue entre séparatistes pro-russes et partisans pro-européens s'avère plus compliqué que prévu. Cette journée du souvenir, et du devoir de mémoire, apparaît alors comme étant le moment opportun pour tenter d'apaiser les tensions, et rappeler aux présidents russe et américain qu'ils partagent une victoire commune. D'ailleurs, lors de son discours, François Hollande avait brièvement salué « le courage de l'Armée rouge » qui, sur le front de l'Est, avait été capable de faire « face à 150 divisions allemandes ». Il avait également souligné « la contribution décisive des peuples de ce que l'on appelait l'Union soviétique » dans la victoire contre le nazisme. Depuis le début de la Guerre froide, la Russie et les États-Unis sont devenus par définition des ennemis héréditaires. Pourtant, au cours de la Seconde Guerre mondiale, ils avaient combattu le même ennemi, l'Allemagne nazie, et fraternisé au bord de l'Elbe, un 25 avril 1945. Les créateurs du document audiovisuel, diffusé sur les écrans géants lors du spectacle présenté aux invités, n'avaient pas omis de faire référence à ce moment historique[31]. Ironie de l'Histoire, la jonction des armées soviétique et américaine avait été décidée, en février 1945, lors de la conférence diplomatique de Yalta, célèbre station balnéaire de la péninsule de Crimée.

Ce rappel historique est un appel à la fraternisation et au dialogue entre les présidents russe et américain. Les réalisateurs, chargés de la captation et de la retransmission en mondovision, ont su saisir l'expression de leurs regards et de leurs visages au moment de la diffusion de ces images. Deux autres séquences fortes ont été filmées lors de cette cérémonie. La première est l'arrivée de Barack Obama, chaleureusement applaudi par l'assistance ainsi que par les chefs d'État et de gouvernement présents. Parmi les chefs d'État, il est

[31] L'*Elbe Day*, ou « le jour de l'Elbe » est le jour où la jonction des armées soviétique et américaine, c'est-à-dire la rencontre des armées du front de l'est et du front de l'ouest, s'est faite à Torgau, une ville située au bord de l'Elbe à une centaine de kilomètres de Berlin. Cette jonction symbolisait la fraternisation de l'armée américaine et de l'armée rouge, et marquait l'arrêt de l'avancée des troupes américaines.

étonnant de voir, sous le regard insistant des caméras, les applaudissements sincères de Vladimir Poutine. L'autre séquence marquante est celle où les réalisateurs décident de filmer et de projeter, en *split-screen*, les visages de Vladimir Poutine et de Barack Obama, sur l'écran géant, placé au centre de la plage. Par la magie de l'image, les deux chefs d'État se retrouvent momentanément l'un à côté de l'autre alors qu'une dizaine de chaises les séparent, chacun esquissant un sourire naturel, conscients que le monde les observe attentivement en cette période de fortes tensions diplomatiques.

La Normandie : théâtre des tensions diplomatiques

Hasard du calendrier ou volonté délibérée, la Normandie devient malgré elle le théâtre des tensions diplomatiques. Depuis l'intervention de l'armée russe en Ukraine, dans la nuit du 27 au 28 février 2014, les relations diplomatiques entre la Russie, l'Union européenne et les États-Unis ne convergent pas vers une entente cordiale. Dès le 1er mars, les tensions se cristallisent lorsque, à la demande du président Poutine, le haut parlement russe autorise le recours à la force armée sur le territoire ukrainien. Du côté américain, le président Obama tient un discours clair et franc à propos de cette intervention illégale. Lors d'un entretien téléphonique de quatre-vingt dix minutes avec Vladimir Poutine, le président américain assure à son interlocuteur que si la Russie continue à violer la souveraineté ukrainienne, l'intégrité du territoire ukrainien et les lois internationales, les États-Unis et la communauté internationale prendraient des mesures nécessaires dans le but de l'isoler politiquement et économiquement[32]. Le repli des forces russes n'ayant pas été appliqué, le 3 mars 2014, l'administration Obama décide de suspendre sa coopération militaire et civile avec la Russie[33]. Le 1er

---

[32] The White House – Office of the Press Secretary – For Immediate Release – March 1st, 2014 – Readout of President Obama's Call with President Putin. Disponible à l'adresse suivante : <https://obamawhitehouse.archives.gov/the-press-office/2014/03/01/readout-president-obama-s-call-president-putin>.

[33] Lire l'article de Peter Baker (3 mars 2014). « *Top Russians Face Sanctions by U.S. for Crimea Crisis* ». In *The New-York Times*, [En ligne]. Page consultée le 5 juillet 2017. Disponible à l'adresse suivante :

avril, les ministres des Affaires étrangères des pays membres de l'Organisation du Traité de l'Atlantique Nord (OTAN) condamnent unanimement les violences militaires provoquées par l'intervention russe en Crimée et décident également de geler toute coopération civile et militaire[34].

Entre temps, le 24 mars soit six jours après l'officialisation de l'annexion de la Crimée, les dirigeants des pays membres du G7 ont pris l'initiative d'annuler le sommet du G8 prévu initialement à Sotchi, de suspendre la participation de la Russie à la table des puissances occidentales, et de menacer Moscou de nouvelles sanctions. Ces premières menaces ont été décidées et votées lors d'un sommet spécial à La Haye (Pays-Bas), où les dirigeants des sept pays membres ont déclaré conjointement qu'ils étaient prêts, en cas d'escalade, à appliquer des sanctions économiques dans les secteurs de l'énergie, de la finance, des ventes d'armes et du commerce[35]. Cependant, les Européens et les Américains sont divisés au sujet du recours aux sanctions économiques à l'égard de la Russie, notamment dans le secteur de l'énergie. De nombreux pays de l'Union européenne dépendent des hydrocarbures russes. Si bien que l'Europe s'est vite opposée à ce genre de sanctions envisagées par les États-Unis. La Déclaration de La Haye, publiée à la veille du troisième sommet sur la sécurité nucléaire[36], s'organise en huit points et

---

<https://www.nytimes.com/2014/03/04/world/europe/top-russians-face-sanctions-by-us-for-crimea-crisis.html>.

[34] Néanmoins, deux programmes de coopération militaire ne peuvent être gelés. Le premier concerne le maintien des routes de transit en Russie, tracées dans le cadre du plan de retrait des troupes de l'OTAN d'Afghanistan (une partie du matériel et des hommes transitent par la Russie). Et le second concerne la lutte conjointe contre le trafic de drogue entre l'Afghanistan et l'Europe. Lire la rubrique du *Monde International* (5 juin 2014). « Sanctions contre la Russie, état des lieux ». In *LeMonde.fr*, [En ligne]. Page consultée le 5 juillet 2017. Disponible à l'adresse suivante : <http://www.lemonde.fr/international/article/2014/06/05/sanctions-contre-la-russie-etat-des-lieux_4432788_3210.html>.

[35] *The White House – Office of the Press Secretary – For Immediate Release – March 24, 2014 – The Hague Declaration.* Disponible à l'adresse suivante : <https://obamawhitehouse.archives.gov/the-press-office/2014/03/24/hague-declaration>. Le point n°6 fait référence à l'annulation du G8 à Sotchi et à la suspension de la Russie.

[36] The White House – Office of the Press Secretary – For Immediate Release – March 25, 2014 – Remarks by President Obama at Closing Session of the Nuclear Security Summit – The World Forum. The Hague, The Netherlands. Disponible à l'adresse suivante : <https://obamawhitehouse.archives.gov/the-press-

réaffirme le soutien des membres du G7 ainsi que celui des présidents de la Commission et du Conseil européens aux défenseurs d'une Ukraine libre et souveraine.

La présence de Barack Obama en Europe, quelques jours après l'annexion de la Crimée, s'explique par la tenue de différents sommets et entrevues diplomatiques organisées dans le cadre de sa très brève tournée européenne du mois de mars 2014. Le 26 mars, il entame la deuxième étape de cette visite diplomatique et se rend à Bruxelles dans le cadre du sommet économique entre l'Union européenne et les États-Unis[37]. À chacune de ses interventions, l'Ukraine est au centre de toutes les attentions ainsi que la sécurité des pays alliés de l'Europe de l'Est, inquiets depuis l'annexion de la Crimée[38]. Pour conclure cette étape bruxelloise, Barack Obama fait le choix judicieux de s'adresser directement à la jeunesse européenne, et indirectement à Vladimir Poutine, en prononçant l'unique discours de cette tournée. Devant, un auditoire de trois milles invités, le président Obama délivre un grand discours sur la sécurité de l'Europe et du monde[39]. Toutefois, un pan, non négligeable, de cette allocution s'apparente plus à un droit de réponse au discours prononcé, quelques jours auparavant, par Vladimir Poutine devant les membres de la Douma[40].

---

office/2014/03/25/remarks-president-obama-closing-session-nuclear-security-summit>.

[37] *The White House – Office of the Press Secretary – For Immediate Release – March 26, 2014 – EU-US Summit: Joint Statement.* Disponible à l'adresse suivante : <https://obamawhitehouse.archives.gov/the-press-office/2014/03/26/eu-us-summit-joint-statement>. Cette déclaration commune est divisée en 33 points, chaque point développe un thème précis. Deux points, le point n°2 et le point n°9, font référence à la situation ukrainienne.

[38] The White House – Office of the Press Secretary – For Immediate Release – March 26, 2014 – Remarks by President Obama and NATO Secretary General Rasmussen Before Meeting – The Hotel, Brussels, Belgium. Disponible à l'adresse suivante : < https://obamawhitehouse.archives.gov/the-press-office/2014/03/26/remarks-president-obama-and-nato-secretary-general-rasmussen-meeting>.

[39] The White House – Office of the Press Secretary – For Immediate Release – March 26, 2014 – Remarks by the President in Address to European Youth – Palais des Beaux Arts – Brussels, Belgium. Disponible à l'adresse suivante : <https://obamawhitehouse.archives.gov/the-press-office/2014/03/26/remarks-president-address-european-youth>.

[40] Lire l'article de Jean-Baptiste Jeangène Vilmer, « Crimée : les contradictions du discours russe », *Politique étrangère* [En ligne], 2015/1 (Printemps), consulté le 20

Barack Obama insiste sur la nécessité et l'utilité de l'Alliance atlantique et, sur le fait que les frontières ne peuvent être redessinées sans l'application respectueuse des lois internationales. À quelques semaines des commémorations du *D-Day*, Barack Obama affirme par le biais de ce discours fleuve que, désormais, l'histoire de l'Europe doit être façonnée par l'équilibre de la paix et non plus par le chaos des guerres. D'ailleurs, une des phrases de ce discours souligne assez adroitement la dangerosité dans le fait de vouloir ignorer les violations des lois internationales et l'absurdité de la crise ukrainienne au sein d'une Europe à peine remise de ses barbaries[41]. Il réaffirme que les États-Unis et ses alliés condamnent l'invasion russe en Ukraine et rejettent la légitimité du référendum et de l'annexion. Il proclame également cette volonté, américaine et européenne, d'isoler la Russie et de lui imposer des sanctions. Mais, il tient à préciser ceci :

" Understand, as well, this is not another Cold War that we're entering into. After all, unlike the Soviet Union, Russia leads no bloc of nations, no global ideology. The United States and NATO do not seek any conflict with Russia. "

Ces joutes verbales par discours interposés démontrent, quoi qu'il en soit, que les tensions atteignent un seuil qu'il ne faudrait pas outrepasser. La crise ukrainienne ne peut anéantir plus de deux décennies de progrès pacifique et démocratique au cœur de cette Europe inquiétée par l'éventuelle résurgence des fantômes de la Guerre froide. Car, comme le déclare Barack Obama lors de ce discours, « [...] *we must never forget that we are heirs to a struggle for freedom.* ». La Déclaration de Genève, signée le 17 avril 2014 et conclue par les États-Unis, l'Union européenne, la Russie et l'Ukraine, a été réalisée dans ce but, c'est-à-dire s'évertuer à maintenir un dialogue serein entre les différents protagonistes de cette crise afin de préserver la paix et la liberté[42]. Mais cet accord n'a pas suffi à

---

juin 2017. Disponible à l'adresse suivante : <https://www.cairn.info/revue-politique-etrangere-2015-1-page-159.htm>.

[41] « But that kind of casual indifference would ignore the lessons that are written in the cemeteries of this continent ».

[42] Le texte de la Déclaration de Genève sur la crise ukrainienne, et réalisée conjointement par les États-Unis, l'Union européenne, l'Ukraine et la Russie est

mettre un terme aux affrontements, exposant ainsi l'économie russe à de nouvelles sanctions sectorielles[43]. Pourtant, la Russie s'était engagée, en signant cet accord, à participer au désarmement des groupes armés illégaux, à l'évacuation des bâtiments occupés et à la désescalade de la crise ukrainienne. Le 25 avril, suite au non-respect de la Déclaration de Genève, les dirigeants du G7 décident de publier une déclaration commune, indiquant leur engagement à intensifier les sanctions économiques, commerciales et financières à l'encontre de la Russie[44].

Au mois de juin, les tensions sont loin d'être apaisées, et c'est dans ce contexte que Barack Obama entreprend sa deuxième visite sur le sol européen depuis le déclenchement de la crise ukrainienne. Il débute cette tournée diplomatique par une cérémonie au symbole fort. En effet, sa participation à la cérémonie du 25ème anniversaire des premières élections démocratiques en Pologne confirme que les États-Unis prennent en compte l'inquiétude des peuples de l'ancien bloc soviétique. À Varsovie, place du château royal, le président américain tente, par son discours, de rassurer la Pologne et par la même occasion l'Estonie, la Lettonie, la Lituanie et la Roumanie. Le discours de Varsovie commémore le 25ème anniversaire de la Journée de la liberté, symbolisant la chute du communisme en Pologne[45]. Néanmoins, il ne faut pas oublier que l'année 2014 marque aussi le 15ème anniversaire de l'adhésion de la Pologne à l'OTAN. C'est pourquoi, Barack Obama profite de sa tribune pour réaffirmer l'engagement des États-Unis dans la sécurité de la Pologne en citant l'article 5 de l'Alliance atlantique :

---

disponible à l'adresse suivante : <https://geneva.usmission.gov/2014/04/18/text-of-the-geneva-statement-on-ukraine-released-by-the-us-eu-ukraine-and-russia/>.

[43] The White House – Office of the Press Secretary – For Immediate Release – April 28, 2014 – Background Conference Call on Ukraine Sanctions – Manila, Philippines. Disponible à l'adresse suivante : <https://obamawhitehouse.archives.gov/the-press-office/2014/04/28/background-conference-call-ukraine-sanctions>.

[44] *The White House – Office of the Press Secretary – For Immediate Release – April 25, 2014 – G-7 Leaders Statement on Ukraine.* Disponible à l'adresse suivante : <https://obamawhitehouse.archives.gov/the-press-office/2014/04/25/g-7-leaders-statement-ukraine>.

[45] *The White House – Office of the Press Secretary – For Immediate Release – June 4, 2014 – Remarks by President Obama at 25th Anniversary of Freedom Day – Castle Square, Warsaw, Poland.* Disponible à l'adresse suivante :<https://obamawhitehouse.archives.gov/the-press-office/2014/06/04/remarks-president-obama-25th-anniversary-freedom-day>.

« *Article 5 is clear, an attack on one is an attack on all.* ». Pour ce faire, il avait annoncé la veille, lors d'une conférence de presse, que si le Congrès américain acceptait l'initiative de son administration, un plan d'un milliard de dollars serait alloué au renforcement de la sécurité des pays de l'Europe centrale et orientale[46]. Ce plan aura pour effet de renforcer l'entraînement et les exercices des troupes en Pologne (air, mer et terre), d'augmenter la présence militaire américaine en Europe ainsi que l'aide destinée au développement des armées de l'Ukraine, de la Moldavie ou de la Géorgie, non pas pour menacer, mais pour renforcer la sécurité et défendre, au cas où, les territoires des pays membres de l'OTAN[47].

Du 4 au 5 juin 2014, Barack Obama et ses alliés se rencontrent de nouveau à Bruxelles dans le cadre du sommet du G7. Lors de ce sommet, à chaque réunion[48] ou à chaque communiqué de presse[49], les dirigeants des pays membres se doivent d'évoquer le cas ukrainien, de proposer des solutions concrètes afin de remédier à cette crise, et d'en limiter les conséquences[50]. Par les questions des journalistes, la conférence de presse commune, donnée par le président Obama et le

---

[46] *The White House – Office of the Press Secretary – For Immediate Release – June 3, 2014 – Remarks by President Obama and President Komorowski of Poland in a Joint Press Conference – Belweder Palace, Warsaw, Poland.* Disponible à l'adresse suivante : < https://obamawhitehouse.archives.gov/the-press-office/2014/06/03/remarks-president-obama-and-president-komorowski-poland-joint-press-conf>.

[47] The White House – Office of the Press Secretary – For Immediate Release – June 3, 2014 – Fact Sheet: European Reassurance Initiative and Other U.S. Efforts in Support NATO Allies and Partners. Disponible à l'adresse suivante : <https://obamawhitehouse.archives.gov/the-press-office/2014/06/03/fact-sheet-european-reassurance-initiative-and-other-us-efforts-support->.

[48] The White House – Office of the Press Secretary – For Immediate Release – June 4, 2014 – G-7 Leaders Statement – Foreign Policy – Brussels, Belgium. Disponible à l'adresse suivante : <https://obamawhitehouse.archives.gov/the-press-office/2014/06/04/g-7-leaders-statement-foreign-policy>.

[49] The White House – Office of the Press Secretary – For Immediate Release – June 5, 2014 – Fact Sheet: The 2014 G-7 Summit in Brussels. Disponible à l'adresse suivante : < https://obamawhitehouse.archives.gov/the-press-office/2014/06/05/fact-sheet-2014-g-7-summit-brussels>.

[50] The White House – Office of the Press Secretary – For Immediate Release – June 5, 2014 – The Brussels G-7 Summit Declaration – Brussels, Belgium. Disponible à l'adresse suivante : <https://obamawhitehouse.archives.gov/the-press-office/2014/06/05/brussels-g-7-summit-declaration>. Voir le point n°6 (sécurité énergétique en Ukraine) et la partie consacrée à l'Ukraine, c'est-à-dire la partie allant du point n°24 au point n°29.

Premier ministre David Cameron au quartier général du Conseil de l'Union européenne à Bruxelles, résume assez bien l'ensemble des propos tenus au sujet du cas russo-ukrainien. Trois thèmes principaux y sont abordés : les violences en Ukraine, les sanctions sectorielles envisagées à l'encontre de la Russie et la sécurité énergétique en Europe[51]. Dans la continuité de ce marathon diplomatique, Barack Obama se rend, le soir même, à Paris pour y rencontrer le président Hollande et probablement pour y consolider les relations franco-américaines. Car, vu le contexte de la crise russo-ukrainienne, il serait dommageable de mettre en péril l'amitié franco-américaine à cause de la vente, par la France, de deux navires de guerre Mistral à la Russie du président Poutine (contrat de 1,2 milliard d'euros). À la veille des commémorations en Normandie, Paris devient donc « pour quelques heures le théâtre d'un vaste ballet diplomatique consacré à l'Ukraine »[52]. Au cours de la même soirée, le président français s'empresse de recevoir Barack Obama à dîner, et Vladimir Poutine à souper. Dès lors, il convient de dire que, vu les tensions et les combats dans la région du Donbass, les commémorations du *D-Day* vont logiquement se transformer en un sommet informel sur l'Ukraine[53].

Le Jour-J, après une matinée consacrée aux cérémonies binationales et avant la cérémonie internationale, le château de Bénouville (Calvados), lieu symbolique de la Résistance française, accueille en ses murs le déjeuner officiel des chefs d'État et de gouvernement invités. En marge de ce déjeuner d'État, une réunion

---

[51] The White House – Office of the Press Secretary – For Immediate Release – June 5, 2014 – Remarks by President Obama and Prime Minister David Cameron of the United Kingdom in Joint Press Conference – Justus Lipsius Building – Headquarters of the Council of the European Union – Brussels, Belgium. Disponible à l'adresse suivante : <https://obamawhitehouse.archives.gov/the-press-office/2014/06/05/remarks-president-obama-and-prime-minister-david-cameron-united-kingdom->.

[52] Lire l'article de *Paris-Normandie* (5 juin 2014). « Après le G7, les Occidentaux et Poutine à Paris pour un ballet diplomatique sur l'Ukraine ». In *Paris-Normandie.fr* [En ligne]. Page consultée le 3 août 2017. Disponible à l'adresse suivante : < http://www.paris-normandie.fr/actualites/monde/apres-le-g7-les-occidentaux-et-poutine-a-paris-pour-un-ballet-diplomatique-sur-l-ukraine-FF700601>.

[53] Lire l'article de *Les Echos* (6 juin 2014). « Débarquement : un D-Day sous le signe de la diplomatie ». In *LesEchos.fr* [En ligne]. Page consultée le 3 août 2017. Disponible à l'adresse suivante : <https://www.lesechos.fr/06/06/2014/lesechos.fr/0203547965202_debarquement---un-d-day-sous-le-signe-de-la-diplomatie.htm>.

informelle entre la France, l'Allemagne, la Russie et l'Ukraine se tient, à l'écart des autres dirigeants, dans un des salons du château. Barack Obama ne participe pas à cette réunion informelle. Toutefois, en marge du déjeuner, les présidents américain et russe ont tout de même pris le temps d'engager une conversation informelle au sujet d'un cessez-le-feu en Ukraine. La réunion ou le mini-sommet de Bénouville, nommée ultérieurement « *Model Normandy* » ou « Format Normandie » par la journaliste Rahma Sophia Rachdi[54] (correspondante pour *United States Press Agency*), a le mérite d'une part, de réunir autour de la même table, et pour la première fois, les deux parties adverses et d'autre part, d'engager les premiers pourparlers entre l'Ukraine et la Russie. Ce quatuor normand, formé pour mettre fin à la crise ukrainienne, deviendra par la force des évènements le seul modèle de réunion à suivre pour entamer un processus de négociations diplomatiques entre Moscou et Kiev, jugées et arbitrées par Berlin et Paris[55].

Malgré le « Format Normandie », les combats n'ont pas cessé dans la région du Donbass. Les États-Unis et la communauté internationale ont échoué dans leur rôle de pacificateur. De plus, le Kremlin n'envisage guère de revenir sur l'annexion de la péninsule de Crimée. Depuis le mois de mars, Washington et Bruxelles s'efforcent de menacer la Russie de sanctions contre des secteurs clés de son économie. Jusqu'à présent seules les personnes impliquées dans l'annexion de la Crimée avaient été inquiétées par des restrictions de voyage et des gels d'avoirs. Mais, un évènement tragique va accélérer la mise en place de ses menaces. En effet, il faut attendre le 29 juillet 2014, soit 12 jours après que le Boeing 777 de la *Malaysia Airlines* ait été abattu par un missile dans l'est de l'Ukraine, pour que la communauté internationale se décide d'appliquer de véritables

---

[54] Lire l'article de Rahma Sophia Rachdi (19 février 2015). « Breaks of Cease Fire in Ukrainia Despite the Measures of Peace Agreed. Model Normandy Back To Negotiation ». In Uspa24.com (United States Press Agency) [En ligne]. Page consultée le 3 août 2017. Disponible à l'adresse suivante : <http://www.uspa24.com/bericht-3361/breaks-of-cease-fire-in-ukrainia-despite-the-measures-of-peace-agreed.html>.

[55] Lire le dossier de *Bruxelles2Pro* (30 avril 2017). « N°51. Le processus de Minsk. La négociation des accords Russie-Ukraine en format Normandie ». In *Club.bruxelles2.eu* [En ligne]. Page consultée le 25 août 2017. Disponible à l'adresse suivante : <https://club.bruxelles2.eu/2017/04/n51-le-processus-de-minsk-la-negociation-des-accords-russie-ukraine-en-format-normandie/>.

mesures restrictives à l'encontre de l'économie russe[56]. Les États-Unis[57] et l'Union européenne[58] imposent donc, dès le mois de juillet, une série de mesures restrictives dans les secteurs de l'énergie, de la défense et de la finance. Par ces nouvelles sanctions, les États-Unis et ses alliés demandent implicitement à la France d'annuler le contrat et la livraison des deux porte-hélicoptères Mistral, baptisés Vladivostok et Sébastopol, à l'armée russe. La non-livraison des navires avait été décidée dès le mois d'octobre 2014 et sera adoptée par l'Assemblée nationale le 17 septembre 2015[59].

Du 3 au 5 septembre 2014, Barack Obama se rend pour la troisième fois en Europe en l'espace de quelques mois. Face au rapport de force utilisé par Moscou, Barack Obama s'ingénie à rassurer les dirigeants et les peuples des pays fortement inquiétés par la non-désescalade de la crise ukrainienne. Le 3 septembre, il s'adresse au peuple de l'Estonie, et plus largement aux dirigeants et aux peuples des trois États Baltes, pays libérés de l'oppression et de l'occupation soviétique dès 1989 et membres de l'OTAN ainsi que de l'Union européenne depuis 2004. La situation ukrainienne et les agissements de la Russie sont bien évidemment les sujets principaux de ce discours[60]. Les 4 et 5

---

[56] Lire l'article de Marine Messina (30 juillet 2014). « Le détail des sanctions internationales contre la Russie ». In *LeMonde.fr* [En ligne]. Page consultée le 25 août 2017. Disponible à l'adresse suivante : <http://www.lemonde.fr/les-decodeurs/article/2014/07/30/russie-de-nouvelles-sanctions-et-des-consequences-probables_4464666_4355770.html>.

[57] The White House – Office of the Press Secretary – For Immediate Release – July 29, 2014 – Statement by the President on Ukraine – South Law. Disponible à l'adresse suivante : <https://obamawhitehouse.archives.gov/the-press-office/2014/07/29/statement-president-ukraine>.

[58] Lire la page web du Conseil européen. « Mesures restrictives de l'UE en réaction à la crise en Ukraine ». In *Consilium.europa.eu* [En ligne]. Page consultée le 25 août 2017. Disponible à l'adresse suivante : <http://www.consilium.europa.eu/fr/policies/sanctions/ukraine-crisis/>.

[59] Lire la rubrique du *Monde International* (17 septembre 2015). « L'annulation de la vente des Mistral à la Russie validée par les députés ». In *LeMonde.fr* [En ligne]. Page consultée le 25 août 2017. Disponible à l'adresse suivante : <http://www.lemonde.fr/international/article/2015/09/17/l-assemblee-nationale-enterine-l-annulation-de-la-vente-des-mistral-a-la-russie_4761025_3210.html>.

[60] The White House – Office of the Press Secretary – For Immediate Release – September 3, 2014 – Remarks by President Obama to the People of Estonia – Nordea Concert Hall, Tallinn, Estonia. Disponible à l'adresse suivante : <https://obamawhitehouse.archives.gov/the-press-office/2014/09/03/remarks-president-obama-people-estonia>.

septembre 2014, le président Obama achève son troisième voyage européen en se rendant à Newport (Pays de Galles) pour la tenue du 24ème sommet de l'OTAN. Du fait que l'actualité internationale est plus que trépidante, le programme de ces deux journées est particulièrement chargé en ce qui concerne les prises de décisions et l'adoption de mesures concrètes. Les grands thèmes abordés sont le soutien à l'Ukraine, la condamnation des actions de la Russie, mais aussi le rôle de l'OTAN en Afghanistan, la menace de l'État islamique au Moyen-Orient et la situation géopolitique globale. Vu la complexité des principales décisions prises, la Déclaration du sommet du Pays de Galles se décline en cent-treize points.

C'est d'ailleurs au cours des réunions de ce sommet que l'OTAN prend la décision d'adopter un plan d'action « réactivité » ou « *Readiness Action Plan* », capable de « répondre rapidement et fermement aux nouveaux défis de sécurité ». Ce plan d'action « apporte une réponse aux défis posés par la Russie, ainsi qu'à leurs incidences stratégiques »[61]. Comme le rappelle Barack Obama, lors de sa conférence de presse au *Celtic Manor Resort* de Newport, ce plan d'action sera fortement soutenu par les États-Unis, notamment grâce au plan d'1 milliard de dollars annoncé à Varsovie[62]. Ces initiatives démontrent que les États-Unis et ses alliés n'envisagent pas un arrêt des hostilités entre les séparatistes pro-russes et les partisans pro-européens en Ukraine. La région du Donbass est une région stratégique pour la Russie. Car si le Kremlin parvient à contrôler le territoire du sud-est de l'Ukraine, il s'assurera du contrôle d'une partie de l'industrie de défense ukrainienne[63]. Puis, comme l'écrit Anna

---

[61] Lire la page web de l'OTAN où figure la Déclaration du sommet du Pays de Galles (4 et 5 septembre 2014). « Wales Summit Declaration. Issued by the Heads of State and Government Participating in the Meeting of the North Atlantic Council in Wales ». In Nato.int [En ligne]. Page consultée le 25 août 2017. Disponible à l'adresse suivante :<https://www.nato.int/cps/ic/natohq/official_texts_112964.htm>. Voir le point n°5.

[62] The White House – Office of the Press Secretary – For Immediate Release – September 5, 2014 – Remarks by President Obama at NATO Summit Press Conference – Celtic Manor Resort, Newport, Wales. Disponible à l'adresse suivante : <https://obamawhitehouse.archives.gov/the-press-office/2014/09/05/remarks-president-obama-nato-summit-press-conference>.

[63] Lire la note de recherche stratégique n°8 de l'Institut de Recherche Stratégique de l'École Militaire (INSERM). « Analyse de la crise ukrainienne. Regards universitaires (vol.2) », dossier rassemblé par Frédéric Charillon, directeur de

Dolya, spécialiste de l'analyse géopolitique de l'Ukraine et des pays de la Communauté des États indépendants, « l'absence de forte réaction de la communauté internationale pourrait permettre au président russe d'envisager le même scénario dans d'autres États où existe une minorité russe[64]. »

l'INSERM, 2014, 20 pages. Disponible à l'adresse suivante : <http://www.defense.gouv.fr/irsem/page-d-accueil/vient-de-paraitre/nrs-8-ukraine>.

[64] Anna Dolya, « L'annexion de la Crimée : leçons pour la sécurité européenne », *Question d'Europe*, n°182, 22 février 2016, 8 pages. Disponible à l'adresse suivante : <http://www.robert-schuman.eu/fr/questions-d-europe/0382-l-annexion-de-la-crimee-lecons-pour-la-securite-europeenne>.

Obama et la promotion de la démocratie : Le défi du printemps arabe

Jean-Marie Ruiz

Maître de conférences, Université de Savoie Mont-Blanc

Durablement populaire aux quatre coins de la planète malgré une politique étrangère par beaucoup considérée comme ambivalente, porteur d'espoirs sans doute démesurés dépassant de beaucoup le continent américain, Barack Obama restera-t-il dans l'Histoire comme un président ayant favorisé la démocratie dans le monde ? La question est pertinente pour plusieurs raisons qui vont bien au-delà de sa personne et de son parcours singulier. D'abord parce qu'à l'évidence, aucun président des États-Unis – nation phare de la démocratie libérale depuis la fin du 18e siècle – ne peut totalement évacuer la question démocratique. De la même façon que la France, autoproclamée « pays des droits de l'homme », ne peut rester totalement insensible aux violations de ces droits dans le monde – et cela en dépit d'une tradition de politique étrangère tout autant marquée du sceau de la *Realpolitik*. Dans les deux cas, l'idéal d'« un gouvernement du peuple, par le peuple et pour le peuple », selon la célèbre formulation de Lincoln en 1863, d'ailleurs reprise en 1946 dans la Constitution de la quatrième République française, s'inscrit dans le récit national et ainsi l'identité collective de ces deux nations. D'autre part, en ce qui concerne Obama, l'impératif démocratique se pose d'autant plus que son parti lui est historiquement associé. En effet, la démocratie dans le monde constituant l'ADN du parti depuis que Woodrow Wilson en a fait le fondement de sa politique étrangère, tout président démocrate est particulièrement attendu dans ce domaine. En un mot, le prosélytisme démocratique est à la fois associé à la tradition des États-Unis et à celle du parti démocrate.

Et pourtant, le positionnement d'Obama ne fut pas simple. Le contexte à son arrivée au pouvoir en 2008, caractérisé par une dégradation tous azimuts de la situation intérieure se prêtait il est vrai assez peu à la promotion de la démocratie. Dégradation de la situation économique d'abord, les États-Unis étant confrontés à la pire crise depuis la Grande dépression des années 1930. Dégradation politique ensuite, de par la polarisation qui s'installa progressivement durant la mandature de George W. Bush et déboucha sur un conflit entre l'exécutif et le Congrès qui, en 2008, s'apparentait à blocage institutionnel entamant la crédibilité des États-Unis comme modèle de démocratie. Dégradation, enfin, de l'image des États-Unis dans le monde, consécutive à la transformation de la politique étrangère américaine qui suivit les attentats de 2001, et dont l'unilatéralisme et le militarisme étaient associés à un néo-impérialisme. La nouvelle doctrine de politique étrangère qui émergea des cendres du World Trade Center avait pourtant une composante wilsonienne – le *Freedom agenda* –, mais G. W. Bush la reprit à son compte tout en la transformant en profondeur et en l'orientant vers le changement de régime par la force en Irak, ce qui eut pour dommage collatéral de discréditer toute politique visant à propager la démocratie. Plus généralement, lorsqu'Obama arrive à la Maison-Blanche, le *moment* démocratique et les illusions suscitées par la fin de la guerre froide sur l'universalisation de la démocratie libérale et la fin de l'histoire ont définitivement disparu. Après le fiasco de l'intervention en Irak, l'Occident semble non seulement douter de la possibilité de démocratiser des pays ne disposant pas d'un substrat démocratique préexistant, mais de son intérêt à le faire, dans un contexte où, à partir de 2005, les élections libres en Palestine et au Liban ont profité à des islamistes anti-occidentaux et où seules les pétromonarchies autoritaires du Golfe persique semblent parvenir à la stabilité.

C'est donc sur fond de ce que Larry Diamond a appelé une « récession démocratique » (Diamond 2008) que Barack Obama entra en scène, une scène qui ne tarderait toutefois pas à être profondément transformée par le Printemps arabe. Par une ironie de l'histoire, ce dernier allait en effet replacer la question démocratique au premier plan des relations internationales, obligeant les États-Unis à se positionner sur cette question au moment même où ils souhaitaient s'en détourner, alors même que l'Administration précédente en avait fait, en vain, sa priorité. Dans un tel contexte, il est intéressant de se pencher sur les conséquences de la relation paradoxale que ce président hors norme a entretenue avec la question démocratique. Etant donné le cadre qui est le nôtre, ma contribution se limitera à l'analyse de l'impact des révolutions arabes sur sa conception préalable et sur sa politique de promotion de la démocratie.

Un positionnement initial plutôt défavorable...

Lorsque Barack Obama arrive au pouvoir en janvier 2008, la promotion de la démocratie ne fait donc pas partie des priorités, dans un contexte qui par ailleurs n'en manque pas. Pour le nouveau président, la tâche la plus urgente en politique étrangère est, selon ses mots, de « réparer » les relations dégradées des États-Unis avec le monde en général, et avec les pays arabes en particulier. Cet objectif passe nécessairement par une rupture avec la politique de son prédécesseur, jugée entièrement responsable du désamour à l'égard des États-Unis.

Cette rupture découle néanmoins d'une véritable divergence dans la conception des relations internationales et du rôle des États-Unis dans le monde en ce début du XXIème siècle et il convient de la décrire pour mieux comprendre sa politique étrangère.

Divergence qui concerne d'une part le rôle de la diplomatie et du multilatéralisme dans les relations internationales, et le désir de les réhabiliter après une période dominée par l'approche unilatérale et martiale de son prédécesseur. La politique de la « main tendue » à des pays considérés par Bush comme des États voyous (« rogue states »), tout particulièrement l'Iran, constitue une bonne illustration de sa volonté de fonder les relations des États-Unis avec le reste du monde sur des bases plus rationnelles, indépendamment de leur affinité idéologique ou politique, et de ne pas faire de la démocratie un prérequis indispensable à une coopération diplomatique. Le cas de l'Iran, qui représenta le premier défi démocratique et préfigura en cela le Printemps arabe, est sur ce point intéressant : durant les premiers mois de sa présidence, l'Administration Obama s'est efforcée de dédiaboliser la République islamique, notamment en invitant les diplomates iraniens aux célébrations de la fête nationale des États-Unis, le 4 juillet 2009, et en s'abstenant de mettre la légitimité du régime en question suite aux élections contestées de 2009 et de soutenir le Mouvement vert de contestation. Comme ses conseillers l'ont eux-mêmes expliqué, cette attitude conciliante était dictée par le caractère prioritaire du dossier nucléaire iranien et la volonté de ne pas hypothéquer la négociation d'un traité de dénucléarisation[1]. De façon plus générale, durant la première année de leur mandat, tant Obama que sa secrétaire d'État Hillary Clinton – malgré le positionnement beaucoup plus zélé de cette dernière en matière de droits de l'homme - s'abstiennent de tout prosélytisme démocratique et se conforment au desideratum des régimes autoritaires dans les différentes régions du monde. Lors de sa visite en Chine en février 2009, Clinton n'évoque pas les droits de l'homme, conformément à ses déclarations préalables sur la nécessité de ne pas laisser les divergences sur cette question peser sur les relations diplomatiques entre deux grandes puissances ; contrairement à ses trois prédécesseurs, Obama ne rencontre pas le dalaï-lama avant sa visite en Asie en novembre de la même année ; en Birmanie, les relations avec le gouvernement militaire se sont améliorées alors même que ce dernier avait confisqué les élections de 1990 et que celle qui les avait remportées, Aung San Suu Kyi, était emprisonnée ; en Égypte, enfin, Obama accède à la demande d'Hosni Moubarak de ne financer que les organisations ayant reçu l'aval du gouvernement[2].

Outre la primauté de la diplomatie, ce dernier exemple exprime aussi la volonté d'Obama de se démarquer de G. W. Bush en exprimant son respect pour le monde musulman et en excluant toute intervention dans les affaires intérieures d'un autre État. Totalement opposé à la notion de « changement de régime » (*regime change*) en vogue du temps de son prédécesseur, Obama souhaite marquer sa différence par des discours respectueux de la souveraineté des États, quel que soit leur régime. Ses premiers discours de politique étrangère, comme celui du Caire en juin 2009 ou du Ghana un mois plus tard, insistent tous sur le fait que les États-Unis ne veulent pas imposer un système de gouvernement, même s'ils pensent qu'un système démocratique est préférable et plus efficace politiquement.[3]

---

[1] Pour plus de détails, voir James Mann, *The Obamians. The Struggle Inside the White House to Redefine American Power*, New York, The Viking Press, 2012, p. 161-162.

[2] Idem, p. 159.

[3] Ces discours peuvent notamment être téléchargés sur le site de la Maison Blanche à l'adresse suivante : https://www.whitehouse.gov/the-press-office/remarks-president-ghanaian-parliament ; https://www.whitehouse.gov/the-press-office/remarks-president-cairo-university-6-04-09

Au-delà du contexte et de la volonté de changement, cette frilosité à l'endroit de la promotion de la démocratie s'explique aussi par la vision du monde du nouveau président, et par ses convictions sur les limites de l'influence des États-Unis. Moins ethno-centré et nationaliste que ses prédécesseurs républicains comme démocrates, moins guidé par le sentiment de supériorité de l'Occident, moins pénétré de certitude sur l'exceptionnalisme des États-Unis, sur l'importance, la nécessité et la pérennité de leur leadership et de leur hégémonie, il s'entoure de conseillers qui partagent cette vision des choses - ceux que l'historien James Mann a appelé les *Obamians*[4]. Tout comme Obama, ces derniers – dont Ben Rhodes et Denis McDonough sont les plus représentatifs - appartiennent à la génération post-baby-boom, étant nés dans les années 60. Hommes nouveaux en politique, et plutôt inexpérimentés, ils n'appartiennent à aucune chapelle et ne considèrent pas Bill Clinton, le dernier président démocrate, comme un modèle. Influencés par les évènements qui ont marqué leur entrée en politique, tous situés au XXIe siècle, ils ne sentent pas en phase avec les démocrates clintoniens qui, comme pour démontrer qu'ils n'étaient plus affectés par le Syndrome du Vietnam, avaient massivement soutenu la guerre d'Irak de 2002, pour les Obamiens, le Vietnam appartient au passé, elle n'influence leur conception de politique étrangère ni dans un sens ni dans un autre. La guerre d'Irak, en revanche, constitue à leurs yeux une erreur dont Ben Rhodes était d'autant plus conscient qu'il avait fait partie de l'équipe de rapporteurs de la Commission Baker-Hamilton de 2006, chargée d'examiner les conséquences de cette guerre et de formuler des propositions. Ce n'est donc pas un hasard si, lors de la campagne présidentielle, Rhodes choisit de rejoindre l'équipe de conseillers de Barack Obama, qui contrairement à sa principale rivale Hillary Clinton, s'était dès le début opposé à la guerre d'Irak[5]. Les Obamiens ne se sentent pas plus en phase avec la conception d'une « Amérique

---

[4] James Mann, *The Obamians*, *op.cit.*. Voir notamment les pages 66 à 75, dont ce paragraphe s'inspire.

[5] Barack Obama n'était pas encore sénateur lors du vote de la Résolution du Congrès autorisant l'utilisation des forces armées en Irak. Mais il a prononcé un discours très remarqué contre cette guerre peu de temps avant, le 2 Octobre 2002, qui lui a donné une certaine visibilité au niveau national. Ce discours peut être téléchargé à l'adresse suivante : http://www.npr.org/templates/story/story.php?storyId=99591469.) Parmi les candidats en lice lors des primaires démocrates de 2008, Chris Dodd était également un opposant notoire à la guerre d'Irak, mais s'est retiré de la course à l'investiture dès le mois de janvier.

indispensable » portée par l'Administration Clinton, caractéristique de la période post-guerre froide, mais jugée peu pertinente dans l'environnement très différent de 2008. Non seulement les États-Unis leur apparaissaient financièrement très contraints par l'ampleur de la crise économique, mais l'évolution du monde leur semblait dicter les limites de l'influence américaine et condamner l'espoir des présidents précédents de faire du XXIe siècle un « nouveau siècle américain » : l'essor des puissances non occidentales désignées par l'économiste Jim O'Neill sous l'acronyme BRICS (Brésil, Russie, Inde, Chine et Afrique du Sud) - que Fareed Zakaria a appelé « the rise of the rest » par opposition au « rise of the west »[6] - signifiait pour eux un déclin relatif, mais inéluctable des États-Unis que le prochain président ne pourrait, au mieux, que retarder.

Ayant contribué à l'élection du président en tant que conseillers de son équipe de campagne, les Obamiens garderont sa confiance et le suivront à la Maison-Blanche en tant que membres du Conseil de Sécurité. Etant peu expérimentés et relativement jeunes, ils n'accèdent pas au rang de ministres. Les principaux postes ministériels relevant de la politique étrangère reviennent soit à des représentants de l'establishment démocrates comme Hillary Clinton, nommée Secrétaire d'État, soit à des personnalités indépendantes, mais réputées proches des républicains tels que Robert Gates, maintenu au poste de ministre de la Défense qu'il occupait sous George W. Bush ou encore James Jones, nommé Conseiller à la Sécurité nationale. Le choix de Gates et Jones, étonnant à première vue de la part d'un président voulant incarner la rupture, s'explique par l'emprise du courant de pensée dit réaliste sur le parti démocrate en 2008. Bien que traditionnellement associé au parti républicain parce qu'opposé à l'approche wilsonienne, le réalisme est apparu aux démocrates comme un antidote à la politique étrangère menée par Bush. Il s'agissait alors de revenir à une approche moins idéologique, moins transformationnelle, moins manichéenne, plus rationnelle des relations internationales dont l'intérêt national était la boussole. La politique de Bush, un temps défini par les néoconservateurs hostile au réalisme avait divisé le parti républicain, dont une partie non négligeable des experts de politique étrangère restait attachée au réalisme. Lors des

---

[6] Fareed Zakaria, *Le monde post-américain*, Paris, Perrin, 2011. Jim O'Neill, Building Better Global Economic BRICs. Goldman Sachs, 30th November 2001. Global Economics. Paper No: 66

élections de 2008, le candidat républicain, John McCain représentait plutôt le néoconservatisme tandis que la plupart des candidats démocrates, à la primaire, y compris Hillary Clinton et Barack Obama, exprimaient des points de vue très proches de l'orthodoxie réaliste, notamment en s'opposant à toute intervention militaire pour d'autres motifs que la sécurité, et en prônant la réhabilitation de la diplomatie et la reprise du dialogue avec les ennemis des États-Unis[7]. Obama a par ailleurs souvent exprimé son admiration pour la politique étrangère réaliste du président Bush père et - de l'aveu de ses conseillers - pour Brent Scowcroft, le plus influent disciple de Kissinger souvent voué aux gémonies par les démocrates du passé, dont l'influence fut illustrée par la nomination de deux de ses proches, Robert Gates et James Jones[8]. Obama et les Obamiens ne sont ni réalistes ni néoconservateurs, mais leur principal souci en ce début de mandat étant de se dissocier de l'analyse de l'environnement international et des limites de la puissance américaine des seconds, ils sont plus réceptifs aux thèses réalistes. Ceux de ses conseillers de campagne qui, tels Susan Rice, Samantha Power, Anne-Marie Slaughter ou Mickael McFaul sont en faveur d'une politique étrangère davantage orientée vers la promotion de la démocratie, sont étiquetés « idéologues » par beaucoup de démocrates, pour qui ce sujet est trop lié à la guerre d'Irak et doit être évacué de la nouvelle politique étrangère[9].

---

[7] On trouvera une bonne illustration du réalisme des candidats dans l'article que chacun d'entre eux a publié dans la revue phare de politique étrangère *Foreign Affairs* : Bill Richardson, A New Realism, *Foreign Affairs*, Janvier/février 2008 ; Hillary Clinton, Security and Opportunity for the Twenty-first Century, *Foreign Affairs*, Novembre/décembre 2007 ; John Edwards, Reengaging with the World, *Foreign Affairs*, septembre/octobre 2007 ; Barack Obama, Renewing American Leadership, *Foreign Affairs*, Juillet/août 2007.

[8] En ce qui concerne l'admiration de Barack Obama pour Bush père, voir par exemple ses déclarations sur Fox News en mai 2015, et le compte rendu du Huffington Post, téléchargeable à l'adresse suivante :http://www.huffingtonpost.com/entry/obama-george-h-w-bush_us_563bb91be4b0b24aee496c9f

Pour ce qui est de l'influence de Scowcroft sur Obama durant les premiers mois de sa présidence et sur la nomination de Gates et Jones, voir le chapitre intitulé *The Scowcroft Democrats* dans James Mann, *The Obamians*, *op.cit..*, p. 156-170.

[9] James Mann, *The Obamians*, *op.cit.*, p.167.

.... Jusqu'au deuxième semestre 2009

Quel que soit le bien-fondé de ce positionnement réaliste, il n'en mettait pas moins le parti démocrate et le président en porte à faux avec leur tradition, et a vite suscité des critiques venues non seulement des républicains néoconservateurs, mais de son propre camp, l'accusant de vouloir abandonner toute promotion de la démocratie pour pratiquer une *Realpolitik* à la Kissinger. Cette accusation est probablement excessive. Selon Thomas Carothers, spécialiste de la question, Obama n'a jamais eu pareille intention et a au contraire cherché, dès le début, à promouvoir la démocratie de façon plus efficace et plus cohérente, en écartant des méthodes bushiennes jugées paternalistes, manichéennes et grossièrement contre-productives[10]. Loin de représenter une rupture dans ce domaine, sa politique initiale serait plutôt un rééquilibrage dicté par un souci de pragmatisme, de réalisme plutôt que de cynisme. Si rupture il y a, c'est avec les moyens déployés par son prédécesseur et avec leur matrice néoconservatrice, pas avec l'objectif de promouvoir la démocratie, qu'Obama considérait légitime. Carothers en veut pour preuve le retour des États-Unis au Conseil des droits de l'homme des Nations unies, boycotté par G. W. Bush, et le fort engagement de l'Administration Obama au sein de cette organisation, notamment sous l'impulsion de Susan Rice, ambassadrice des États-Unis à l'ONU de janvier 2009 à juillet 2013, connue pour son combat en faveur des droits de l'homme. D'autre part, si l'on considère le budget alloué aux organismes publics ou semi-publics officiellement destinés à promouvoir la démocratie, dont les principaux sont *USAID* (Agence des États-Unis pour le développement international) et la *National Endowment for Democracy*, (Fondation nationale pour la démocratie) l'Administration Obama a dépensé légèrement plus que la précédente, et donné plus d'importance au bureau chargé de la démocratie et de la

---

[10] Thomas Carothers, *US Democracy Promotion During and After Bush*, Washington, D.C., Carnegie Endowment for International Peace, 2007. Voir aussi Thomas Carothers *Democracy Policy under Obama. Revitalization or Retreat ?* Washington, D.C., Carnegie Endowment for International Peace, 2012.

gouvernance au sein de l'Agence des États-Unis pour le développement international[11].

Si un doute subsistait sur la volonté d'Obama de ne pas sacrifier totalement la démocratie sur l'autel de la diplomatie durant les premiers mois de son mandat, sa parole permettrait elle aussi de relativiser le tournant réaliste. Dans son discours inaugural, il s'était efforcé de lier la politique de la main tendue aux régimes autoritaires au progrès démocratique : « Que ceux qui s'accrochent au pouvoir par la corruption, le mensonge et en réduisant l'opposition au silence sachent qu'ils sont du mauvais côté de l'histoire, mais que nous vous tendrons la main si vous êtes prêts à desserrer le poing »[12]. (Obama, 2009) Ses plus grands discours de 2009 au Caire, au Ghana, à Oslo ont certes pour but principal de réparer les relations des États-Unis avec le reste du monde, de tourner le dos à la politique de son prédécesseur en excluant tout interventionnisme dans les affaires intérieures des autres pays, et en exprimant son respect du monde musulman. Certes, Obama est prudent lorsqu'il parle de démocratisation, et s'entoure de précaution oratoire avant d'aborder ce sujet. Les États-Unis, dit-il au Caire, ne veulent plus « imposer un système politique à une autre nation ». Néanmoins, il est rare que ses discours ne contiennent pas quelque propos sur l'importance de la démocratie. Au Caire il déclare aussi croire « fermement que tous les hommes aspirent à certaines choses : la capacité à s'exprimer et à avoir son mot à dire dans la façon dont on est gouverné ; la confiance dans l'État de droit et l'égalité devant la justice ; un gouvernement transparent et qui ne vole rien à son peuple, la liberté de vivre selon ses propres choix. Il ne s'agit pas là d'idées américaines, mais de droits de l'homme, et c'est pour cette raison que nous les soutiendrons partout ». (Obama, juin 2009) De même, au Ghana, où Obama veut surtout s'inscrire en faux contre l'idée que l'Afrique ne serait pas entrée dans l'Histoire et tient à se distinguer des donneurs des leçons, il insiste néanmoins sur le rôle de la bonne gouvernance dans le développement d'un pays et profite de sa popularité pour affirmer que

[11] Pour plus de détails Thomas Carothers Democracy Policy under Obama. Revitalization or Retreat ?, ibid, p. 19-20.

[12] Sauf indication contraire, la traduction des citations est la nôtre.

« l'Afrique n'a pas besoin d'hommes forts, elle a besoin d'institutions fortes[13] ». (Obama, 11 juillet 2009)

Il faut attendre le deuxième semestre 2009 pour que la nouvelle administration aille plus loin et s'engage un minimum, si ce n'est encore dans l'action du moins dans sa rhétorique, qui prend des accents plus démocratisant. Hillary Clinton consacre un discours aux droits de l'homme en décembre 2009 (Clinton, 11 décembre 2009) ; auparavant le président avait lui aussi élevé son discours pro-démocratique à un niveau quelque peu wilsonien, en affirmant aux Nation-Unies que les États-Unis « défendraient inlassablement le droit des gens à déterminer leur propre destin ». (Obama, septembre 2009) Ces déclarations coïncident avec le retour des États-Unis au Conseil des droits de l'homme de l'ONU, le 14 septembre 2009, lors de l'ouverture de la douzième session de ce Conseil, après y avoir été élu en mai[14]. Les représentants américains joueront un rôle actif au sein de cet organisme multilatéral, traduisant par là l'évolution rhétorique dans les actes. Toujours en Juillet 2009, Obama avait aussi tenu un discours remarqué sur les mérites de la démocratie libérale à la Nouvelle école d'économie de Moscou, et s'était entretenu sur le même thème avec des militants des droits civiques moscovites, signifiant ainsi une inflexion significative de son attitude jusque là accommodante envers le régime russe. (Obama, 7 Juillet 2009)

Cette évolution favorable à la promotion de la démocratie à partir du second semestre 2009 s'explique par la prise tardive de fonction des responsables des questions de démocratie et des droits de l'homme au Secrétariat d'État, à la Maison-Blanche et à USAID, au terme d'un processus de nomination et de confirmation particulièrement long[15].

---

[13] De son côté, la Secrétaire d'Etat, Hillary Clinton, a elle aussi tenu des propos favorables à un soutien à la démocratie peu de temps après sa nomination, lors d'une audition au Congrès le 22 Avril. (Clinton, Avril 2009 ; Wittes 2009)

[14] Jusqu'en 2006, il existait une Commission des droits de l'homme de l'ONU qui, critiquée de toutes parts pour sa politisation excessive, fut dissoute pour créer un nouvel organe, le Conseil des droits de l'homme. Pour protester contre l'appartenance à ce dernier de pays peu respectueux de l'Etat de droit, George W. Bush avait voté contre sa création et refusé d'y participer, ne gardant qu'un statut d'observateur.

[15] A titre d'illustration de la lenteur du processus de nomination, Michael Posner n'est arrivé à la tête du Secrétariat d'Etat à la démocratie, aux droits de l'homme et au travail qu'en novembre 2009, et deux autres haut-fonctionnaires nommés à l'agence USAID – l'Agence des États-Unis pour le développement international

Une autre explication serait les évènements eux-mêmes, comme le coup d'État au Honduras de juin 2009, ou le caractère laborieux de la réforme constitutionnelle au Kenya, qui donnèrent à la nouvelle administration (particulièrement la Secrétaire d'État) l'opportunité de multiplier les initiatives diplomatiques en faveur du maintien ou du retour à la démocratie.

Inflexion pro-démocratique avant le Printemps arabe

Durant la première année de sa présidence, Obama a donc tourné le dos à l'interventionnisme pro-démocratique de son prédécesseur sans pour autant se désolidariser complètement du sort de la démocratie dans le monde, et l'évolution plutôt favorable du deuxième semestre 2009 va se confirmer en 2010, pour deux raisons principales. Il y a d'une part le résultat décevant de la politique de la main tendue aux régimes autoritaires, en Iran et en Chine notamment, qui incita l'administration Obama à évoquer de façon plus claire la question des droits de l'homme. Les relations envers l'Iran avaient été la vitrine de sa « politique d'engagement » avec les pays estampillés « ennemis de l'Amérique », avec pour priorité la négociation sur le nucléaire. La principale conséquence de cette ouverture avait été le refus d'Obama de soutenir l'opposition lors des élections de juin 2009, et de condamner le régime. Mais étant donné la répression qui suivit et l'absence de toute perspective de négociation, Obama se résolut à faire entendre sa critique. (Lizza 9-10) Pour ce qui est de la Chine, tant Hillary Clinton qu'Obama remirent assez rapidement en question l'attitude très conciliante des premiers mois,[16] en constatant que, vue de Chine, elle passait pour un aveu de faiblesse et de déclin. De façon caractéristique, Hillary Clinton fut la première à changer de ton dans son discours sur « la liberté de se connecter » de janvier 2010, dans

créée par Kennedy en 1961 - ont pris leur poste un an demi après l'élection de Barack Obama. (Carothers 2012 : 15-20)

[16] Lors de sa visite à Pékin en Février 2009, la Secrétaire d'Etat s'était abstenue d'évoquer la question des droits de l'homme, pour ménager le régime, tandis qu'Obama avait cédé aux pressions chinoises de ne pas rencontrer le Dalaï Lama lors de la visite de ce dernier aux Etats-Unis en octobre 2009, afin de ne pas déplaire au régime chinois avant son voyage officiel de la fin 2009.

lequel elle critiqua la censure chinoise et la répression à l'encontre des militants des droits de l'homme. Obama en fit de même quelques mois plus tard en recevant enfin le Dalaï-Lama et en appelant à la libération du dissident Liu Xiaobo, nouveau prix Nobel de la paix 2010.

Mais surtout, l'inflexion pro-démocratique de 2010 s'explique par un changement dans le rapport de force et d'influence, au sein de son Administration, entre les « réalistes » et les « idéologues ». Au fil des mois, les seconds ont de plus en plus déploré ce que Joshua Muravchik a appelé, dans un article de juillet 2009, « l'abandon de la démocratie ». (Muravchik 2009) Bien que provenant d'un néo-conservateur proche des cercles républicains, certains démocrates occupant des postes importants dans l'Administration Obama telle que Susan Rice, Anne-Marie Slaughter, Samantha Power, Michael McFaul, partageaient cette critique et ne voyaient pas d'un bon œil que le président soit de plus en plus décrit comme un partisan d'une *Realpolitik* dénuée de principes. Soucieux de faire entendre leur différence au sein de l'Administration, ils cherchèrent des appuis dans le petit cercle des proches conseillers du président, les « Obamiens », dont deux étaient leurs alliés potentiels : Dennis McDonough, membre du Conseil de sécurité nationale (NSC) puis Adjoint au Conseiller de sécurité nationale à partir d'octobre 2010, et Ben Rhodes, également membre du NSC et plume du président pour ses discours de politique étrangère. Lorsque Rahm Emanuel, chef de cabinet de la Maison-Blanche, décrivit Obama comme un réaliste patenté dans une interview en avril 2010, Anne-Marie Slaughter, directrice de la planification politique au Département d'État, demanda à Rhodes de « le faire taire[17] », tandis que McFaul établit une compilation de discours présidentiels se référant à la démocratie pour démontrer que le Président ne l'abandonnait pas. (Man 170)

Encore peu visibles au printemps – le Livre blanc de stratégie de sécurité nationale de mai 2010 relègue clairement la promotion de la démocratie au second plan (Indyk 143-44) - les efforts des « idéologues » vont porter leur fruit à partir de l'été, lorsque le

[17] Voir l'article de Baker, Peter, “Obama Puts Own Mark On Foreign Policy Issues” (The New York Times, 14 avril, 2010, p. A10) qui rapporte les propos suivants : « Everybody always breaks it down between idealist and realist, said Rahm Emanuel, the White House Chief of Staff. If you had to put him in a category, he's probably more realpolitik, like Bush 41, the first President George Bush, Mr. Emanuel said. ».

président semble enfin se faire l'écho de leur préoccupation. En août, Obama signe en effet une directive intitulée « réforme politique au Moyen-Orient et en Afrique du Nord » destinées aux principaux responsables de la politique étrangère et de défense de son Administration, dans lequel il s'inquiète des conséquences du soutien des États-Unis à des régimes de plus en plus répressifs, et leur demande de procéder à l'évaluation, pays par pays, des coûts et bénéfices d'un tel soutien[18]. La réflexion est certes présentée en terme d'intérêt et reflète en cela une approche typiquement réaliste lexicalement apparentée à la rhétorique de la Guerre froide : « Une répression accrue pourrait miner la stabilité économique et politique de certains de nos alliés, et réduire d'autant le nombre de partenaires compétents et crédibles pour soutenir nos priorités pour la région. Qui plus est, notre crédibilité au niveau régional et international serait entamée si nous étions perçus comme un soutien aux régimes répressifs » écrit Obama. (Lizza 11) Néanmoins, elle exprime bien les préoccupations de ceux qui, contrairement aux réalistes, étaient prêt à parier sur les chances de la démocratie dans le monde arabe, et pensaient qu'il était de l'intérêt des États-Unis d'être du côté des peuples plutôt que de celui des autocrates. « Il y a des preuves d'un mécontentement croissant des citoyens de la région envers leur gouvernement » et celle-ci « est entrée dans une période critique de transition », peut-on lire dans la directive du président, qui préconise une politique capable de « gérer ces risques en démontrant au peuple du Moyen-Orient et d'Afrique du Nord qu'il existe une opportunité de changement graduel, mais réel vers une plus grande ouverture politique et une meilleure gouvernance » (Ignatius). L'éventualité d'une démocratisation était d'autant plus crédible que « la perspective d'une succession politique dans plusieurs pays constitue une ouverture potentielle pour des réformes politiques dans la région » poursuit

[18] Il s'agit de la *Presidential Study Directive n°11.* On peut distinguer deux sortes de « directives présidentielles » : Les *Presidential Policy Directives* (PPD) utilisées pour promulguer des décisions dans le domaine de la sécurité nationale, et les *Presidential Study Directives* (PSD) utilisées pour initier une procédure de révision d'une politique, en l'occurrence celle envers les pays du Moyen-Orient et d'Afrique du Nord. Toutes deux sont des documents à usage interne n'ayant pas vocation à être divulguées, et sont généralement classifiées. La directive n°11 n'est donc pas consultable. Mon analyse s'appuie sur les informations fournies par James Mann, (The Obamians 257-58) et Ryan Lizza, (The Consequentialist 11-12) qui ont interviewé des personnalités ayant eu un rôle important dans la genèse et la mise en œuvre de la directive.

Obama. Si les États-Unis faisaient le mauvais choix à l'approche de cette transition, cela « pourrait avoir des conséquences négatives pour les intérêts des États-Unis, notamment en ce qui concerne notre réputation auprès de l'opinion publique des pays arabes » (Lizza 11)

Ces propos montrent que pour le président, l'intérêt et les idéaux démocratiques des États-Unis pouvaient être réconciliés. À l'évidence, Samantha Power, Michael McFaul et Ben Rhodes avaient réussi à le persuader que l'autoritarisme n'était pas une fatalité dans le monde arabe, que les jours de régimes autocratiques tels que celui de Moubarak en Égypte ou de Ben Ali en Tunisie étaient comptés, et que les États-Unis devaient se positionner du bon côté d'une Histoire qui semblait sur le point de basculer. Selon Power « cette directive partait du postulat que le statu quo coutait cher. (…) Il était clair qu'il était de plus en plus difficile de contrôler les évènements. Notre amitié avec des régimes autoritaires qui réprimaient de plus en plus brutalement leur peuple faisait de nous leurs complices ». (Mann 258)

En août 2010, bien que de façon discrète et non encore publique, Obama prenait donc la décision de réexaminer les fondements de la politique américaine envers les pays arabes et demandait au groupe de travail, dirigé par Power, Gayle Smith et Dennis Ross, de remettre à plat les présupposés sous-jacents à la politique moyen-orientale et nord-africaine des États-Unis. Toutes les questions devaient être posées, sans tabous, dans un exercice s'apparentant à un *brainstorming*. Était-il toujours vrai que les régimes autoritaires étaient les meilleurs garants de la stabilité ? La démocratie était-elle d'ores et déjà viable dans ces pays, ou le développement économique devait-il précéder les réformes politiques ? Si la démocratie était envisageable, était-elle plus à même d'assurer la stabilité et les intérêts des États-Unis ? Quelles seraient les conséquences d'éventuelles pressions en faveur de réformes sur un allié stratégique de longue date comme l'Égypte ? Ces interrogations débouchèrent sur une remise en question des réponses traditionnellement apportées et confirmèrent la nécessité de réorienter la politique américaine dans un sens favorable aux réformes démocratiques. (Lizza 12) Tel était la principale conclusion à laquelle les membres du groupe de travail venaient d'arriver, en décembre 2010, lorsque survinrent les évènements tunisiens à l'origine du Printemps arabe.

Avant cela, les discours d'Obama et de sa Secrétaire d'État avaient fait écho aux travaux de ses conseillers, d'une façon beaucoup plus concordante qu'auparavant. Hillary Clinton avait toujours été plus enthousiaste qu'Obama pour défendre la démocratie, en partie parce que, contrairement au président, elle croyait toujours au prosélytisme démocratique du parti démocrate des années 90 et à la notion d'« Amérique indispensable » en vogue lors de la mandature de son mari. Son discours au *Council On Foreign Relations* du 8 septembre 2010, dans lequel elle évoque un « nouveau moment américain » et appelle de ses vœux une Amérique sûre d'elle-même et désireuse de guider le monde, montre bien la permanence de ses idéaux [19]. (Hillary Clinton septembre 2010) Comme il a déjà été dit, Obama appartenait à une génération qui n'avait jamais adhéré à cette vision des choses, et sa rhétorique était volontairement expurgée de tout ce qui pouvait de près ou de loin être assimilée à ce que son prédécesseur appelait « l'agenda de la liberté ». Mais vers la fin 2010, pour toutes les raisons déjà mentionnées, cette rhétorique avait beaucoup évolué, comme l'illustrent ces propos lors de l'Assemblée générale de l'ONU du 23 septembre 2010 :

« Les périodes de difficulté économique, peuvent aussi générer une anxiété à propos des droits de l'homme. Aujourd'hui, comme lors de précédentes récessions, certains sacrifient les droits de l'homme sur l'autel d'une stabilité à court terme, en s'appuyant sur l'idée fausse que la croissance économique peut se faire aux dépens de la liberté. (...)

Comme je l'ai dit l'an dernier, il appartient à chaque pays de suivre une voie enracinée dans la culture de son propre peuple. Mais l'expérience montre que l'histoire est du côté de la liberté, que les économies ouvertes, les sociétés et les gouvernements ouverts sont les plus solides fondements du progrès humain. Pour le dire plus simplement, la démocratie est, plus que toute autre forme de gouvernement, celle qui apporte le plus à ses citoyens. Et je pense que cette vérité sera de plus en plus évidente dans un monde où les

[19] L'expression « New American Moment » évoque ce qu'Henry Luce avait désigné comme le « siècle américain » en 1941, mais aussi – même si Hillary Clinton ne revendiquait aucunément une telle filiation - la doctrine de George W. Bush, incluant notamment le maintien de l'hégémonie des Etats-Unis dans le monde, qui reposait sur le projet néo-conservateur d'un « nouveau siècle américain ».

frontières entre nations s'estompent. L'Amérique s'efforce de bâtir un monde propice à cette ouverture... » (Obama septembre 2010)

Obama et le Printemps arabe

Ces propos, conjugués à la mise en place préalable du groupe de travail sur les conséquences d'un soutien plus actif à la démocratie, semblent indiquer que le président avait un temps d'avance sur les évènements qui allaient transformer le monde arabe (plus particulièrement l'Égypte, dont la situation était à l'origine de la *Presidential Study Directive n° 11)* peu de temps après. Dans ces conditions, comment expliquer que ce soit plutôt l'indécision et l'embarras qui, à juste titre, aient alors été soulignés par les commentateurs ? Sans doute convient-il de rappeler l'ampleur et la soudaineté des changements qui allaient se succéder à partir de décembre 2010. En effet, si on ne peut pas dire que le Printemps arabe[20] ait pris totalement au dépourvu son équipe de politique étrangère, il n'en reste pas moins que la rapidité avec laquelle la contagion démocratique s'est répandue exigeait la remise à plat de relations bilatérales établies, et le repositionnement rapide sur une question qui n'avait jamais été prioritaire depuis son arrivée à la Maison-Blanche[21]. Même si une réflexion venait d'être menée de façon théorique, la prise de décision à chaud était d'autant plus

[20] L'expression « Printemps arabe » fait référence aux mouvements révolutionnaires de 1848, appelées « Printemps des peuples », qui eux aussi s'étaient alors répandus comme une trainée de poudre dans plusieurs pays d'Europe pour exiger des monarchies des réformes démocratiques et libérales.

[21] Les affrontements entre la population de Sidi Bouzid et les forces de l'ordre tunisiennes le 17 décembre 2010, le lendemain de l'immolation de Mohammed Bouazizi, sont généralement considérés comme l'événement déclencheur des mouvements de protestation populaire, d'ampleur très variable, qui ont eut lieu dans une grande partie du monde arabe : en Jordanie dès le 7 janvier 2011, en Arabie Saoudite, en Egypte et au Yémen quelques jours plus tard, suivi de la Libye, de Bahreïn et du Maroc en février et de la Syrie le mois suivant. Ces mouvements de protestation aboutissent au départ du président tunisien Ben Ali dès le 14 janvier 2011, de l'Egyptien Hosni Moubarak le 11 février, puis du dirigeant yéménite Ali Abdallah Saleh le 25 février. En octobre, enfin, le leader Libyen Mouammar Kadhafi, encerclé par les forces de l'opposition, trouve la mort dans des conditions sordides. En quelques semaines, des dictateurs au pouvoir depuis des décennies sont balayés par des révolutions qui semblent alors irrésistibles.

difficile qu'elle revenait parfois à choisir entre des intérêts liés au *statu quo*, ou des prises de risque pour être du bon côté de l'histoire, pour reprendre une expression souvent utilisée par Obama.

La difficulté de trancher ce nœud gordien explique ses hésitations du début, surtout en ce qui concerne l'Égypte, son approche au cas par cas, et la réticence initiale à énoncer des principes qui pourraient être perçus comme une doctrine. En Égypte l'Administration Obama essaie d'abord de concilier intérêts et valeurs en se déclarant en faveur d'une « transition ordonnée » vers la démocratie et en s'abstenant de soutenir activement les manifestants. Ce n'est que le 3 février, soit une semaine après la première manifestation d'envergure, qu'Obama appelle au départ de Moubarak. Certes, une semaine, c'est assez peu et on peut penser que la réflexion préalablement engagée par le NSC sur la question de la politique envers les autocrates arabes a facilité la prise de décision. Mais l'insistance initiale sur une transition ordonnée montre bien la difficulté de se positionner clairement en faveur de la démocratie, et c'est d'ailleurs ce que les Égyptiens retiendraient. Là où les intérêts des États-Unis et les enjeux étaient moindres, comme en Tunisie, le soutien au peuple fut clairement énoncé dès le départ. Mais comme le cas de la Libye l'illustre, ce n'est qu'en dernier recours qu'une intervention est envisagée, du fait de l'urgence humanitaire, après avoir épuisé tous les autres moyens (embargo sur les armes, sanctions économiques votées à l'ONU). Cette intervention fut d'ailleurs très encadrée, et fondée sur trois principes qui en font l'antithèse de celle de son prédécesseur en Irak : pas d'intervention unilatérale, pas de leadership américain (d'où la notion de *leadership from behind*[22]), aval de l'ONU et de la Ligue arabe. Obama a pris grand soin de se dissocier de toute velléité transformationnelle en Libye, le but de l'intervention, strictement défini par la résolution 1973 de l'ONU autorisant le recours à la force, étant de protéger la population, pas d'installer la démocratie.[23] Telles étaient

---

[22] Selon Ryan Lizza, qui l'a reproduite dans son article "The Consequentialist. How the Arab Spring Remade Obama's Foreign Policy" (*The New Yorker*, 2 Mai 2011), l'expression a été utilisée pour la première fois par l'un des conseillers d'Obama, lors d'un entretien menée peu de temps avant la parution de l'article.

[23] Tels étaient en tous cas les objectifs militaires de cette intervention onusienne, sensée être menée par la France et le Royaume-Unis mais dont le succès dépendait des capacités uniques des Etats-Unis en matière de renseignement, de surveillance, de reconnaissance et de ravitaillement en vol. En réalité, les dirigeants occidentaux, Obama y compris, ont maintes fois appelé au renversement de Kadhafi, et

les conditions préalables pour que cette intervention en Libye ne réactive pas le souvenir de la guerre d'Irak et l'association entre promotion de la démocratie et changement de régime.

Par les critiques et les débats qu'elle a suscités, cette intervention a été l'occasion d'une mise au point sur les principes devant guider l'intervention des États-Unis, non seulement dans les pays arabes, mais dans le monde, donc d'une ébauche de doctrine en la matière, décrite par le président dans son important discours du 28 mars 2011. En tant que grande puissance, explique Obama, les États-Unis ont des responsabilités, notamment celle de prévenir un génocide. Ils peuvent donc être amenés à intervenir même lorsque leurs intérêts ne sont pas directement en jeux, mais ils le feront alors avec d'autres. Ce n'est que lorsque leurs intérêts vitaux sont en jeux qu'ils doivent agir unilatéralement. Toute intervention à seule fin de promotion de démocratie n'est donc pas écartée, mais elle n'est envisageable que dans certaines conditions. Cette ligne peut paraître équilibrée – à mi-chemin entre les préconisations des réalistes et leur insistance sur l'intérêt national et celles des partisans d'une approche plus éthique de l'action extérieure des États-Unis -, mais elle n'en représente pas moins une rupture avec le paradigme dominant peu de temps auparavant. Jusqu'au 15 mars, le président et sa Secrétaire d'État étaient opposés à toute intervention aérienne, et même à l'imposition d'une zone d'exclusion aérienne en Libye. (Mann 289-91) Les États-Unis n'ayant en effet aucun intérêt strictement national en Libye, qu'ils soient économiques ou stratégiques, et étant déjà engagés sur deux théâtres d'opérations en Irak et Afghanistan, quiconque préconisait une autre intervention militaire, déclara Robert Gates, le ministre de la Défense, « devrait aller se faire soigner ». (Gates 2011) C'est pourtant ce que POTUS [24] lui-même ferait moins d'un mois plus tard, en revenant sur ses déclarations préalables.

Les raisons de son revirement sont simples : En Libye plus qu'ailleurs, il était possible d'être « du bon côté de l'Histoire » à peu de frais, et de concilier une intervention avec les principes qu'Obama

l'intervention avait aussi pour but de rendre possible la victoire de l'armée rebelle en détruisant les capacités aériennes du régime. Comme l'ont déploré la Chine et la Russie, qui l'avaient exceptionnellement tolérée en n'utilisant pas leur droit de véto au Conseil de sécurité, le changement de régime constituait bel et bien le but politique de l'intervention.

[24] POTUS est l'acronyme de « President of the United States ».

avait énoncés depuis son arrivée au pouvoir. L'urgence humanitaire était indéniable et les arguments développés par les interventionnistes pouvaient difficilement être écartés. Parmi eux se trouvaient deux proches du président, Susan Rice et Samantha Power, qui avaient des raisons particulières de vouloir éviter l'élimination annoncée par Kadhafi lui-même d'une partie de la population libyenne. Rice faisait partie du Conseil de sécurité de Bill Clinton dans les années 1990, lors du massacre des Tutsis au Rwanda, dont elle avait pu mesurer l'ampleur en se rendant sur place. Lors d'un entretien quelques années plus tard, elle confia s'être alors juré de tout faire, si elle était à nouveaux en position d'agir, pour s'opposer à de telles atrocités. (Power 2001) Il se trouve que la personne qui menait l'entretien était Samantha Power ; jeune journaliste, elle venait d'achever un reportage sur la guerre de Bosnie et était en train de rédiger *A Problem from Hell*, qui deviendrait sous peu un ouvrage référence pour les partisans d'interventions humanitaires pour prévenir les génocides. (Power 2002) À bien des égards, les réactions de l'Administration Obama et de ses alliés à la répression libyenne étaient tout à fait conformes à ce que préconisait Power dans son livre : isoler le dirigeant, l'étrangler financièrement, pour finalement intervenir militairement s'il le fallait.

L'isolement de Kadhafi, y compris dans le monde arabe, explique d'ailleurs pourquoi Obama pouvait agir en Libye sans raviver le spectre de la guerre d'Irak. L'aval du Conseil de sécurité de l'ONU - fait exceptionnel qui ne fut possible que parce que Hillary Clinton réussit à convaincre la Russie de s'abstenir – et de Ligue arabe, changeait en effet la donne en donnant à l'intervention la caution multilatérale et arabe qui était pour le président américain une condition *sine quo non* de la participation des États-Unis. Le rôle important que l'Europe souhaitait avoir permettait d'autre part d'éviter un leadership trop visible, conformément à ce qu'Obama souhaitait. En d'autres termes, la possibilité unique de pouvoir « mener par l'arrière » rendait possible d'intervenir en Libye.

À leur tour, ces conditions favorables fournissaient une fenêtre d'opportunité aux interventionnistes et leur permettaient de prendre le dessus sur leurs contradicteurs au sein de l'Administration Obama, à un moment où le Printemps arabe y bénéficiait d'une image très positive, étant même comparée à la chute de l'Empire ottoman par des réalistes peu enclins à manifester un enthousiasme débordant à l'endroit de la promotion de la démocratie[25]. Le mois de mars fut décisif dans ce retournement de situation au profit de ceux qui étaient auparavant stigmatisés comme « idéologues » par leurs collègues réalistes. Le 3, le président franchit une première étape en déclarant que Kadhafi avait « perdu toute légitimité et devait partir » (Obama 3 mars 2011), ce qui suscita des débats intenses au sein du Conseil de sécurité sur les conséquences de cette déclaration sur le niveau d'engagement des États-Unis en Libye. Pour la première fois, la Secrétaire d'État Clinton et le Secrétaire à la Défense Robert Gates divergeaient dans leur analyse, le second restant fidèle à l'orthodoxie réaliste - dans la droite ligne de Brent Scowcroft, James Baker et Colin Powell, qui s'étaient opposés à une intervention humanitaire en Bosnie sous le mandat de George H. W. Bush - tandis que Clinton s'alignait sur le point de vue de Rice et Power en faveur d'une zone d'exclusion aérienne et d'une intervention si cela s'avérait nécessaire pour éviter le massacre des opposants[26]. C'est le 15 mars qu'Obama semble avoir basculé dans le camp des interventionnistes en soutenant non seulement une zone d'exclusion aérienne, mais une résolution des Nations-Unies autorisant l'usage de la force militaire. Le président agit en ce sens le 17 mars, en demandant à Susan Rice, l'Ambassadrice des États-Unis à l'ONU, d'obtenir une résolution incluant l'usage de la force. Le même jour, la résolution 1973 autorisait « toutes mesures nécessaires (...) pour protéger les populations et les zones civiles menacées »[27]. Ce jour-là, le président se rangeait clairement du côté des interventionnistes et franchissait une nouvelle étape dans le rejet du réalisme initié par *Presidential Study Directive n° 11*, puis par le lâchage de Moubarak. Obama connaissait parfaitement le point de vue ardemment défendu par Gates et Scowcroft et leur opposition à toute intervention qui ne serait pas fondée sur un « intérêt national vital ». Le 17 mars 2011, il décida de l'ignorer en connaissance de cause.

Le très attendu et maintes fois reporté discours d'Obama sur le Printemps arabe, le 19 mai 2011, illustra l'influence grandissante des

---

[25] Ce fut notamment le cas de Thomas Donilon, le Conseiller à la sécurité nationale. Voir Mann, *The Obamians*, p. 276.

[26] Sur ce débat et l'évolution chronologique du point de vue d'Obama, voir Indyk, *Bending History*, p.161 ; Mann, *The Obamians*, p. 288-91.

[27] Le texte de la résolution peut notamment être consulté sur le site du Monde à l'adresse suivante : http://www.lemonde.fr/afrique/article/2011/03/18/le-texte-de-la-resolution-sur-le-libye_1494976_3212.html#fD1TAro45Y06KMQK.99

« idéologues » dans la politique étrangère des États-Unis s'illustra quelques semaines plus tard. Comme il a été dit, Obama et ses principaux conseillers avaient toujours été réticents à l'idée d'énoncer une doctrine, préférant la flexibilité d'une approche au cas par cas. Devant l'ampleur du mouvement révolutionnaire et des enjeux pour les États-Unis, Barack Obama se résolut toutefois à énoncer une ligne qui en était très proche et qui s'apparentait à une politique de promotion systématique de la démocratie au Moyen-Orient et en Afrique du nord :

« Les États-Unis appuient un ensemble de droits universels. Ces droits regroupent la liberté d'expression ; la liberté de se réunir pacifiquement ; la liberté de religion ; l'égalité des hommes et des femmes dans un État de droit ; et le droit de choisir ses propres dirigeants - que l'on vive à Bagdad ou à Damas, à Sanaa ou à Téhéran ».

En outre, nous soutenons au Moyen-Orient et en Afrique du Nord une réforme politique et économique qui soit capable de satisfaire les aspirations légitimes des simples gens dans l'ensemble de la région.

Notre soutien à ces principes ne relève pas d'un intérêt secondaire - aujourd'hui, je veux faire clairement comprendre qu'il s'agit d'une toute première priorité qui doit se traduire par des actions concrètes et être appuyée par tous les outils diplomatiques, économiques et stratégiques à notre disposition.

Je vais être précis. En premier lieu, les États-Unis auront pour politique de promouvoir la réforme à travers la région et d'appuyer les transitions vers la démocratie. Cette démarche commence en Égypte et en Tunisie, où les enjeux sont élevés - parce que la Tunisie a formé l'avant-garde de cette vague démocratique et que l'Égypte est à la fois un partenaire de longue date et le plus grand pays du monde arabe. Ces deux pays peuvent être un excellent modèle en donnant l'exemple d'élections libres et honnêtes ; d'une société civile dynamique ; d'institutions démocratiques responsables et efficaces ; et d'un engagement régional responsable. Mais nous devons aussi soutenir les pays où la transition reste à s'accomplir. » (Obama, discours du 19 mai 2011)

Si ce discours représente l'apogée d'une rhétorique résolument idéaliste et démocratisante et a le mérite de définir ce qu'Obama entendait par « réforme », il ne doit pas être pris au pied de la lettre, n'ayant nullement été suivi par la mise en place d'une politique cohérente de soutien active à la démocratie, encore moins aux mouvements révolutionnaires. Dans la pratique, les réactions d'Obama au Printemps arabe avaient été et continueraient à se faire au cas par cas. Et dans beaucoup de cas, Obama continuerait à se distinguer de son prédécesseur par une réticence – déjà patente pour ce qui est de Moubarak - à pousser les autocrates vers la sortie, et à devenir responsable du destin des peuples. Tout au long de ses deux mandats, Obama ne se départirait pas de l'idée exprimée dès le départ qu'il revient à chaque peuple de prendre en main son destin, que les États-Unis n'ont ni obligation ni légitimité pour le faire à leur place, et que vouloir se substituer à eux est irresponsable dans la mesure où cela peut plonger le pays dans le chaos si le peuple n'est pas prêt à se gouverner. Ce type de raisonnement explique qu'Obama ait par la suite considéré l'intervention libyenne comme sa plus grande erreur en politique étrangère compte tenu du chaos politique auquel elle a donné lieu[28].

Ce sentiment explique aussi sa retenue à l'égard des dirigeants de la Jordanie, du Maroc, du Bahreïn, de l'Arabie-Saoudite, et la pression toute relative en faveur des « réformes », consistant à essayer de convaincre les dirigeants de ces pays qu'elles n'étaient dans leur intérêt, ne serait-ce que parce qu'elles éviteraient de passer par la case « révolution ». Les réactions des États-Unis aux soulèvements populaires au Bahreïn – concomitants à ceux de Libye et largement nourris par les frustrations d'une minorité shiite déclassée – représente l'illustration parfaite du caractère relatif de l'engagement en faveur de la démocratie exprimé avec tant de ferveur dans le discours du 19 mai 2011. Comme il le fit avec d'autres alliés en proie aux troubles, Obama contacta personnellement le roi bahreïni dès les premières confrontations (le 18 février) opposant les manifestants aux forces armées, l'appela à la retenue et l'encouragea à réformer pour mettre fin à la contestation. Le ministre de la Défense Robert Gates, se rendit sur place le 11 mars, en pleine crise libyenne, avec le même message.

[28] Voir son entretien sur Fox News, le 11 Avril 2016, téléchargeable à : http://www.foxnews.com/transcript/2016/04/10/exclusive-president-barack-obama-on-fox-news-sunday.html

D'abord entendu par le roi Al Khalifa, cet appel à réformer ne fut cependant suivi d'aucun effet étant donné l'hostilité de l'Arabie saoudite, le puissant voisin du Bahreïn, à tout accommodement avec la minorité shiite et sa détermination à écraser toute opposition de peur d'encourager la contestation shiite sur son propre sol[29]. L'envoi de troupes saoudiennes et émirati pour mater la rébellion dans les jours qui suivirent donna lieu à une condamnation de la répression de la part d'Hillary Clinton, mais Obama ne fit aucune déclaration et celle de la Secrétaire d'État ne comportait aucun appel à retirer les troupes. Dès le 6 Avril, suivant, Robert Gates décrirait les relations avec l'Arabie saoudite comme « extrêmement cordiales » suite à son entretien avec le roi Abdullah, lors duquel la répression ne fut pas mentionnée. Dans son discours du 19 mai, Obama ne n'évoqua pas l'Arabie saoudite, s'en tenant à des déclarations de principes sur la nécessité d'un dialogue avec l'opposition au Bahreïn. La différence de traitement avec l'Égypte est d'autant plus étonnante que les liens avec les militaires des deux pays du Golfe étaient tout aussi importants et représentaient un levier potentiellement aussi puissant.

Au terme de cette analyse, que dire de l'impact du Printemps arabe sur le positionnement de Barack Obama en matière de promotion de la démocratie ? Tout d'abord qu'il n'est pas facile d'apporter une réponse très tranchée. D'une part, il semble que ses convictions n'aient pas beaucoup changé. Les réticences qui étaient les siennes dès le départ demeurent, ainsi que les priorités, qui se trouvent toujours ailleurs, notamment la lutte contre le terrorisme et le pivot vers l'Asie. Et pourtant entre le discours du Caire et celui du 19 mai 2011, sa rhétorique a beaucoup évolué parce que le Printemps arabe l'a obligé à clarifier et à définir son positionnement. Il faut cependant distinguer les principes énoncés dans son discours de mai 2011, qui mettent la promotion de la démocratie au cœur de la politique étrangère des États-Unis et les moyens envisagés pour cette promotion, qui, eux restent ceux qui avaient déjà choisis avant le Printemps arabe, et qui exclut toute pression directe, tout soutien proactif à la démocratie, tout changement de régime et toute intervention – celle de Libye représentant l'exception (d'ailleurs toute relative) la règle. Une certaine ambivalence donc, mais que l'on peut expliquer. Le

[29] C'est d'ailleurs ce qui se produisit par l'intermédiaire du Conseil de Coopération du Golfe, dominé par l'Arabie saoudite, qui envoya des troupes le 14 mars, soit deux jours après le départ de Gates.

Printemps arabe, a en effet permis à Obama de réconcilier son parti avec le wilsonisme, de mettre en sourdine le réalisme qui s'était développé en réaction à la politique de George W. Bush et de clamer que les EU restaient les défenseurs et les bienfaiteurs de la démocratie en dépit de son relatif déclin et de ses problèmes économiques. Ce qui frappe cependant si on compare ces discours avec ceux de ces prédécesseurs, c'est qu'il ne va pas au-delà : il dit que les EU ont une responsabilité en tant que grande puissance et modèle démocratique, mais que cette responsabilité consiste à aider les peuples désireux de s'engager sur cette voie, tout en s'abstenant de tout prosélytisme démocratique. Pour lui, le fait que les États-Unis soient la nation phare de la démocratie libérale, dont il n'a d'ailleurs cessé de vanter les mérites et de se présenter comme un pur produit, ne doit pas les faire succomber à la tentation de vouloir façonner le monde à leur image. En d'autres termes, il n'associe nullement la promotion de la démocratie dans le monde à une mission américaine.

Dans ce domaine comme dans d'autres, Obama a défini sa propre voie, une voie médiane, située à mi-chemin entre l'approche réaliste basée sur l'intérêt national, la souveraineté et la non-ingérence dans les affaires intérieures des autres nations (donc hostile à toute promotion active de la démocratie) et l'approche dont les néo-conservateurs se sont fait les champions, consistant à mettre la puissance des États-Unis au service actif de la démocratie partout dans le monde, d'en faire l'alpha et l'oméga de la diplomatie américaine, la solution à tous les problèmes dans le monde et donc à ceux auxquels sont confrontés les EU, à commencer par le terrorisme. Pour autant, il n'a pas non plus été indifférent au sort de la démocratie dans le monde, n'a fait montre d'aucun cynisme, n'a pas été le chantre du nationalisme étriqué qui semble caractériser l'approche de son successeur. Sa voie est médiane, plus modeste et plus pragmatique ; elle consiste à promouvoir la démocratie là où c'est possible, en tenant compte de la réalité du monde tel qu'il est, sans placer cette politique dans un récit transformationnel fondé sur l'exceptionnalisme. En cela il se distingue autant de son prédécesseur républicain que de Bill Clinton, et de son insistance sur les États-Unis comme nation indispensable. L'approche privilégiée par Obama permet de concilier la promotion de la démocratie avec la responsabilité d'une grande puissance de gérer un monde perçu comme complexe et rétif à toute tentative de simplification, fusse celle du rêve démocratique. Sa politique de promotion de la démocratie est à l'image de sa politique étrangère, elle procède des mêmes principes et les mêmes réticences.

Bibliographie

Baker, Peter, "Obama Puts Own Mark On Foreign Policy Issues April 14, 2010, The New York Times, p. A10.

Carothers, Thomas, US Democracy Promotion During and After Bush, Washington, D.C., Carnegie Endowment for International Peace, 2007.

-----------------------, Democracy Policy under Obama. Revitalization or Retreat ? Washington, D.C., Carnegie Endowment for International Peace, 2012.

Clinton, Hillary, « Security and Opportunity for the Twenty-first Century », *Foreign Affairs*, Novembre/décembre 2007

--------------------, « New Beginnings : Foreign Policy Priorities in the Obama Administration », Opening Remarks before the House Foreign Affairs Committee, 22 Avril 2009, téléchargeable à : https://archive.org/details/gov.house.hbs.hrs05EI_R2172_090422

-----------------------, Georgetown University Human Rights Speech, 11 décembre 2009, téléchargeable à : https://secretaryclinton.wordpress.com/2009/12/14/secretary-clintons-human-rights-speech-at-georgetown/

-----------------------, À conversation the U.S. Secretary of State Hillary Rhodam Clinton, Council of Foreign relations, 8 septembre 2010, téléchargeable à https://www.cfr.org/event/conversation-us-secretary-state-hillary-rodham-clinton-2.

Diamond, Larry, The Spirit of Democracy: The Struggle to Build Free Societies Throughout the World, New York City:Times Books, 2008, 464 p.

Edwards, John, « Reengaging with the World », *Foreign Affairs*, septembre/octobre 2007

Gates, Robert, Speech at the United States Military Academy, (West Point, NY) 25 February, 2011, téléchargeable sur le site du Ministère de la Défense: http://archive.defense.gov/Speeches/Speech.aspx?SpeechID=1539

Ignatius, David, "Obama's Low-Key Strategy for the Middle East", Washington Post, 6 mars 2011, p. A-21.

Lizza, Ryan "The Consequentialist. How the Arab Spring Remade Obama's Foreign Policy", *The New Yorker*, 2 Mai 2011.

Mann, James, The Obamians. The Struggle Inside the White House to Redefine American Power, New York: The Viking Press, 2012, 392 p.

Joshua Muravchik, "The Abandonment of Democracy", Commentary, Juillet 2009.

Obama, Barack, « Renewing American Leadership », *Foreign Affairs*, Juillet/août 2007

--------------------, Discours inaugural, 21 janvier 2009 : https://Obamawhitehouse.archives.gov/blog/2009/01/21/president-barack-Obamas-inaugural-address

----------------------, Discours du 2 octobre 2002 : http://www.npr.org/templates/story/story.php?storyId=99591469

-----------------, Discours du Caire (4 juin 2009) : https://www.whitehouse.gov/the-press-office/remarks-president-cairo-university-6-04-09

--------------------, Discours à la New Economic School de Moscou (7 juillet 2009) : http://www.voltairenet.org/article160986.html

--------------------, Discours du Ghana (11 juillet 2009) : https://www.whitehouse.gov/the-press-office/remarks-president-ghanaian-parliament

--------------------, Discours à l'Assemblée générale de l'ONU du 23 septembre 2009 : http://www.voltairenet.org/article162228.html

--------------------, Discours à l'Assemblée générale de l'ONU du 23 septembre 2010 : https://Obamawhitehouse.archives.gov/the-press-office/2010/09/23/remarks-president-united-nations-general-assembly

--------------------, President Oboma and President Calderon of Mexico, remarks, joint press conference, 3 mars 2011, https://Obamawhitehouse.archives.gov/the-press-office/2011/03/03/remarks-president-Obama-and-president-calder-n-mexico-joint-press-confer

--------------------, Allocution de Barack Obama à la nation sur la Libye, 28 mars 2011, téléchargeable sur le site du Réseau Voltaire : http://www.voltairenet.org/article169241.html

---------------------, Discours de Barack Obama sur le Moyen-Orient et l'Afrique du Nord, 19 mai 2011, téléchargeable sur le site du Réseau Voltaire : http://www.voltairenet.org/article169979.html

O'Neill, Jim, « Building Better Global Economic BRICs », Goldman Sachs, 30th November 2001. Global Economics. Paper No : 66

Power, Samantha, « Bystanders to Genocide », The Atlantic, septembre 2001, p. 84-108.

----------------------, A Problem from Hell : America and the Age of Genocide, New York, Basic Books, 2002.

Richardson, Bill, « A New Realism », *Foreign Affairs*, janvier/février 2008

Zakaria, Fareed, Le monde post-américain, Paris : Perrin, 2011, 384 p.

Wittes, Tamara Cofman et Masloski, Andrew, Democracy Promotion Under Obama: Lessons from the Middle East Partnership Initiative, Washington D.C.: The Saban Center for Middle East Policy at the Brookings Institution, N°13, May 2009.

Le bilan d'Obama au Moyen-Orient au regard de la presse arabe, de l'espoir à la déception

Boualem Fardjaoui

Docteur, Université de Lille

Introduction

Le fameux discours du Caire du président américain Barak Obama fut un revirement significatif de la politique étrangère américaine envers les États du Moyen-Orient. Il a suscité un espoir démesuré, venant d'un président démocrate, d'origine africaine (par son père) et qui a un deuxième prénom d'origine arabe (Hussein). Les relations entre le monde arabe et les États-Unis devaient entrer dans une nouvelle ère marquée par une plus grande coopération pacifique et la résolution de plusieurs dossiers en suspens, principalement le conflit israélo-palestinien. Mais les espoirs ont été déçus : Obama a réussi le règlement de plusieurs dossiers internationaux, le dossier du nucléaire iranien, le conflit avec Cuba... Pour la presse globalement, et les masses populaires spécifiquement, Obama, au sujet du conflit israélo-palestinien, avait suivi la même politique que son prédécesseur George Bush fils. La seule différence était visible dans le discours politique qui était plus policé chez Obama. Lors des « Printemps arabes », les États-Unis étaient restés à l'écart. Obama était tantôt considéré comme soutenant les régimes arabes autoritaires, tantôt celui qui a permis le départ de certains présidents, comme Hosni Moubarak en Égypte et Zine el -Abidine Ben Ali en Tunisie.

Cet article, via une approche qualitative, a la prétention de décrire la manière dont Obama est vu au Moyen-Orient, à la fin de ses deux mandats, dans une partie de la presse arabe, notamment celle qui est spécialiste des relations internationales (RI). Cette description est représentative des divergences d'opinions, mais elle n'est, en aucun cas, exhaustive.

I. La timide intervention des USA dans la région suite aux « Printemps arabes »

Pour le quotidien panarabe *Al Hayat*, publié à Londres, dans sa version internationale, Obama et son administration ont délibérément laissé l'Europe chercher un règlement des questions sécuritaires qui ont découlé des « Printemps arabes ». L'expérience qui a précédé le gouvernement du président américain, avec la guerre en Irak menée par George Bush fils, a poussé cette administration vers le « pacifisme ». Cela indique notamment la volonté de l'administration d'Obama d'effacer l'image désastreuse laissée au Moyen-Orient par la politique interventionniste du président Bush fils[1].

La diplomatie menée par Obama serait née d'une idéologie initiée par Jimmy Carter et suivie par Bill Clinton (tous deux du parti démocrate) après lui. Elle consiste à mettre en exergue les droits de l'homme comme préalable à toute relation diplomatique avec les États de la région. Obama a poussé cette logique encore plus loin que ses prédécesseurs : il a donné moins d'importance aux alliances étrangères et aux considérations géopolitiques qui seraient devenues caduques. Ce revirement vers plus de droits de l'homme a été facilité par la disparition du bipolarisme de la guerre froide[2].

Selon l'autre quotidien panarabe *Al-Quds Al-Arabi*, publié à Londres lui aussi, Obama et malgré les critiques envers le pouvoir syrien a sciemment laissé pourrir la situation et abandonné le peuple syrien avant même le début de la militarisation de la « résistance » représentée par « l'Armée Syrienne Libre », cela avant l'apparition des groupes radicaux comme Al-Nosra (Al-Qaïda en Syrie) et Daëch.

---

[1] Voir au sujet de l'évolution de la politique étrangère américaine dans le monde arabe notamment pendant les Printemps arabes » : Faouaz Jorjos, «Obama et le monde arabe continuités et changements » *studies.aljazeera.net* (Centre d'études d'Aljazeera), 31/01/2013, http://studies.aljazeera.net/ar/reports/2013/01/20131319444720561.html, consulté le 07/10/2016.

[2] Hazim Saghia, « Sur Obama et l'Europe dans notre région », *Al Hayat*, 26/03/2016.
Ayant conscience que ce papier est destiné à un lectorat francophone principalement, j'ai fait le choix de traduire les titres des documents cités, la transcription ne permettant pas la compréhension du sens voulu (par les titres).

Les États-Unis ont cherché, entre 2011 et 2013, à justifier leur position « négative ». Ils ont insisté sur leur souhait de ne pas intervenir militairement sur le terrain pour soutenir la résistance non islamiste et non radicale, alors que les Syriens n'ont jamais demandé une telle intervention, mais seulement de l'aide militaire pour faire face à la violence du gouvernement syrien et celle de ses alliées : Russie, Iran, Irak et Hezbollah libanais ou de bloquer l'appui de ces derniers à Assad pour que la confrontation se passe entre l'armée syrienne et l'Armée Syrienne Libre, créant ainsi une forme d'équilibre des forces. Obama avait refusé ces deux options. Il a même refusé la création d'une zone sécurisée. Entre autres actions contre la résistance syrienne, Obama a interdit à ses alliés de la région d'armer les résistants avec des armes sophistiquées et a même empêché l'arrivée de convois vers cette Armée Syrienne Libre.

Obama aurait raté en 2012 une « occasion » de modifier les rapports de force sur le terrain en Syrie et modifier aussi le cours de la guerre lorsqu'il refusa la proposition de la CIA et « d'éminents membres » du Conseil de sécurité nationale américain qui avaient suggéré un plan d'armement de l'opposition syrienne pour écarter Assad du pouvoir. David Petraeus, directeur de la CIA de 2011 à 2012, estimait alors qu'il était possible dans le plan proposé à Obama d'interdire à Assad l'utilisation des armes chimiques et empêcher l'apparition de Daëch. Cela permettrait notamment d'éviter la mort de centaines de milliers de civils et le flux de réfugiés vers l'Europe. Il apparaît pour le journal, par la suite, que cette politique américaine s'intéressait plus aux négociations menées avec l'Iran sur la question du nucléaire. Obama était intéressé plus par un accord avec les Iraniens que par la démocratisation de la Syrie. C'était un moyen d'éviter le retrait des Iraniens des négociations menées sur le dossier nucléaire. Ce pragmatisme a poussé ces dernières vers un accord signé le 14 juillet 2015 à Vienne, mais a permis l'enlisement de la guerre et les drames qui en ont découlé.

Al-Quds Al-Arabi estime que cette politique n'était pas nouvelle pour l'administration d'Obama qui aurait préféré, lors de la « révolution verte » en Iran en 2009 soutenir le gouvernement d'Ahmadinejad. Ce comportement est une sorte de feu vert donné aux Gardiens de la Révolution pour mener une répression afin d'en finir avec ce mouvement populaire de la manière la plus « sauvage » et cela sans aucune conséquence sur le gouvernement iranien de l'époque.

La même situation est arrivée en Irak en 2010 lorsque Obama tient un accord avec l'Iran pour installer Nouri Al Maliki Premier ministre à la place de Iyad Allaoui, renversant ainsi la démocratie naissante dans ce pays et installant le « pire dictateur qu'a connu l'Irak », notamment à cause de sa politique sectaire de marginalisation et de division qui a contribué à la création de Daëch.

La réaction d'Obama était décevante lorsqu'Assad utilise l'arme chimique en août 2013 et défit le monde et « les lignes rouges » fixées le président américain lui-même ; ce dernier, au lieu de saisir l'occasion pour « punir » et « renverser » le président syrien, a préféré conclure un accord sur le chimique avec la Russie. Il a ainsi donné « le feu vert pour précipiter la guerre confessionnelle contre l'opposition syrienne modérée » (entre alaouites et sunnites) et n'a pas stoppé les « atrocités » commises sur le peuple syrien.

La question syrienne, selon *Al-Quds Al-Arabi*, est avant tout géopolitique liée à la position de l'Iran au Moyen-Orient. « En 2014, l'Iran avait décidé du sort du président en Irak, a fait tomber un président au Liban, a perturbé la présidence du Yémen et a maintenu le président syrien au pouvoir ». En d'autres termes, l'Iran a dominé ces pays politiquement, et militairement sans aucune réaction des États-Unis. Ce qui semble être une reconnaissance officielle de ce qu'exige l'Iran [comme rôle au Moyen-Orient] depuis des décennies »[3].

Après les faveurs d'Obama à l'Iran, le tour est venu pour la Russie d'en de même selon *Al-Quds Al-Arabi.* Le rôle russe s'est cristallisé suite à l'accord sur les armes chimiques syriennes et surtout suite à l'accord de Genève 2 après le deuxième round de discussions entre le gouvernement syrien d'Assad et l'opposition (conférence de paix du mois de janvier 2014). Cette conférence selon *The Guardian* relayé par *Courrier International,* même si elle ne pousse pas à « l'optimisme », a vu naître une certaine volonté de la part des États-Unis et de la Russie de « chercher un terrain d'entente »[4], ce qui

---

[3]Ali Hussein Bakir, « Le Bilan d'Obama en Syrie : poudre aux yeux », *Al-Quds Al-Arabi* 07/05/2016, http://www.alquds.co.uk/?p=530231, consulté le 30/09/2016.

[4] Chris Doyle, « Quatre clés pour comprendre la conférence de Genève 2 », *Courrier International*, 22/01/2014, http://www.courrierinternational.com/article/2014/01/22/quatre-cles-pour-comprendre-la-conference-de-geneve-
, consulté le 01/10/2016, de l'article original du *The Guardian*, « 4 things you need t

confirme, ne serait-ce qu'en partie, la thèse avancée par *Al-Quds Al-Arabi* sur la détermination des États-Unis de se délaisser du dossier syrien et de laisser le champ libre à la Russie au nom de la guerre contre le terrorisme. Le résultat de la politique d'Obama au Moyen-Orient est l'affaiblissement des alliés traditionnels des États-Unis comme la Turquie et l'Arabie Saoudite et le renforcement de leurs adversaires, aussi traditionnels, que sont l'Iran et la Russie, mais surtout la mort de centaines de milliers de civils et le déplacement de millions d'autres. Au final, Obama, selon le quotidien *Al-Quds Al-Arabi,* a fini par accepter qu'Assad puisse rester au pouvoir au détriment de son peuple : Obama « reconnaît le départ du peuple syrien et le maintien de Assad[5] ».

II. La France, un allié de substitution au Moyen-Orient

L'évolution diplomatique de l'administration américaine d'Obama, son retrait partiel des questions moyen-orientales[6] et les positions de la France, notamment sur les dossiers du nucléaire iranien et du Yémen, ont poussé les pays du Golfe à trouver d'autres soutiens parmi leurs alliés occidentaux. La France se trouve alors en position de pointe, vu ses capacités, principalement dans le domaine militaire. Le choix de la France par ces pays trouve son origine dans la position de son gouvernement vis-à-vis du dossier du nucléaire iranien qui était plus dur et plus critique que les autres pays qui négociaient un accord avec l'Iran. Le choix est notamment lié au soutien français aux opérations militaires menées sous le leadership de l'Arabie Saoudite au Yémen contre les milices chiites (Houthi) soutenues par l'Iran.

La place stratégique de la France s'est renforcée dans la région grâce aux contrats d'armement signés par plusieurs pays : 3 milliards

---

o know about Geneva II », *The Guardian*, 22/01/2014, https://www.theguardian.com/commentisfree/2014/jan/22/geneva-ii-syria-5-things, consulté le 01/10/2016.

[5] Ali Hussein Bakir, *op. cit.*

[6] Ardh Amrou Abd Al Ati, « La Nation délaissée : la politique étrangère américaine est en recul », *Studies.aljazeera.net* (Centre d'études stratégiques d'*Al Jazeera*), 24/11/2013, http://studies.aljazeera.net/ar/bookrevision/2013/11/201311241157243627O9.html, consulté le 07/10/2016.

de dollars avec le Liban (contrat « Donas »[7] financé par l'Arabie Saoudite en novembre 2014) et 7 milliards de dollars avec le Qatar (vente de 24 avions Rafale en mai 2015). Ces contrats, et plusieurs autres en route, ont conféré à la France une place diplomatique non conventionnelle dans la région du Golfe.

La présence du président français François Hollande au sommet du Conseil de Coopération des États du Golfe (CCG) le 5 mai 2015 prouve ce rapprochement, sachant que le président français est le premier chef d'État européen qui assiste à cette réunion. Ce sommet a abordé des questions sécuritaires très importantes pour les États du Golfe, le dossier du nucléaire iranien, les conflits au Yémen, en Irak et en Syrie. Il a précédé un autre sommet aussi important entre les États de cette région et le président américain Obama à Camp David et qui a abordé les mêmes sujets. La mission du président américain était très ardue pour convaincre les États du Golfe du bien-fondé d'un accord sur le nucléaire iranien et sur l'action des États-Unis en Irak et en Syrie[8]. De leur côté, les chefs des États du Golfe devaient passer le message suivant : les États du Golfe ont trouvé d'autres alliés stratégiques, notamment la France. Cette nouvelle situation risque d'écarter la puissance américaine de la prise de décisions concernant cette région devenue moins stratégique pour les États-Unis depuis que le pétrole de schiste américain a commencé à remplacer les importations venues du Moyen-Orient.

---

[7] Le déroulement des livraisons a connu beaucoup de péripéties à cause de la volonté saoudienne - peut-être pour des raisons d'influences internes au royaume entre les anciennes équipes qui tenaient le commerce des armes jusqu'à l'arrivée du nouveau Roi Salamane Ben Abdelaziz Al Saoud suite à la mort du Roi Abdallah Ben Abdelaziz Al Saoud le 23 janvier 2015 - d'écarter l'intermédiaire français, la société Odas. Nathalie Guibert, « De contrat d'armement franco-saoudien bloqué par Riyad », *Le Monde.fr*, 19/01/2016, http://www.lemonde.fr/proche- orient/article/2016/01/19/liban-le-contrat-d-armement-franco-saoudien-bloque-par-riyad_4849732_3218.html#kHDhrokAJwIMFY2D.99, consulté le 04/10/2016.

[8] Jamal Abdallah, « Les Espoirs et les aspirations des Etats du Golfe du sommet de Camp David », *studies.aljazeera.net* (Centre d'études d'*Aljazeera*), 12/05/2015, http://studies.aljazeera.net/ar/reports/2015/05/201551294925541574.html, consulté le 04/10/2016.

III. Obama et le conflit israélo-palestinien, de l'espoir à la déception

« La promotion de l'argument selon lequel l'administration d'Obama est différente dans la gestion du conflit israélo-palestinien de celles qui l'ont précédé est une illusion. Ce ne sont pas plus que des aspirations. Il n'y a aucune preuve matérielle forte et claire [démontrant] que l'administration actuelle est différente des deux précédentes ». Voici comment Asad Ghanim[9] du Centre d'études d'Al Jazeera perçoit la position américaine vis-à-vis du conflit israélo-palestinien.

L'élection d'Obama à la tête des États-Unis a fait naître un immense espoir de résolution du conflit israélo-palestinien chez beaucoup de Palestiniens, d'Israéliens et d'activistes internationaux. Cet espoir est né grâce à la qualité de noir américain d'Obama et des liens avec des membres musulmans de sa famille. Il était notamment proche de personnalités palestiniennes comme Édouard Saïd. Son passé de défenseurs des plus faibles et des démunis avant son élection en tant président y est pour quelque chose dans cet espoir. À cela, il faut ajouter le fait que sa campagne électorale s'est déroulée grâce aux dons de petits donateurs et non ceux de grandes sociétés et de grands donateurs qui seraient en partie susceptibles de « soutenir » Israël.

Les commentateurs s'attendaient, suite à sa première élection, à ce que son administration soit plus pragmatique en étant plus exigeante à l'égard d'Israël, protégeant ainsi les intérêts stratégiques des États-Unis dans le monde arabe et islamique. Ces commentateurs, et sans avoir une preuve matérielle et en se fondant seulement sur le passé d'Obama, ont estimé qu'Israël allait se soumettre aux exigences de paix qui seraient dictées par la nouvelle administration. Ces commentateurs se sont trompés dans leurs analyses de départ malgré

---

[9]Asaad Ghanim, « Les Illusions de compter sur Obama pour résoudre le conflit israélo-palestinien »,
studies.aljazeera.net (Centre d'études d'*Aljazeera*), 19/06/2011, http://studies.aljazeera.net/ar/reports/2011/2011921164710531939.html, consulté le 5/10/2016.
Voir au sujet de l'intérêt que porte Obama, selon la presse arabe, au conflit israélo-palestinien, Mohammad Mohammad Ali, « La Visite de Biden aux territoires occupés est un « show médiatique » avant le départ d' Obama », *Al-Ahram*, 05/03/2016, http://gate.ahram.org.eg/News/873536.aspx, consulté le 07/10/2016.

les signes avant-coureurs qu'Obama n'allait pas satisfaire leurs espoirs. Des changements de personnalités ont été accomplis pour ne pas mécontenter les « défenseurs d'Israël » : il devait installer Robert Malley[10] comme conseiller lors de sa première campagne électorale, ou encore la nomination de Charles Freeman comme directeur du Conseil national de renseignement (Director of National Intelligence), mais il s'est rétracté, car les deux sont considérés comme proches des positions arabes.

Selon l'opinion majoritaire exprimée dans le monde arabe en général et la presse arabe en particulier, l'évolution des positions d'Obama depuis qu'il soit devenu président montre une déviation vers plus de soutien aux positions du gouvernement israélien composé d'une alliance « extrémiste de droite »[11] sous la direction de Benjamin Netanyahou. D'un autre côté, Obama a effectué des nominations de personnalités « connues pour leur soutien à Israël » comme Hillary Clinton à la tête du département d'État de 2009 à 2013, Dennis Ross comme conseiller spécial pour la région du Golfe persique et de l'Asie du Sud-Ouest de 2009 à 2011 ou David Axelrod comme conseiller média lors de sa campagne de 2008.

La nomination de George Mitchell, le 22 janvier 2009, comme envoyé spécial au Moyen-Orient où il devait participer, grâce à sa grande expérience dans la résolution du conflit en Irlande entre Protestants et Catholiques (1996 et 1998), à la résolution du conflit entre Israéliens et Palestiniens. Mitchell avait imposé aux belligérants en Irlande un calendrier défini : la fin de la violence, le respect de la démocratie et l'intégration des parties considérées comme illégitimes

---

[10] Robert Malley a servi sous l'administration du président Bill Clinton dans la période entre 1994-2001. Il a tenu plusieurs fonctions liées au conflit israélo-palestinien.
Il a participé à la campagne électorale du président Barack Obama en 2008 et à la conférence de paix de « Camp David 2 ». Il avait critiqué les partis israélienne et palestinienne pour avoir fait échouer les négociations au contraire de Clinton qui n'avait accusé que le dirigeant palestinien Yasser Arafat. Il a, entre autres, exprimé le besoin d'impliquer le Hamas dans les négociations entre les Palestiniens et les Israéliens, ce qui a soulevé l'indignation des responsables américains et israéliens. Voir l'article non signé, « La Nomination d'un Juif d'origine égyptienne à la Maison Blanche conseiller pour les affaires du Moyen- Orient », *i24 News*, 07/03/2015, http://www.i24news.tv/ar, consulté le 05/10/2016.

[11] Asaad Ghanim, *op. cit.*

ou terroristes. Mais il est surtout intervenu comme troisième partie impartiale qui souhaite imposer un plan clair de réconciliation.

Pendant les négociations entre Israéliens et Palestiniens, Mitchell a conseillé l'administration américaine de proposer un plan clair pour une solution claire. Il a conseillé une intervention américaine équilibrée et impartiale entre les belligérants. Il a par exemple demandé à l'Autorité palestinienne de mettre fin aux opérations militaires de la « résistance » et la collaboration sécuritaire avec Israël, ce que l'Autorité palestinienne avait appliqué. De l'autre côté, il a demandé au gouvernement israélien d'arrêter la colonisation qui a modifié constamment les « réalités du terrain », ce qu'Israël avait refusé. Les « humiliations » et les « provocations » du gouvernement israélien aux responsables américains au sujet de la colonisation, selon la presse, ont excédé Mitchell qui, n'ayant pas pu convaincre Obama de prendre des décisions contraignantes contre Israël, présente sa démission le 13 mai 2011.

Obama, selon la presse, ne veut pas ou ne peut pas effectuer un revirement dans la politique de son prédécesseur George Bush fils. Il aurait renoncé de faire face à Israël. Les exigences de ce dernier étaient devenues une ligne rouge à ne pas dépasser pour Obama et son administration.

L'avènement des « Printemps arabes » aurait pu pousser les États-Unis vers un soutien à une solution au conflit israélo-palestinien. La position du gouvernement américain envers ces révolutions avait amélioré temporairement son image auprès des populations arabes qui se sont élevées contre l'oppression et pour l'amélioration des conditions sociales, économiques et surtout politiques de leur pays. Si une solution juste n'était pas trouvée au conflit israélo-palestinien, les gouvernements de ces pays étant élus démocratiquement seraient, au contraire des gouvernements post-révolutions, opposés aux États-Unis et aux Occidentaux en général.

L'encouragement de l'intervention occidentale en Libye prouve que les sociétés arabes, gouvernements et peuples, étaient prêtes à accepter de traiter avec les États-Unis sur la base des intérêts communs, notamment celui de la résolution du conflit israélo-palestinien en prenant en compte les intérêts des belligérants. La non-résolution juste du conflit mènerait vers des choix politiques, lors des élections dans les pays des « Printemps arabes », plus hostiles à l'Occident en général et aux États-Unis et Israël en particulier.

Selon Asaad Ghanim, les discours d'Obama du 19 mai 2011 dans le Département d'État et du 22 mai de la même année devant l'AIPAC[12] (American Israel Public Affairs Committee), lobby pro-israélien, prouvent que le président américain a suivi la même politique que ses prédécesseurs Bill Clinton et George Bush fils au sujet de la question palestinienne. Il a exigé des Palestiniens, comme ses prédécesseurs, de prouver leur volonté de paix, d'accepter l'essentiel des colonies dans les territoires palestiniens et d'échanger leurs terres sur la base des frontières de 1967. Il a souhaité repousser la résolution de la question de Jérusalem à plus tard.

Il a refusé d'imposer une solution laissant ainsi la négociation résoudre le conflit. Il aurait de cette manière privilégié Israël qui s'imposerait avec sa plus grande puissance aux Palestiniens. C'est, selon la presse arabe généralement, ce que cherche Israël et ses soutiens aux États-Unis, notamment Dennis Ross. Cette politique a poussé l'envoyé spécial du président américain George Mitchell à la démission puisqu'il favorisait l'imposition, par les États-Unis, d'un agenda défini et chronologique des négociations.

Obama voulait que les négociations se fassent sur les deux questions, la sécurité et les frontières avec le report des sujets essentielles pour les Palestiniens que sont les réfugiés et le statut de Jérusalem. La signature d'un traité de paix ne signifie pas, selon Obama, la fin du conflit. Ceci démontre la difficulté de le résoudre et l'incapacité des États-Unis d'imposer une solution acceptée par les deux belligérants, surtout du côté israélien.

Conclusion

Obama selon la presse, notamment spécialiste, dans le monde arabe a réussi dans beaucoup de domaines spécialement au sujet des

[12] Sur le lobbying pro-israélien et la question palestinienne : Faouaz Jorjos, « Les Fondements de la politique étrangère d'Obama dans son second mandat » *studies.aljazeera.net* (Centre d'études d'*Aljazeera*), 05/02/2013, http://studies.aljazeera.net/ar/reports/2013/01/20 1313193418907443.html, consulté le 07/10/2016.

questions américaines internes ; il a su imposer la couverture médicale universelle (« Obama care ») et le mariage entre personnes de même sexe ; il a signé le 4 février 2016 le traité de partenariat Trans-pacifique « Trans-Pacific Partnership Agreement » qui vise une intégration économique des régions d'Asie-Pacifique et Amérique ; il a rétabli les relations diplomatiques de son pays avec Cuba et il a signé un accord sur le nucléaire iranien, normalisant ainsi les relations avec ce pays (bien qu'une partie de la presse fut hostile à cet accord).

Mais Obama, au contraire de ses réussites, a eu un échec retentissant dans sa guerre contre le terrorisme surtout en Syrie et en Irak. Selon une partie de la presse, qui souhaitait plus d'intervention de la part des États-Unis, Obama se contente de petites opérations destinées, entre autres, à cibler quelques chefs terroristes. En revanche, il n'a pas considéré cette guerre comme essentielle pour les États-Unis, car celle-ci se déroulait loin de ses frontières géographiques et des intérêts de son pays (le pétrole de schiste ayant permis l'autosuffisance énergétique des USA et la fin de la dépendance au pétrole du Moyen-Orient). Cela, bien évidemment avant la vague d'attentats terroristes menés par le groupe Daëch sur son territoire. Obama ne voulait particulièrement pas considérer la guerre contre le terrorisme comme centrale aux États-Unis et se démarque, en cela, de la précédente administration de George Bush fils. Sur cette question, Obama, selon la presse, estime que c'est à l'Europe de mener cette guerre contre le terrorisme pour deux raisons : la première est la proximité géographique de l'Europe par rapport au terrain du conflit (Syrie et Irak) et la deuxième est liée au fait que plusieurs pays ont été touchés directement par des opérations terroristes qui trouvent leur source dans la région[13].

Au sujet du conflit entre Israéliens et Palestiniens, la presse admet globalement l'incapacité et la difficulté pour Obama de le résoudre. La raison est que le président américain, soit ne pouvait pas/soit ne souhaitait pas imposer aux Israéliens une solution au conflit pour des raisons de politique américaine interne avant tout. Le rôle des lobbys pro-israéliens est mis en avant pour expliquer l'attitude d'Obama.

Au final, si la presse s'accorde sur le pragmatisme de Barak Obama dans ses relations internationales, elle ne s'accorde pas sur ses

---

[13] Hazem Saghia, « L'Amérique qui n'est pas vu dans le monde arabe », *Al Hayat*, 30/06/2015.

résultats qui sont vus généralement comme négatifs sur la région, principalement sur l'Irak, la Syrie et les territoires palestiniens, soit par ceux qui souhaitent une plus grande intervention des États-Unis dans la région, soit par ceux qui veulent le contraire, voire d'autres qui privilégient des interventions limitées géographiquement et chronologiquement.

The Obama Administration's Policy Toward The Middle East and The Arab Democratic Transition

Mokhtar Ben Barka

Professeur, Université Polytechnique des Hauts-de-France

As defined by the U.S. Department of State, the goals of the foreign policy of the United States are "to build and sustain a more democratic, secure, and prosperous world for the benefit of the American people and the international community" (U.S. Department of State, 2004). In reality, foreign policy is a complex process which changes in response to events or changes of administration in Washington. Since World War II, the United States has vacillated between a "realist" foreign policy that places national interests and security above ideology, ethics and morality, and an "idealist" policy that aims at promoting the ethical and philosophical values of the country, that is, democratic values and human rights. Pursuing these two competing goals – values and interests – often results in a policy which seems incoherent, and even duplicitous, to the outsider.

The Middle East and the Arab World provide a very good example of the ambivalence of U.S. foreign policy. Not only has the United States influenced for the last half century the Middle Eastern politics, but it has also fought to preserve its preeminence in the region and "to prevent revolutionary challenges that could threaten its national interests" (Gerges, 2012, p. 2). In attempting to combine realism and idealism, George W. Bush elaborated a reform agenda for the Middle East, called "Freedom agenda", which was based on the premise that the best way to protect American interests in the long run was through the active and coercive promotion of democracy. America's interests and values, Bush argued, were one and the same. Yet, the Bush administration had done considerable damage to America's vital national interests and moral standing in the world. By the end of his presidency, relations between the United States and Muslim countries had reached the lowest point in the sixty years of engagement in the area – "the attitudes of many Muslims towards American foreign policy had hardened into open hostility" (Ibid., p. 7).

As a candidate, Barack Obama showed a desire to balance interests and values. In his inaugural address, he made clear that his approach to international affairs was distinctly different from his predecessor's. When Obama first came into office, he relied not on abstract moral values, or military strength, but on real partnerships with other nations. Common security interests, alliances, and multilateralism in international relations became the principles of his foreign policy. As he wanted to step away from idealism, he did not mention democracy or the wish to protect human rights. The objectives of reform and democracy were couched in the language of U.S. interests rather than the sharp moral language George W. Bush used. In 2015, President Obama defined what has come to be known as the "Obama Doctrine." In this matter, he declared: "We will engage, but we preserve all our capabilities" (www.nytimes.com). As Obama understood, it, engagement represented a better bet than coercive diplomacy, ostracizing enemies or resort to force.

While he proposed a dramatic shift from George W. Bush's "unilateralist" approach, and projected a new posture toward the Middle East, Barack Obama has, at the same time, recognized that America's core national interests, most notably security of energy resources, must be preserved. To understand the American foreign policy towards the Middle East and the Arab world, we need to identify the fundamental national interests of the United States in that part of the world. This will be helpful to gain insight into the American approach to the spread of democracy in the Middle East and to how the American government responded to the Arab Spring.

I. AMERICAN INTERESTS IN THE MIDDLE EAST AND THE ARAB WORLD

There are at least five factors that are, and will remain, at stake in U.S. relations with the Middle East and the Arab world. First, Americans need a great deal of energy. Once the world's biggest oil exporter, the U.S. is now the world’s biggest oil and gas importer. Americans depend on the global oil market for imports that meet two–thirds of their demand for petroleum products. In turn, the global oil market depends, to a great and growing extent, on Arab oil. The Arab countries now supply 1/4 of the world's oil, and produce 35 % of the world's traded gas. This percentage is expected to double in the coming years (Freeman, 2007).

Second, Americans have a major economic interest in encouraging the Arabs to reinvest the money they earn from energy sales in ways that benefit the American economy. More than thirty years ago, as increased oil prices generated a considerable increase in revenues, Arab oil producers made a commitment to plow their “petrodollars” back into the American economy. Both the U.S. and they benefitted greatly from this initiative. But, today Arabs doubt that money they put in the U.S. can be secure from politically motivated intervention by the U.S. monetary authorities. The result has been Arab disinvestment from the United States, followed by the redirection of new investment elsewhere, for example to China. This shift may have a serious impact on the U.S. economy.

Third, Americans have acquired a clear national interest in achieving a lasting settlement of the Israel-Palestinian conflict. Israel cannot hope to enjoy peaceful coexistence with its Arab and Muslim neighbors through endless military intimidation of them or their Palestinian kin. Nor will the Arabs accept the legitimacy of a Jewish state in their midst if Israel rules its captive Arab population under the cruelties of martial law while highhandedly expanding its borders at Arab expense. Until it negotiates peace with the Palestinians, Israel will remain under siege and insecure. In terms of US interests, a genuine peace between Israelis and Palestinians is an imperative (Singh, 2012, pp. 111-138).

A fourth interest arises from the fact that Arab countries and predominantly Muslim lands like Indonesia, Malaysia, and Iran straddle (or partly control) some of the world's major transportation routes. The Straits of Lombok, Macassar, Malacca, Hormuz, and the Bab el–Mandeb are vital links in the energy trade. It is impossible to travel between Asia (which is becoming the world's economic center of gravity) and Europe without transiting these countries' air or sea space. The status of the U.S. as a global power depends on the maintenance of a permissive environment for the transit of the US armed forces. In military affairs, the US has a big stake in sustaining cooperative military ties with the Arabs and other Muslim peoples and access to their air and sea space (Freeman, 2007).

The fifth and last interest is the fact that the United States' relationship with the Arab world has grown from a minor concern sixty years ago to become a top priority; "After the attacks of 9/11, the Middle East became the key theater of U.S. foreign policy for the first time in American history" (Singh, 2012, p. 113). Since 9/11, the Arabs and Americans have worked hard to vilify each other. Each side has succeeded in blackening the reputation of the other. The United States has an interest in preventing and, ultimately, reducing anti–Americanism, especially anti–Americanism that takes the form of terrorist action against Americans. As Americans have drifted into what is now seen among Muslims everywhere as an assault on Islam and its believers, they have steadily broadened the political base of Arab and Muslim anti–Americanism.

It is evident that stability in the Middle East is very important for the United States because this region serves American interests. The Middle East is where the world's energy resources are concentrated. It is also where injustice and unrest can easily stimulate terrorists with global reach to attack the West. A single tremor in such a place can trigger a political-economic tsunami (Freeman, 2007). This explains American support for dictatorial regimes and dictators who promise to protect American interests. But, as Fawaz A. Gerges argued, the Arab authoritarianism that stabilized and protected US interests for a half century is beginning to seem not so stable (Gerges, 2012, p. 1). A powerful current of revolutionary social change is eroding the very foundations of America's friends, and foes alike.

II. OBAMA'S VISION OF THE ARAB MIDDLE EAST

There is a basic difference between Obama and his predecessor. Contrary to the latter who wanted to promote democracy in Arab countries, Obama had little interest in changing Arab governments. Rather, "he would get them to admit us into their world" (Peretz, 2011, p. 8). He was obviously more preoccupied by domestic policy than the U.S. relative decline in comparison to China, India, and other rising geostrategic and geopolitical powers. In this respect, Robert S. Singh argues that "the administration's policy reflected less a sober assessment of geopolitical risks than the compelling domestic electoral imperative for a progressive president to distance himself from his predecessor's militarism" (Singh, 2016, p. 9). Candidate Obama had been elected to end two inherited wars, not commence new ones.

Also, if Obama did not share his predecessor's determination to promote democracy in Arab countries, it was also because he approved the idea that countries with impoverished populations needed to develop economically before they were prepared for open political systems – a common argument that democracy promoters often run up against (Ibid). He seemed to adhere to the assumption that there was no third way, no public opinion, only an "Arab street" – code for the notion that Muslims, if allowed to vote, would make the wrong choices, that democratic forces, untried and unknown, would not be as flexible and accommodating to U.S. interests in the region as autocrats (Gerges, 2012, p. 14).

Democracy, according to several analysts, combines two distinct political traditions. One is popular sovereignty, rule by the people through representatives chosen in free elections. The other tradition is liberty, which is often called freedom, and comes in three forms: economic liberty; religious liberty ; and political liberty. The practice of popular sovereignty without the safeguards of liberty, history shows, can have disastrous results (Mandlebaum, 2009). Liberty is difficult to establish. The relevant institutions, skills, and values take time to develop and cannot be imported, ready-made, from abroad. The practice required to operate a market economy, when transferred to the political sphere, provide the basis for democratic politics. Market economies are underdeveloped in the Arab world chiefly because of the massive revenues that the countries of the region earn from oil. Arab countries, according to this point of view, lack some of the conditions that have fostered democracy in other parts of the world, while having other ethnic, religious, and national features that actively obstruct the establishment and flourishing of democratic politics and government (Ibid).

Despite the disappointing results of the Bush administration's efforts and Obama's lack of enthusiasm for democracy promotion, the deeply-rooted and longstanding American commitment to the spread of democracy will not disappear from the American foreign policy agenda. Democratization is an American interest. This is not only for philosophical and ethical reasons, which are self-evident, but also for concrete ones. The United States is a political community created on the basis of a set of founding principles that have been important in all aspects of American public life, including its foreign policy. In fact, every president since the first one, George Washington, has endorsed the proposition that the American form of government should spread beyond North America.

There is no doubt that establishing democracy abroad is a useful goal for American foreign policy. The United States has a strong interest in a peaceful world and many studies have demonstrated that democratic governments tend to conduct more peaceful foreign policies than non-democracies. But democratization as a pillar of American foreign policy does not mean invasions and covert actions. It means that Americans support and encourage the citizens of an authoritarian country who have been aroused to struggle for democracy on their own. Most people struggle for democracy because they wish to live a dignified life, in openness and in prosperity, not because they wish to replace one tyranny with another.

The United States has the resources, capabilities and expertise to support those who seek peaceful, meaningful democratic reform. Support for emerging Arab democracies is an investment Americans cannot afford not to make. Without American support, it is very hard for well-intentioned reformers to challenge those who control the guns, the roads, and oil. The U.S. should work with the European Union, the United Nations Organization, the World Bank, and other international bodies to create a "Fund for Openness" that can provide assistance and aid for the key anchors of democratic politics: a free press, a fair judiciary, and basic safety for dissidents, international peacekeepers (Freeman, 2007). American investments in the Middle East must look to the long-term interests of the region and of the United States. The president should reject all claims about immediate "success" and argue that the United States has a generational commitment to stability, prosperity, and democracy in the Arab world (Ibid). The promise of more participatory politics in the Middle East demands serious and sustained American actions. The United States has a unique opportunity to invest in the modest interpersonal, intergovernmental, and intergenerational changes that will help convert failed states into peaceful nations (Ibid).

Many Arab countries, including Egypt and Saudi Arabia have resisted American pressure to open their political systems on the grounds that to do so would enhance the power of radical anti-American forces such as the Muslim Brothers and al-Qaeda. The United States can do something to remove this obstacle to Arab democracy. Reducing the oil revenues that flow into the Middle East would weaken, if not topple, the major regional barriers to popular sovereignty and liberty. Reducing American consumption of oil by raising the price of gasoline is the most important contribution the United States can make to the causes of Arab democracy. "American diplomacy," concludes Ryan Lizza, "should not turn away from emphasizing the virtues of bringing the world democracy (Lizza, 2011).

III. THE UNITED STATES AND THE ARAB SPRING

The protests were sparked on December 17, 2010 by the self-immolation of Mohamed Bouazizi, a 26-year-old Tunisian man who was unable to find formal work and whose fruit cart was confiscated by the police. Educated youth and workers in Tunisia and Egypt have been carrying out local protests and strikes for years to call attention to high unemployment, low wages, police harassment, and state corruption. This time, their protests combined and spread to other demographics (Goldstone, 2011, p. 12). Emboldened by this uprising, citizens of Jordan, Egypt, Yemen, and Algeria joined in similar protests of government corruption and authoritarianism. It is important to emphasize that the aspirations of those who made these revolutions are rooted in their domestic experiences: people were moved by the illegitimacy and inefficacy of state institutions, rampant corruption and inequitable distribution of wealth, the concentration of power in the hands of parasitic elite. The United States did not shape developments either in Tunisia or Egypt. The popular uprisings in these countries are not America's, they are not by Americans, for Americans or against them. As Hussein Agha and Robert Malley put it, “The young Egyptians and Tunisians do not care about the US reaction. The last thing that people in Egypt or Tunisia have in their minds today is what the U.S. thinking” (Agha and Malley, 2011). And then there are the Islamists. They see the Arab awakening as their golden opportunity. This was not their revolution nor was it their idea. But, they hope, this is their time (Ibid).

Equally important is the role of information technology used by activists in Tunisia, Egypt, and Libya to share ideas and tactics. What is in fact fascinating about the Arab Spring is that it was facilitated by new technologies such as Facebook, YouTube, and Twitter, allowing people to communicate amongst themselves in real time and in a very widespread one. The governments in the region are struggling to control it and to react to it. In Tunisia, they were unable to. In Egypt, they have shut down both Twitter and Facebook intermittently. They have tried to take control of the means of communication. Arab youth remain loyal citizens of particular countries but they have also become netizens of a virtualized Arab commonwealth (Ibid).

How did Obama and the American government react to the revolutions unfolding across North Africa and the Middle East?

Before the outbreak of the popular uprisings in the Arab world in spring 2011, the United States pursued a subtle non-interventionist approach toward promoting democracy in the region. Although President Barack Obama voiced his preference for open governments because they reflect the will of the people – an implicit criticism of Mubarak and other Arab autocrats – he said hardly a word about the widespread violation and abuse of citizens’ rights (Gerges, 2012, p. 103). Until the fall of Tunisian president Ben Ali in early 2011, Obama and his advisers preferred to bolster local autocrats and refrain from saying or doing anything in public that weakened them. During its first two years in office, the Obama administration did not take risks on oppositional forces; its fundamental material interests could not be sacrificed on the altar of human rights and the rule of law. On the other hand, many analysts pointed to Obama’s “twin failure of ignoring intelligence advice about looming threats – most notably ISIS – and refusing to respond effectively once the direction of change became clear” (Singh, 2016, p. 9).

The Obama foreign policy team did not push Middle Eastern dictators to reform. Though it is well known that autocratic Arab rulers suppress political dissent and stifle personal initiative and innovation, Barack Obama came into office cautious about appearing overly interventionist, or, worse, reckless. No mention was ever made of the sins of Middle Eastern autocrats and kings. Before the onset of the Arab popular uprisings, the consensus in Washington was that there was no credible oppositional alternative to the authoritarian political order in the Middle East (Gerges, 2012, p. 103). Islamic-based groups and movements like the Muslim Brotherhood are viewed with suspicion and considered a threat to US national interests; "Pro-Western local autocratic rulers were seen as the lesser evils – pliant, durable, and predictable" (Ibid., p. 104).

The social uprisings of 2011 came as a surprise. Obama and the American foreign policy establishment were caught off guard. This historic blindness follows from faulty concepts and premises about the structure of Middle Eastern societies and policies. As previously noted, the "Arab Street" was portrayed as anti-American and violently irrational. Indeed, as Fawaz A. Gerges, rightly pointed out, "the 2011 Arab uprisings completely shook the foundations of realism in official circles. The revolts forced Obama to reconsider his engagement with the region (Ibid., p. 106).

The events in Tunisia and Egypt have created confusion in the American foreign policy debate. Some conservatives who were only recently champions of Middle Eastern democracy rushed to defend Mubarak. A number of familiar politicians, led by Dick Cheney, who called Mubarak "a good friend", Henry Kissinger criticized the treatment of Mubarak, and Israel and Saudi Arabia called on the administration to stick with him (Cohn, 2011, p. 1). Others on the right were more consistent, applauding the protesters for their stand against autocracy.

Barack Obama seemed irresolute in the early days of the protests, suddenly uncomfortable with the global leadership that was being asked of him. He issued platitudes about liberty, but declined to make a forceful public stand against Mubarak (Ibid). He decided not to call Mubarak to step down. Vice-President Joe Biden in his first reaction to the anti-government protests in Egypt refused to call Mubarak a dictator, and Secretary of State Hillary Clinton went so far as stating her belief that Mubarak was implementing the right reformist policies. She declared that "Our assessment is that the Egyptian government is stable and looking for ways to respond to the legitimate needs and interests of the Egyptian people" (Clinton in Cohn, 2011, p. 1). A few days later, however, H. Clinton changed her tune by suggesting that the Egypt government should prepare for a smooth transition of power. It was hard for the U.S. administration to turn its back on Mubarak, a bedrock of stability and "moderation" in the Arab world against Islamic radicalism. As a signatory to the historic 1979 Camp David peace agreement with Israel, Egypt had been an important if not reliable ally for Washington due to its initiatives to bring peace in the Middle East.

The Arab uprisings in 2011 forced Obama to revisit American foreign policy toward the region and recalibrate his stance on the promotion of democracy. Obama's instinct was to try to have it both ways. He wanted to position the United States on the side of the protesters and to assure the autocratic allies that America did not hastily abandon its friends. But, this wasn't an easy balance to maintain. He feared that the uprising could spin out of control. Obama and his Secretary of State feared that like other revolutions, the Egyptian revolution could be hijacked by anti-democratic Islamist forces, a fear deeply ingrained in the American imagination since the Iranian revolution of 1979 (Gerges, 2012, p. 106). But developments on the ground, forced his hand. He had to abandon two loyal friends in Egypt and Tunisia, Mubarak and Ben Ali, who could not be rescued. As Fawaz A. Gerges observed, Obama's "decision driven more by a realist assessment of national interests than an idealist desire to promote democracy (Ibid).

On January 25th, the first crucial day of the protests in Egypt, and eleven days after the removal of President Zine-el-Abidine Ben Ali, in Tunisia, Secretary of State H. Clinton declared her support for free assembly, but added, "Our assessment is that the Egyptian government is stable and looking for ways to respond to the legitimate needs and interests of the Egyptian people" (Clinton in Cohn, 2011, p. 1). That evening, President Robert Obama delivered his State of the Union address, in which he praised the demonstrators in Tunisia. He declared: "where the will of the people proved more powerful than the writ of a dictator", and expressed support for the "democratic aspirations of all people" (Obama in Cohn, 2011, p. 1). He also expressed support for the "democratic aspirations of all people". But he did not mention Egypt. On January 29th, the United States announced that it supported a transition in Egypt. In Tahrir Square, the protesters erupted in rage at that declaration. Obama now seemed to be uncomfortable taking an attitude of cool detachment from the people in the street. He called Mubarak, and tried to find a graceful way for the Egyptian President to exit. He asked Mubarak if there was a way to alter the constitution to allow for a stable transition. Obama made a public statement saying "An orderly transition must be meaningful, it must be peaceful, and it must begin now" (Ibid). On March 16th, Hillary Clinton flew from Cairo to Tunis to continue her tour of revolutionary North Africa.

According to Jonathan Cohn, "Washington's tardy, ambivalent, and ineffectual official approval of regime change in Tunisia and Egypt has done little to persuade those on the Arab street of American sincerity in supporting their demands for democracy" (Cohn, 2011, p. 1). The American position revealed the inherent contradictions of an administration trying simultaneously encourage and contain the forces of revolution in Egypt. Meanwhile, belated American demands that longstanding protégés of the United States take leave of power has convinced the region's rulers that Washington is undependable—neither faithful to those it befriends nor reliable as their protector. As a result, Arabs, Turks, and even Israelis are no longer convinced – if they ever were – of the wisdom, trustworthiness, and reliability of the United States and its policies. Even the belated American acceptance of Gulf Cooperation Council and Arab League demands for a "no-fly zone" in Libya has perversely backfired. The air attacks on Libya have done more to reinforce the U.S. reputation for heartless brutality to Muslim civilians than to convince Arabs that America is on their side (Ibid).

As noted, Americans firmly believed that revolts would plunge Arab countries into chaos and eventually deliver them into the hands of Islamic radicals. Chaos in Tunisia and Egypt could bring some undemocratic people to power, this time with theocratic inclinations.

Americans could by no means accept the idea that in promoting democracy in the Arab world, could find themselves acquiescing in the inclusion of Islamists such as the Muslim brotherhood in the new arrangements.

The American government admitted that America pushed for reform, but often not hard enough. The President's stirring rhetoric about the prospects of political transformation in the Middle East was not matched with firm initiatives. The focus of his foreign policy was more on security interests than the support for expanding democratic rights in the region. One of the biggest complaints that Arabs have about US policy is the fact that we have traditionally supported, or at best turned a blind eye to some of the most brutal dictatorships in the world. Iraq, Syria, Libya, Saudi Arabia, Yemen, Algeria, Morocco, Iran, The list could go on. As previously explained, Americans supported them both because of oil and the stability and status quo they provided.

These failures, however, should not become a justification for passivity. The United States, specialists and analysts agree, cannot afford to stay away. Support for emerging Arab democracies is an investment Americans cannot afford not to make. As bad as some of the previous American efforts in the region have turned out, things have only been worse when the United States stayed away. The risks posed by transitions will not keep them from promoting change and reform in those countries. The responses should depend on the specificities of each country and on the circumstances on the ground. The government's choices also should also take into consideration other interests in the region with a real impact on Americans' lives – including the fight against al Qaeda, defense of U.S. allies and a secure supply of energy.

The changes in the Arab World are significant for American foreign policy for two reasons. 1) The Arab spring shows that ten years after the September 11th attacks, the U.S. national security policy cannot be focused solely on counter terrorism. 2) The Arab Spring raises very complicated international dynamics that relate to the United States' interests in the Middle East, and more specifically the Israeli-Palestinian conflicts.

As Islamists won a majority of seats in the new parliaments in Tunisia, Morocco, and Egypt, the Obama administration reversed two decades of mistrust and hostility toward mainstream Islamists and acknowledged the new political reality in the region. It had little choice.

CONCLUSION

The American government has no policy option today other than supporting the democratic processes taking roots in the Arab world. To guide the new, rapidly evolving Middle East in a favorable direction, the United States should play to these instincts by entering into a strategic dialogue with the region's Islamist groups and parties. It should balance its security interests with its support for expanding democratic rights in the region.

The popular uprisings in the nations fringing the Mediterranean Sea in early 2011 gave Obama an opportunity to restore America's posture in the region. Yet, Fawaz A. Gerges, among other specialists, affirms that "We are witnessing the beginning of the end of America's moment in the Middle East" (Gerges, 2012, p. 13). Indeed, after the Arab Spring, Iran saw a unique opportunity to exploit a region destabilized by collapsing states and unpredictable transitions. In this context, "the Obama administration advanced negotiations in sync with growing Iranian provocations threatening the security of US allies" (Singh, 2016, p. 25).

In addition to the challenges facing U.S. foreign policy, the Arab Spring confirmed that President Obama is an anti-ideological politician and that his foreign-policy ideas defy traditional categories and ideologies. Interested only in what actually works, he has emphasized bureaucratic efficiency over ideology, and approached foreign policy as if it were case law, deciding his response to every threat or crisis on its own merits. Obama instructed his staff to come up with "tailored," "country by country" strategies on political reform. He told his advisers to challenge the traditional idea that stability in the Middle East always served U.S. interests. However, Fawaz A. Gerges argues "the reality of Obama's Middle East policy carried more continuity than change (Gerges, 2012, p. 1). When Obama affirmed in *The Audacity of Hope* the need for a foreign policy that Americans supported and the world understood, he conceded that, "I don't presume to have this grand strategy in my hip pocket" (Singh, 2016, p. 39). The profound and lasting regret, critics argue, "is that neither did he acquire it as president" (Ibid).

WORKS CITED

AGHA, Hussein and Robert MALLEY, "The Arab Counterrevolution", *The New York Review of Books,* September 29, 2011.

COHN, Jonathan, "The Lessons of Cairo", *The New Republic,* March 3, 2011, p. 1.

FREEMAN, Chas W., "U.S. Foreign Policy and the Arab World", *The Globalist,* August 20, 2007 (http://www.theglobalist.com)

GERGES, Fawaz A., Obama and the Middle East. The End of America's Moment?, New York: Palgrave Macmillan, 2012.

GOLDSTONE, Jack A., "Understanding the Revolutions of 2011. Weaknesses and Resilience in Middle Eastern Autocracies", *Foreign Affairs,* May/June 2011, pp. 8-16.

LIZZA, Ryan, "The Consequentialist. How the Arab Spring remade Obama's foreign policy", *The New Yorker,* May 2, 2011.

MANDLEBAUM, Michael, "Arab Democracy and American Policy", February 25, 2009, http://www.meforum.org/2070/arab-democracy-and-american-policy

PERETZ, Martin, "The New Middle East", *The New Republic,* March 3, 2011, pp. 8-9.

SINGH, Robert S., Barack Obama's Post-American Foreign policy. The Limits of Engagement, London: Bloomsbury Academic, 2012.

SINGH, Robert S., After Obama. Renewing American Leadership, Restoring Global Order, New York: Cambridge University Press, 2016.

"U.S. Department of State. Diplomacy in Action", (http://www.state.gov/s/d/rm/rls/dosstrat/2004/23503.htm)

www.nytimes.com/2015/04/06/opinion/thomas-friedman-the-Obama-doctrine-and-iran-interview.html?_r=o

Électrifier l´Afrique : Barack Obama et l´initiative *Power Africa*. Le Cameroun, un potentiel bénéficiaire du *Power Africa*.

Martin Serge MINDJONGA

Doctorant, Université Polytechnique des Hauts-de-France

I. L´Afrique subsaharienne et l´initiative *Power Africa*

1) L'administration Obama et la genèse du Power Africa

Depuis la fin de la Guerre froide, nous remarquons que les projets de développement du continent noir sont inscrits dans les agendas des autorités américaines. De nombreuses actions sont ainsi entreprises par les chefs d´États américains en faveur des pays africains. De William Jefferson Clinton à Barack Hussein Obama en passant par George Herbert Walker Bush, les projets pour l´avenir de l´Afrique sont très diversifiés (notamment dans l´éducation, la santé, la sécurité, la bonne gouvernance, le développement durable…).

De nombreuses initiatives en faveur de l´Afrique subsaharienne ont été portées par chacun de ces chefs d´État. C´est l´exemple du *African Growth and Opportunity Act* (AGOA), facilitant un accès aux exportations africaines sur le marché américain, et du plan d´aide pour la lutte contre le sida (PEPAR) de 2003, du président Georges Bush en Afrique subsaharienne. Est-ce à dire que le président B. Obama, après un premier mandat décevant aux yeux des Africains, a voulu marquer son second mandat par une œuvre au profit de l´Afrique, comme l´ont fait ces prédécesseurs ? Est-ce pour lui, une manière de renouer avec un continent dont il tire aussi ses origines ?

Lors de son deuxième mandat, le chef de l´exécutif américain de 2009 à 2017, effectua de nombreux voyages en Afrique. Afin de construire un nouveau mode de partenariat mutuellement bénéfique, il organisa le tout premier sommet États-Unis-Afrique en août 2014. C´est une grande première aux États-Unis, car jamais un président américain n'avait reçu autant de chefs d'État et de gouvernement. Lors des rencontres, plusieurs débats portaient sur le programme d´électrification *Power Africa*[1]. Après son discours à Accra (Ghana), en 2009, où il a déclaré « *l'Afrique n'a pas besoin d'hommes forts, elle a besoin d'institutions fortes* », Obama a-t-il voulu passer des paroles aux actes ?

C´est ainsi qu´en 2013, d´une visite en Afrique du Sud, plus précisément dans le Cap, le président Barack Obama lança le plan *Power Africa.* A priori, le projet a pour ambition de doubler l'accès à l'électricité en Afrique d'ici 2018 ; en d´autres termes, il s´agit de faciliter l´accès à l´électricité aux populations de l´Afrique noire. D´autant plus que l'Afrique continue de faire face à d´énormes défis en matière d'énergie, car seulement 290 millions de personnes sur 915 millions ont accès à l'électricité[2].

Malgré ses énormes potentialités en matière d´énergies (pétrole, gaz, charbon, hydraulique…), l´Afrique en général et singulièrement la partie subsaharienne ont des difficultés à développer et à gérer le secteur des énergies renouvelables (l´énergie hydraulique, l´énergie solaire, l´énergie géothermique…).

Par rapport aux autres continents, l´Afrique a le plus grand potentiel énergétique (solaire, biomasse, hydraulique…) du monde. De surcroît, le continent bénéficie d´une forte population (15 % de la population mondiale), d´un boom démographique (de 1,2 milliard à 2,5 milliards d´habitants en 2050) et du meilleur taux de croissance dans le monde (5 %). En revanche, l´Afrique consomme seulement 5 % de la consommation finale d'électricité, soit deux fois moins que la moyenne mondiale, et reste cependant à la traîne en matière d'accès à l'énergie. Partant, les chiffres des personnes non connectées au réseau électrique en Afrique subsaharienne restent très alarmants, on

---

[1] http://www.rfi.fr/ameriques/20140804-sommet-etats-unis-afrique-50-chefs-etat-obama-affaires-gouvernance, consulté le 28 avril 2017.

[2] http://www.jeuneafrique.com/308354/economie/lelectrify-africa-act-et-le-defi-de-lelectrification-de-lafrique/, consulté le 18 juin 2017.

estime que plus de 650 millions de personnes n'ont pas accès à l'énergie. Tous les ans, ce sont 10 millions d'Africains de plus qui n'ont pas accès à l'énergie[3]. La consommation par habitant et par an est de l'ordre de 100 kilos d'équivalent de pétrole[4].

L'énergie est un besoin élémentaire des populations, peu importe l'endroit du globe où l'on se trouve. Or, nous vivons aujourd'hui dans une société, où, pour être connecté et communiquer avec le reste du monde, nos appareils électroniques (téléphones, ordinateurs, tablettes…) ont besoin d'énergie pour pouvoir fonctionner. Ainsi, nous pouvons en déduire que l'accès à l'énergie en Afrique serait un gage pour l'amélioration des conditions de vie des populations.

Dans son programme, l'initiative *Power Africa* voudrait développer l'ensemble des projets liés aux ressources naturelles dont dispose le continent : la biomasse, le géothermique, l'hydraulique, le solaire, le gaz et l'éolien, ceci afin d'atteindre l'objectif des 30 000 mégawatts et permettre à 60 millions de foyers d'avoir accès à l'électricité. Selon l'Agence Internationale de l'Énergie, l'Afrique a besoin de 30 milliards de dollars pour améliorer sa situation en ce qui concerne l'accès à l'électricité d'ici une dizaine d'années. Le directeur Afrique du Centre d'études stratégiques et internationales (CSIS), Jennifer Cooke, affirme que c'est l'« un des plus grands héritages du président Obama »[5]. Dès lors, les Africains et les observateurs avertis de ce projet de grande envergure sont curieux de savoir les véritables tenants et aboutissants et les acteurs de cette initiative.

2) Définition, enjeux et acteurs du *Power Africa*

Des enquêtes réalisées par le gouvernement américain montrent qu'en Afrique, plus des deux tiers de la population de l'Afrique subsaharienne vivent sans électricité et plus de 85 % des habitants des zones rurales n'y ont pas accès. À cause des coupures intempestives et régulières de courant, le choix de la première phase du projet a été porté sur six pays, tous anglophones, soit trois pays de l'Afrique de

---

[3] http://www.energiespourlafrique.org/, consulté le 18 juillet 2017.

[4] Ces chiffres de l'Agence Française de développement et de la Banque Africaine de développement dans l'étude sur *L'énergie en Afrique à l'horizon 2050*, étude conduite sous la direction de Jean-Pierre Favennec.

[5] http://afrique.lepoint.fr/actualites/barack-obama-et-l-afrique-le-lourd-malentendu-30-10-2016-2079628_2365.php, article publié le 30/10/2016 et modifié le 19/01/2017, consulté le 20 juillet 2017.

l´Ouest et trois pays de l´Afrique de l´Est, à savoir le Ghana, le Nigéria, le Libéria et l'Éthiopie, le Kenya et la Tanzanie. Ce programme américain est doté de 7 milliards de dollars de fonds publics et 14 milliards promis par les secteurs publics et privés américains[6], il encourage des collaborations entre les secteurs public et privé. D´ailleurs, cette initiative innovante met les États-Unis en position dominante dans la mobilisation des investisseurs privés dans le secteur de l´énergie en Afrique subsaharienne.

Le Plan *Power Africa* s'appuie sur des partenaires regroupés en quatre groupes : les institutions gouvernementales, le secteur privé, les partenaires au développement et la société civile. Le programme se veut aussi un partenariat multipartite entre les pays africains bénéficiaires et les États-Unis[7]. Depuis son lancement, plusieurs sociétés américaines d´énergie avec l´appui de l´USAID et de l´Agence de Développement des États-Unis, ont signé des contrats avec plusieurs pays africains. Toutefois, de nombreuses agences gouvernementales, des associations, des fondations, des groupes privés américains, africains (des organisations régionales, la Banque africaine de développement) et des institutions internationales (la Banque mondiale, l´Union européenne, l'Agence internationale des énergies renouvelables…) sont associés dans ce projet de développement. Parmi les sociétés américaines, on peut citer entre autres *General Electric, Symbion Power, Heirs Holdings, Aldwych International…*

Il faut tout de même préciser que si l´Afrique connait encore des difficultés à résoudre les problèmes d´accès à l´électricité, c´est aussi à cause des problèmes de réformes tant sur le plan national qu´international. Grâce à de nombreux accords et des privatisations des sociétés nationales, le secteur de l´énergie bénéficiera de nouvelles réformes fondées sur la loi du marché international.

Un autre aspect positif de ce projet est son impact sur *le produit intérieur brut* (PIB)[8] des pays africains. En d´autres termes, la donne

---

[6] http://www.rfi.fr/ameriques/20140803-plan-power-africa-etats-unis-afrique-obama-energie-electricite-usaid-aide-cooperation, consulté le 20 août 2017.

[7] https://www.afdb.org/fr/topics-and-sectors/initiatives-partnerships/power-africa-initiative/, consulté 30 juin 2017.

[8] Le produit intérieur brut est censé mesurer le taux de croissance économique d´un pays d´une période à l´autre par rapport à son activité économique (dans plusieurs branches d´activités) interne.

énergétique est très étroitement liée au niveau de développement d´un pays, à ses perspectives et proportionnel au niveau de développement[9]. Selon certains économistes, « les problèmes liés à l'accès à l'énergie coûtent à l'Afrique subsaharienne de deux à quatre points de PIB par an[10] ».

L´énergie est présentée comme un facteur qui handicape la croissance de l´économie des pays africains. D´après une autre étude du département pour le développement international britannique, le déficit en électricité ferait perdre entre un et deux points de PIB par an aux pays d'Afrique subsaharienne.[11]

En effet, l´enjeu économique reste un des défis majeurs de l´Afrique. La question est de savoir si la possibilité d´accès à l´énergie peut être l´un des facteurs du développement en Afrique noire. Du reste, dans un de ses discours, Barack Obama avait déclaré : « L'accès à l'électricité est fondamental à notre époque. C'est la lumière grâce à laquelle les enfants peuvent étudier, l'énergie qui permet de transformer une idée en véritable affaire. [...] C'est la connexion qui est nécessaire au branchement de l'Afrique sur le réseau de l'économie mondiale »[12]. Le propos d´Obama signifie que *Power Africa* est un des facteurs qui pourrait permettre à l´Afrique d´avoir un meilleur accès à l´énergie fiable et durable. De plus, l´initiative pourrait être un levier majeur de la croissance économique du continent. Du reste, l´accès à divers types d´énergies pourrait profiter d´une facture énergétique à la baisse pour tous les ménages, à savoir d´une offre en dessous des tarifs réglementés. En ce qui concerne les entreprises africaines, l'accès à l´électricité favoriserait une attraction pour les investisseurs étrangers et cela leur donnerait de nouvelles perspectives dans divers domaines.

[9] Estelle LACONA, Jean TAINE, Bernard TAMAIN, *Les enjeux de l´énergie, De la géopolitique au citoyen.* Dunod, Paris, 2009, p.15-19.
[10] http://www.jeuneafrique.com/308354/economie/lelectrify-africa-act-et-le-defi-de-lelectrification-de-lafrique/, consulté le 14 août 2017.
[11] http://www.lemonde.fr/afrique/article/2016/02/24/les-solutions-hors-reseau-l-avenir-de-l-energie-en-afrique_4870927_3212.html, consulté le 14 juillet 2017.
[12] http://www.ictsd.org/bridges-news/passerelles/news/le-congr%C3%A8s-am%C3%A9ricain-adopte-la-loi-%C2%AB-%C3%A9lectrifier-l%E2%80%99afrique-%C2%BB, consulté 20 juin 2017.

3) Le Congrès américain et la loi "Electrify Africa Act"

Aux États-Unis, la plupart des projets initiés par les chefs d´États américains pendant leur mandat peuvent bénéficier d´un soutien du gouvernement. Il faut préciser qu'avant l´octroi de toute aide, le Sénat (en décembre 2015) et la Chambre des représentants des États-Unis ont dû donner leur approbation avant la dernière étape de signature du texte par le président Obama. Ce fut le cas avec le projet baptisé *Power Africa*. Le 1er février 2015, la Chambre des représentants du Congrès américain a approuvé à l´unanimité la loi *Electrifier L´Afrique* de 2005 qui autorise l'initiative du président Obama. L´État américain à travers cette loi veut non seulement pérenniser ce projet, mais aussi encourager les efforts des pays de l´Afrique subsaharienne en ce qui concerne l´accès à l´électricité dans le but d´améliorer ses économies. En février 2016, le président Obama a officiellement signé l´*Electrify Africa Act* de 2015. Bien après la ratification de cette loi, Ed Royce, le président du comité des affaires étrangères de la chambre des représentants déclarait : « Aider l'Afrique à devenir l'un des plus grands partenaires commerciaux est dans l'intérêt des États-Unis ».

L´*Electrify Africa Act* vise à alimenter 50 millions de personnes dans les zones urbaines et les zones rurales d´ici 2020 ; le challenge vise aussi à installer 20 000 mégawatts de capacités électriques en Afrique subsaharienne. Suivant les objectifs, l´USAID prévoit atteindre les 60 000 mégawatts à l´horizon 2030.

4) Où en est *Power Africa* ?

De 2013 à 2017, quatre ans après le lacement du plan *Power Africa*, le programme s´est étendu à d´autres pays africains bien que les résultats soient moins satisfaisants que l´objectif assigné lors du lancement de l´initiative. Ce qui est contraire aux objectifs fixés dès le départ, à savoir, doubler l'accès à l'électricité en Afrique d'ici 2018.

Depuis le début du projet, près de 20 milliards de dollars ont été levés auprès des partenaires publics et privés afin de contribuer à la réalisation de projets d'électrification, à hauteur de 4 100 MW.[13] Selon l´État américain, en 2015, 4 100 mégawatts de projets et

[13] http://www.lemonde.fr/afrique/article/2015/12/23/malgre-les-critiques-power-africa-continue-d-electrifier-l-afrique_4837155_3212.html#dzKFDjgFtdD97lk8.99, consulté le 30 juin 2017.

15 000 MW supplémentaires de projets électriques à l'étude ont été réalisés. Dans le cadre de cette initiative de l'USAID, l'agence américaine de coopération suit les programmes à développer à partir d'une application nommée « Power Africa Tacking Tool » (PATT). Cette application permet aux utilisateurs (à savoir les investisseurs publics et privés…) de faire des transactions dans le secteur de l'énergie à travers le continent. Depuis son lancement, *Power Africa* à travers ses interventions a permis au secteur privé de générer plus de 4 600 MW dans le continent africain. De plus, le rapport annuel de 2016 de l'USAID estime qu'entre 18 000 et 21 000 MV sur les 60 000 MV devront être atteints d'ici 2030[14].

En Afrique subsaharienne, *Power Africa* soutient aussi les projets de développement des énergies renouvelables[15] (énergie solaire photovoltaïque, énergie éolienne, énergie hydraulique…), qui contribuent aux grandes tendances de la prospective énergétique du futur, contrairement aux énergies fossiles (pétrole, gaz naturel, charbon) et minérales (uranium).

Le *Plan Power Africa* est aussi partisan d'une planète propre et écologique. Concrètement, en plus des projets déjà financés depuis 2013, l'initiative prévoit d'atteindre 2,5 millions d'Africains qui pourront être connectés au réseau d'énergies renouvelables (énergies propres ou énergies vertes).

---

[14] Power Africa, Annual report, September 2016.

[15] L'Energie renouvelable est issue de phénomènes naturels provenant du soleil ou de la terre, naturellement renouvelée de façon illimitée, à l'échelle de l'histoire humaine (voir aussi Estelle LACONA, Jean TAINE, Bernard TAMAIN, *Les enjeux de l'énergie, De la géopolitique au citoyen.* Dunod, Paris, 2009, p.216).

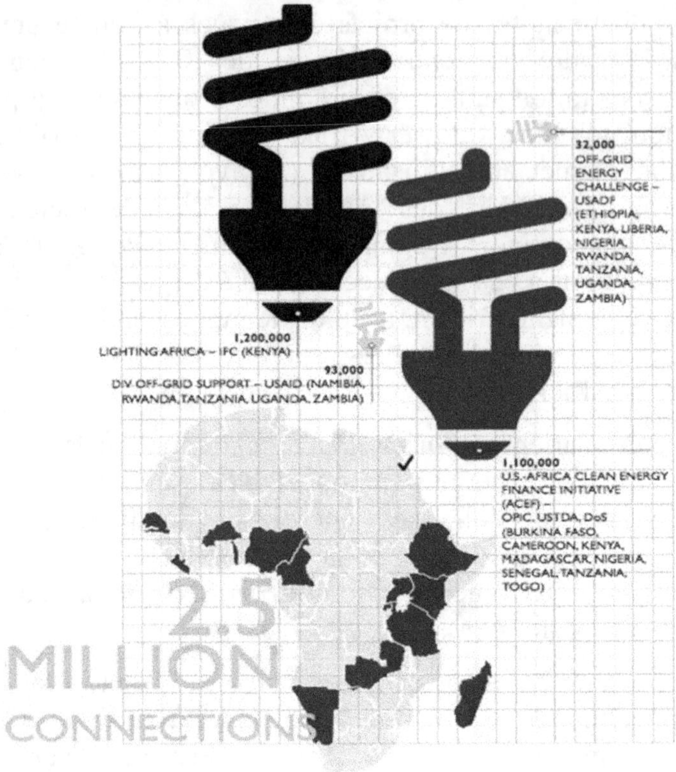

2,5 Million new connections

Crédits : Power Africa, Annual report-USAID, September 2016, Annex II.

Si les différents projets portés par l´initiative sont très difficilement atteints, c´est tout simplement dû à l´influence des réalités dont l´Afrique tout entière fait face et a du mal à se défaire. Il s´agit des problèmes de procédures administratives, le paiement tardif des factures, le trafic des compteurs d´électricité par les consommateurs, la chute des prix des matières premières… Tous ces problèmes n´encouragent pas les investisseurs étrangers à venir s´installer en Afrique.

L´argent étant « le nerf de la guerre » pour tout projet, un an après le lancement de l´initiative du premier président noir américain des États-Unis, l'Agence internationale de l'énergie estimait à 300 milliards de dollars de coût l'accès universel à l'électricité en Afrique subsaharienne d'ici à 2030[16].

II. Le projet *Power Africa* en Afrique centrale : le cas du Cameroun

1) Le Cameroun et ses atouts naturels : une source d'énergie non négligeable

Le Cameroun est situé en Afrique centrale, précisément dans le golfe de Guinée, et a toujours été considéré comme une « Afrique en miniature » de par sa diversité naturelle. Sur le plan hydro-électrique par exemple, le pays possède le deuxième potentiel hydro-électrique d'Afrique (notamment plus de 13 000 MW) après le Congo[17]. Le Président de la République, Paul BIYA, a transformé le Cameroun en *chantier de l'émergence économique à l'horizon 2035*, c'est-à-dire, *« en un pays qui crée des richesses et les redistribue de manière équitable (...), bref en un pays du bonheur de tous et de chacun*[18] *»*. Des grands travaux sont en cours d'exécution : la construction des centrales thermiques, des barrages hydroélectriques, de la centrale à gaz de Kribi ont pour objectif de générer une quantité suffisante d'électricité pour booster l'économie du pays. Malgré cela, l'ensemble des populations du pays (situées dans les grandes villes et dans les zones rurales) souffre encore de problèmes de première nécessité tels que l'accès à l'électricité.

Ceci étant, n'oublions pas qu'en Afrique deux tiers de personnes ne sont pas raccordés au réseau électrique[19], cette situation serait due à un manque d'utilisation à bon escient des ressources naturelles telles que l'eau, le vent et le soleil.

Le Ministère camerounais de l'Énergie et de l'Eau est la principale administration nationale qui oriente la politique énergétique au

[16] http://faceafrique.com/o-en-est-le-plan-laquonbsppower-africanbspraquo-drsquoobama-un-an-aprs-son-lancement/, consulté le 30 juillet 2017.
[17] https://www.usaid.gov/powerafrica/cameroon, consulté le 15 mars 2017.
[18] https://www.prc.cm/fr/les-poles/poles-d-action-pour-l-emergence, consulté le 10 mai 2017.
[19] Le Monde Afrique du 24.02.2016, consulté le 18 mai 2017.

Cameroun ; en 2010, il a observé que seuls 5 % des ressources hydro-électriques étaient utilisées. En effet, le système électrique du Cameroun est constitué de petits réseaux électriques autonomes et de deux grands réseaux : le réseau du Nord qui alimente la partie septentrionale du pays est reliée au barrage de Lagdo ; le réseau du sud relié au barrage d´Edéa et de Song loulou alimente pour sa part les réseaux du centre, du sud et de l´ouest. En dépit de ces fortes richesses naturelles, l´ensemble du pays continue de crouler sous le poids d’un déficit de production électrique. En 2016, les capacités de production électrique sont estimées à 1 292 MW : 57 % de centrales hydroélectriques et 43 % de centrales thermiques (gaz, fioul)[20].

Dans un entretien réalisé en 2016 par Matteo Maillard, l´envoyé spécial du journal *Monde Afrique* au Cameroun, le directeur de l’entreprise publique *Electricity Development Corporation* (EDC), Théodore Nsangou explique les enjeux et les défis énergétiques auxquels fait face cet État d´Afrique centrale : l´énergie est l´un des besoins les plus importants dont du Cameroun ces dernières années[21].

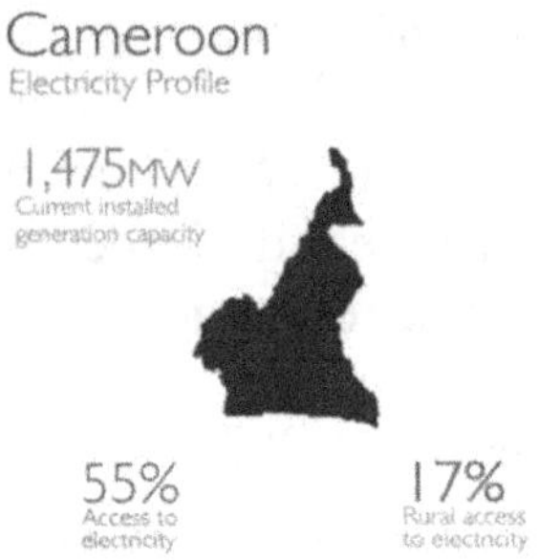

Cameroon power Africa fact sheet

Crédits : https://www.usaid.gov/powerafrica/cameroon

Force est de constater que les richesses hydroélectriques du Cameroun permettent dans une certaine mesure de pallier au déficit électrique. En effet, depuis quelques années, le gouvernement camerounais a fait du secteur énergétique l´une de ses priorités. En revanche, avec l´accroissement démographique du pays, on remarque que les besoins en énergie n´ont cessé d´augmenter. De nos jours,

---

20 http://www.cameroonweb.com/CameroonHomePage/NewsArchive/Electricity-The-contribution-of-renewable-energy-323611?lang= , consulté le 10 juin 2017.

21 http://www.lemonde.fr/afrique/article/2016/11/14/cameroun-nos-barrages-permettront-d-atteindre-50-d-electrification-du-pays-en-2022_5030529_3212.html, consulté 22 juin 2017.

c´est l´une des principales raisons, qui fait qu´on observe encore une croissance des difficultés liées à l´accès à l´énergie électrique sur l´ensemble du territoire. Selon l´agence américaine de développement, l´USAID, 55 % des Camerounais bénéficient de l´électricité, soit 17 % pour les zones rurales[22].

2) Les défis du Cameroun face au déficit en électricité

Nombreuses sont les études qui révèlent les difficultés d´accès à l´énergie pour la majorité des populations en Afrique en général, et particulièrement en Afrique subsaharienne. Le Cameroun traverse, depuis quelques années, une grave crise pour l'approvisionnement en énergie électrique. On observe au quotidien de nombreux désagréments d´électricité, avec des coupures fréquentes de courant ; d´où le fameux terme « délestage » devenu célèbre dans tout le pays, à cause de la qualité souvent médiocre des services proposés par les entreprises en charge d'approvisionner les ménages en électricité de façon continue. Le territoire affiche des déséquilibres entre l'offre et la demande. Le taux d´électrification au Cameroun s´élèverait à 40 %[23].

Afin de faire face à ces difficultés, le gouvernement camerounais prend les actions nécessaires pour appuyer les projets qui contribuent à améliorer la production de l´énergie. C´est ainsi que l´État camerounais avec l´aide de certains organismes internationaux voudrait faire du secteur électrique un chemin de bataille pour les prochaines années. L´État s´investit dans plusieurs projets d´aménagements hydroélectriques comme c´est le cas du projet de construction de la centrale hydroélectrique de Lom Pangar. De fait, les autorités camerounaises veulent augmenter les taux d'électrification du pays à 50 % d'ici à 2022.

En effet, en 2001, l´EAS-SONEL (opérateur américain privé) privatisa la société publique camerounaise (la SONEL). Ce fut un échec total dans la mesure où cette privatisation n'a rien changé aux problèmes électriques auxquels fait face le pays. En 2014, c´est notamment l´entreprise Eneo Cameroon S.A qui prit la direction de la

---

[22] https://www.usaid.gov/powerafrica/cameroon, consulté le 15 mars 2017.
[23] Modeste Nkutchet, *L'énergie au Cameroun*. L'Harmattan, Paris, 2004, p.440.

gérance de la production de l´électricité au Cameroun[24]. Au demeurant, le gouvernement camerounais bénéficie entre autres des grands projets initiés par les ONG, les opérateurs privés américains, etc. Soulignons qu´en 2013, le Cameroun a été invité à bénéficier du projet de l´électrification de l´Afrique de Barack Obama *Power Africa.*

3) Le Cameroun, un potentiel bénéficiaire du projet *Power Africa* de Barack Obama

Après s´être focalisé dès le départ sur six pays en Afrique (Éthiopie, Ghana, Kenya, Liberia, Nigeria et Tanzanie), trois ans après le lancement du projet, l´initiative de l´électrification pour l´Afrique arrive au Cameroun à point nommé. C´est dans cette perspective que le 6 décembre 2016 a lieu dans la capitale Yaoundé, une rencontre entre des responsables de l´ambassade des États-Unis et le ministre camerounais de l´eau et de l´Énergie, Basile Atangana Kouna[25].

Le but de cette rencontre a été de confirmer, par le biais des représentants des autorités américaines le soutien de ce projet à l´État camerounais. Ce projet vise à encourager l´État à investir dans la production d´électricité afin d´améliorer l´accès à l´électricité des populations en tenant compte de la démographie galopante du pays. Comme la majorité des pays bénéficiaires, les fonds apportés par ce projet serviront non seulement au développement de mini-réseaux électriques et des systèmes hors réseau ainsi qu´à attirer les investissements privés dans le secteur électrique grâce à des réglementations et à des réformes[26] de qualité.

4) Les acteurs et les enjeux du *Power Africa* au Cameroun

Il faut préciser tout de même que ce projet de haute envergure initié par l´ancien président Barack Obama en Afrique subsaharienne a,

---

[24] https://eneocameroon.cm, « l´historique de l´électricité au Cameroun », consulté le 25 avril 2017.

[25] http://www.businessincameroon.com/electricity/1412-6767-cameroon-urged-to-take-advantage-of-the-power-africa-initiative-to-finance-electricity-sector-projects, consulté le 30 mai 2017.

[26] http://terangaweb.com/linitiatvie-power-africa-bienfait-ou-malediction/, consulté le 30 mai 2017.

pour représentant, l'agence américaine de développement, l'USAID (Agence des États-Unis pour le développement international). Il importe de souligner que cette agence travaille sous la supervision du président, du département d'État et du Conseil de sécurité nationale des États-Unis.

En ce qui concerne les acteurs, l'initiative « Énergie pour l'Afrique » s'appuie sur des partenaires regroupés en quatre groupes, parmi lesquelles : les institutions gouvernementales, le secteur privé, les partenaires au développement et la société civile[27]. Forte de l'implication d'acteurs africains dans ce projet Barack Obama affirme : *« Je tiens à remercier la Banque africaine de développement pour ce partenariat, ainsi que toutes les entreprises qui ont exprimé leur engagement, y compris celles présentes dans cette salle[28] »*. Ce discours de l'ancien président des États-Unis (2009-2017) laisse croire que le défi de sortir l'Afrique de « l'obscurité » doit être un travail collectif qui implique une collaboration des organisations et des États africains.

Comme partout ailleurs en Afrique, le déficit de l'énergie au Cameroun aurait également un impact sur la croissance économique du pays. Il n'est donc pas anodin que cette initiative vise à booster la croissance économique et le développement. L'État a pour objectif de fournir de l'énergie aux ménages et aux industries. Le déclin d'autres ressources énergétiques incite les autorités camerounaises à diversifier les sources d'énergie afin de mettre en place une nouvelle politique de relance d'exploitation des énergies dans tout le territoire national[29].

En effet, grâce à un meilleur accès à une énergie fiable, accessible et durable, à tout type de population au Cameroun, que ce soit dans les grandes villes (Yaoundé, Douala, Bafoussam…) ou encore dans les communautés rurales les plus reculés, le Cameroun pourra contribuer à améliorer le niveau de vie de chaque citoyen.

---

27 https://www.usaid.gov/sites/default/files/documents/1860/Power_Africa_AR2016-optimized.pdf, P.22, consulté le 10 juin 2017.

28 https://www.afdb.org/fr/topics-and-sectors/initiatives-partnerships/power-africa-initiative/, consulté le 15 juin 2017.

29 Jacques Girod, L'énergie en Afrique, La situation énergétique de 34 pays de l'Afrique subsaharienne et du Nord. Editions KARTHALA, Paris, 1994, p.89.

Á l´heure de la mondialisation, l´électricité est un des biens de consommation les plus précieux pour un pays comme le Cameroun. De plus, étant donné l´augmentation de la population, les besoins en énergie vont davantage croître.

L´accès à l´électricité pourrait ainsi avoir un impact significatif et sans précédent sur le quotidien des populations camerounaises, notamment en modifiant radicalement la vie, tant sur le plan social (matériel ou intellectuel…) qu´économique. Sur le plan social, l´électricité a des effets non négligeables sur l´éducation, l´agriculture, la santé, la sécurité, l´emploi industriel, les crises migratoires à venir… Grâce à l´électricité, les élèves et les étudiants pourraient étudier après le coucher du soleil. Au niveau de la santé, l´électricité pourra prévenir les maladies respiratoires notamment en évitant de respirer les fumées toxiques des feux de bois[30]. Au niveau de la sécurité, elle va davantage permettre d´éviter les incendies accidentels, le plus souvent causés par l´utilisation des lampes à pétrole, des feux de bois, des bougies.

L´accès à l´électricité permettra sans doute de réduire la déforestation et de lutter contre la pollution de l´environnement avec l´utilisation de charbons ou de feu de bois... Sur le plan économique, ce projet pourra générer des emplois pour les jeunes entrepreneurs, les ingénieurs et les spécialistes camerounais en énergie renouvelable. Comme c´est le cas dans de nombreux pays africains, la concrétisation du projet américain engendrera une baisse significative de prix de consommation des factures de nombreux ménages camerounais.

Somme toute, l´initiative *Power Africa* reste un projet très ambitieux pour l´ensemble de l´Afrique. Il est intéressant, car il essaie d´apporter des réponses concrètes au problème d´accès à l´électricité en Afrique noire. L´accès à l´électricité reste une urgence en Afrique. C´est la raison pour laquelle, depuis quelques années, de nombreuses initiatives telles que celle de Barack Obama ont vu le jour, c´est le cas du projet « Énergies pour l´Afrique » de l´ex-ministre d'État français de l'Écologie, de l'Énergie, du Développement et de l'Aménagement durables, Jean-Louis Borloo, de « Energy Africa » du Royaume-Uni, ou encore « Akon Lighting Africa » de l´artiste americano-sénégalais Akon. L´énergie dans toutes ces formes est bien partie pour être une

[30] http://www.energy-for-africa.fr/files/file/study/l-energie-en-afrique-a-l-horizon-2050, 18 juin 2018.

affaire en or, et l´Afrique pourrait, dans les années à venir, devenir le réservoir de l´énergie du monde. Cependant, certains observateurs se demandent si à l´avenir, l´énergie produite en Afrique profitera uniquement à l´Afrique. Est-ce une autre façon pour les États-Unis de démontrer une fois de plus leur influence et leur puissance sur la scène internationale en général dans la mesure où les programmes d´électrification se multiplient en Afrique noire. Est-ce une nouvelle forme de colonialisme qui se servirait de l'argument énergétique ? Malgré cette série de questions, le projet *Power Africa* a tout de même son utilité et mérite d´exister et d´être encouragé. *Grosso modo*, les pays africains devraient prendre conscience du potentiel énergétique dont ils disposent et surtout appliquer une politique de bonne gestion de l´énergie. Le secteur de l´énergie constitue indéniablement une des clés fondamentales au développement économique et au progrès social de l´Afrique, sachant que sa population devrait doubler d´ici à 2050. Pour les années à venir, l´accès à l´électricité reste un besoin prioritaire pour l´Afrique subsaharienne.

Bibliographie

Brochure Power Africa Initiative, document BAD

FONDJA WANDJI, Yris D. Le Cameroun et la question énergétique : analyse, bilan et perspectives. L'Harmattan, Paris, 2007, p.141.

GIROD, Jacques. L´énergie en Afrique, La situation énergétique de 34 pays de l´Afrique subsaharienne et du Nord. Editions KARTHALA, Paris, 1994, p.89.

LACONA, Estelle ; TAINE Jean, TAMAIN Bernard. *Les enjeux de l´énergie, De la géopolitique au citoyen.* Dunod, Paris, 2009, pp.15-19.

Le Journal le Monde Afrique

Power Africa, Annual report-USAID, September 2016

NKUTCHET, Modeste. *L´énergie au Cameroun*, L'Harmattan, 2004, p.440.

TCHINANG, Mesmer. *L'énergie pour le développement au Cameroun*. L'Harmattan, Paris, 2011, p.171.

http://afrique.lepoint.fr/actualites/barack-Obama-et-l-afrique-le-lourd-malentendu-30-10-2016-2079628_2365.php

http://faceafrique.com/o-en-est-le-plan-laquonbsppower-africanbspraquo-drsquoObama-un-an-aprs-son-lancement/

http://terangaweb.com/linitiatvie-power-africa-bienfait-ou-malediction/

https://eneocameroon.cm

https://www.afdb.org/fr/topics-and-sectors/initiatives-partnerships/power-africa-initiative/

http://www.businessincameroon.com/electricity

http://www.cameroonweb.com/CameroonHomePage/NewsArchive/Electricity

http://www.energy-for-africa.fr

http://www.energy-for-africa.fr/files/file/study/l-energie-en-afrique-a-l-horizon-2050

http://www.energiespourlafrique.org/

http://www.ictsd.org/bridges-news/passerelles/news/le-congr%C3%A8s-am%C3%A9ricain-adopte-la-loi-%C2%AB-%C3%A9lectrifier-l%E2%80%99afrique-%C2%BB

http://www.jeuneafrique.com/308354/economie/lelectrify-africa-act-et-le-defi-de-lelectrification-de-lafrique/

http://www.lemonde.fr/afrique/article/2016/02/24/les-solutions-hors-reseau-l-avenir-de-l-energie-en-afrique_4870927_3212.html

http://www.lemonde.fr/afrique/article/2015/12/23/malgre-les-critiques-power-africa-continue-d-electrifier-l-afrique_4837155_3212.html#dzKFDjgFtdD97lk8.99

http://www.lemonde.fr/afrique/article/2016/11/14/cameroun-nos-barrages-permettront-d-atteindre-50-d-electrification-du-pays-en-2022_5030529_3212.html

https://www.prc.cm/fr/les-poles/poles-d-action-pour-l-emergence

https://www.usaid.gov/powerafrica/cameroon

https://www.usaid.gov/sites/default/files/documents/1860/Power_Africa

http://www.rfi.fr/ameriques/20140803-plan-power-africa-États-Unis-afrique-Obama-energie-electricite-usaid-aide-cooperation.

Troisième partie

Économie et finance

L'AGOA : Quel bilan à la fin de la présidence OBAMA ?

Harison ROBERT

Docteur, Université de Lille

La Loi sur la croissance et les opportunités en Afrique ou AGOA (African Growth and Opportunity Act) est une loi qui a été votée par le Congrès américain en 2000 sous la présidence de Bill Clinton en vue de faciliter les exportations des pays d'Afrique subsaharienne vers les États-Unis, et pour ces derniers de renforcer leur présence en Afrique. Initialement prévue pour une durée de huit ans et plusieurs fois reconduite et amendée (2004, 2006, 2007 et 2012), la Loi devait expirer fin septembre 2015. En juin 2015, soit un an et demi avant de céder la présidence à son successeur Donald Trump, le président Obama signe sa reconduction pour dix années supplémentaires, soit jusqu'en 2025.

Quel bilan dresser aujourd'hui de ces dix-sept années d'échanges commerciaux entre les États-Unis et l'Afrique subsaharienne ? Pour les pays d'Afrique auxquels elle était destinée, l'AGOA devait leur permettre de s'insérer davantage dans le commerce international, d'accroître et de diversifier leurs exportations et d'en récolter les bénéfices en termes de croissance et de développement. Pour les États-Unis, l'AGOA devait leur permettre de renforcer davantage leur présence en Afrique face à l'Europe et la Chine qui ne cache pas d'ailleurs ses ambitions sur le continent. Les résultats ont-ils été à la hauteur des attentes pour les différents partenaires ?

Après une présentation du dispositif au cours de laquelle on décrira le contexte dans lequel est née l'AGOA ainsi que les objectifs que visaient ses concepteurs, on s'attachera à analyser en détail l'évolution et la structure des échanges commerciaux entre les États-Unis et l'Afrique subsaharienne depuis sa mise en place jusqu'en 2016, dernière année du mandat du Président Obama. Il s'agira ensuite d'expliquer pourquoi les résultats n'ont pas toujours été à la hauteur des attentes aussi bien pour l'Afrique subsaharienne en termes d'accroissement et de diversification de leurs exportations, que pour les États-Unis en termes de présence économique et commerciale accrue sur le continent.

I. Présentation de l'AGOA

Depuis près de 17 ans, l'AGOA, African Growth And Opportunity Act, est la pierre angulaire de l'engagement économique et commercial des États-Unis avec les pays d'Afrique subsaharienne. Quels sont ses contours, ses objectifs ?

I.A/ Naissance de l'AGOA : Le contexte

Lancée en 2000 à la fin du mandat de Bill Clinton, La Loi sur la croissance et les opportunités en Afrique ou AGOA (African Growth and Opportunity Act) a été mise en place dans un contexte de marginalisation croissante de l'Afrique du commerce mondial.

La part de l'Afrique dans le commerce mondial, de l'Afrique subsaharienne en particulier, est en diminution constante depuis les années 1980/90. Selon les statistiques de la Conférence des Nations Unies sur le Commerce et le Développement, la part de l'ensemble des pays d'Afrique subsaharienne dans les exportations mondiales est passée de 1,9 % en 1990 à 1,5 % en 2002, et sa part dans les importations mondiales de 1,6 % à 1,4 % sur la même période[1]. Á titre de comparaison, en 2002 la France réalisait à elle seule 5,1 % des exportations et 4,9 % des importations mondiales, et les États-Unis respectivement 10,8 % des exportations et 18 % des importations mondiales[2].

En septembre 2000, les Nations unies établissant les Objectifs du Millénaire pour le Développement pour 2015 avaient énoncé que dans le cadre d'un partenariat mondial pour le développement, les pays se devaient de poursuivre la mise en place d'un système commercial ouvert et non discriminatoire tout en répondant aux besoins particuliers des pays les moins avancés (PMA). Les pays riches se

[1] Manuel de statistique de la CNUCED, 2002.
[2] OMC, COMMUNIQUÉ DE PRESSE 2003.

devaient alors de fournir aux pays pauvres des conditions d'accès plus favorables à leur marché.

C'est dans ce contexte que naît la Loi sur la croissance et les opportunités en Afrique (AGOA). Elle prend la forme d'un accord commercial préférentiel non-réciproque. Les produits en provenance d'Afrique subsaharienne sont autorisés à franchir les frontières américaines exemptés de tout droit de douane. Les pays africains pour leur part ne sont pas contraints de réduire leur droit de douane sur les importations de produits en provenance des États-Unis. Le but étant que, selon la logique de « *trade not aid* », « *des échanges et non de l'aide* », les profits générés par les exportations grâce à la levée des barrières douanières puissent se substituer pour les pays africains à une aide financière et technique.

L'AGOA opère depuis 2005 sous dérogation à la clause de la Nation la Plus Favorisée du GATT/OMC, clause imposant l'égalité de traitement entre les partenaires commerciaux. Celle-ci a été obtenue contre l'engagement des États-Unis à appuyer les États africains dans les négociations internationales, notamment dans le cadre du cycle de Doha[3] et à alléger la dette des pays qui en ont besoin. Le 16 novembre 2015, l'OMC a renouvelé pour 10 ans supplémentaires la dérogation octroyée l'AGOA.

Les entreprises d'Afrique subsaharienne peuvent finalement exporter leurs produits aux États-Unis sous trois régimes douaniers différents : le régime commercial normal, le Système Généralisé de Préférence (SGP) et l'AGOA.

Le Système Généralisé de Préférence (SGP) offre aux pays en développement, et sous respect de certains critères, un accès au marché américain en franchise des droits et taxes pour une large gamme de produits. Il a été autorisé par l'accord de commerce de 1974 et a été rendu effectif au 1er janvier 1976 pour une durée initiale de 10 ans. En mars 2018, le Président Donald Trump signe son renouvellement jusqu'au 31 décembre 2020. Aujourd'hui, les États-Unis peuvent importer sous ce régime près de 4650 produits en provenance de 129 pays.

[3] Le cycle de Doha, appelé aussi « Programme de Doha pour le développement » est le 9ème cycle de négociations commerciales entre les membres de l'OMC. Il a débuté le 1er janvier 2002 et avait parmi ses objectifs celui d'améliorer l'accès des PED aux marchés des pays riches, notamment au niveau des produits agricoles.

L'AGOA étend le programme du Système Généralisé de Préférence en accordant un accès à droit nul au marché des États-Unis, mais exclusivement aux pays d'Afrique subsaharienne. Sous ce régime, ce sont près de 6400 produits d'Afrique subsaharienne qui peuvent entrer sur le marché américain sans droit de douane. 4650 produits éligibles sous le SGP auxquels s'ajoutent 1800 autres, parmi lesquels des produits considérés comme sensibles voir non-éligibles sous le régime SGP. Ces derniers incluent notamment des produits agricoles, des produits relevant du secteur textile et habillement, des chaussures, les montres, matériels électroniques, articles en acier, produits en verre, bagages, sacs à main, certains équipements de voiture.

Le Président des États-Unis sur avis du Bureau du Représentant des États-Unis pour le Commerce extérieur (USTR) et de la Commission du Commerce International des États-Unis (USITC) désigne les produits considérés comme non sensibles et éligibles à l'AGOA. Chaque pays éligible doit par la suite signer un accord particulier avec les États-Unis pour chaque produit qu'il veut exporter sous ce régime.

En 2017, 38 pays sur les 49 que compte l'Afrique subsaharienne étaient éligibles à l'AGOA et parmi eux 32 font partie des Pays les Moins Avancés au sens de la Banque mondiale[4], c'est-à-dire ont les revenus par habitant et les niveaux de développement humain et social parmi les plus faibles de la planète (*Figure 1*).

[4] Selon les critères retenus par la Banque mondiale, les PMA regroupent les pays dont le PNB/hab. est inférieur à 1500 dollars en 1998.

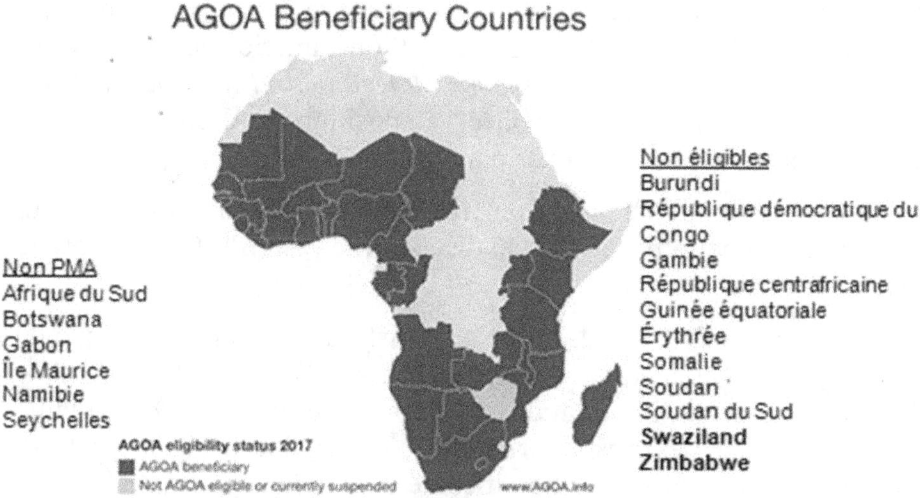

Le nombre de pays bénéficiaires de la Loi a augmenté depuis sa mise en place puisque l'on en comptait que 34 au démarrage, ce qui montre l'intérêt que ce cadre a suscité auprès des pays africains.

Le Président des États-Unis établit chaque année la liste des pays autorisés à exporter sur le marché américain sous le régime AGOA et désigne les dispositions auxquelles ils ont droit. Afin de pouvoir être éligible, chaque pays doit respecter un certain nombre d'exigences qui tournent autour des progrès réalisés en matière d'état de droit, de bonne gouvernance, de démocratie, de respect des droits de l'homme, d'économie du marché, de protection des travailleurs, de lutte contre la corruption. Il doit également s'engager de façon dynamique dans la lutte contre la pauvreté. Et bien entendu, les pays ne doivent pas s'engager dans des activités qui compromettent la sécurité nationale et les intérêts des États-Unis. On explique ainsi que des pays comme le Soudan, la République centrafricaine, la Guinée équatoriale, l'Érythrée ou la Somalie ne soient pas éligibles.

Les pays ne doivent également appliquer aucune barrière douanière à l'importation de produits américains sur leur territoire. En juin 2017, le Bureau du représentant américain au Commerce avait lancé une procédure « hors cycle » visant à examiner l'éligibilité de trois pays : l'Ouganda, le Rwanda et la Tanzanie. En cause, la décision de ces États de limiter l'importation sur leur territoire de vêtements et de chaussures d'occasion, des friperies revendues à moindre coût sur le continent et qui constituent une menace pour le développement d'une industrie locale du textile. L'association américaine de textiles d'occasion et recyclés, la *Secondary Materials And Recycled Textiles Association* (Smart) avait dénoncé l'imposition de droits de douane sur les exportations américaines par ces trois pays.

La Tanzanie et l'Ouganda ont finalement levé l'interdiction pour pouvoir continuer à bénéficier du dispositif, ce qui n'est pas encore le cas du Rwanda.

En novembre 2015 déjà, sous l'administration Obama, l'Afrique du Sud avait été également menacée d'exclusion. Depuis 2000, l'Afrique du Sud bloquait l'importation de viande de bœuf et de volaille américaine pour des raisons sanitaires (grippe aviaire, salmonelles). Une exclusion du dispositif aurait coûté cher à l'Afrique du Sud, pays exportateur de minerais et de platine vers les États-Unis. C'est pourquoi, en janvier 2016, le gouvernement sud-africain avait finalement conclu un accord pour ouvrir son marché aux importations de volailles américaines. Mais, cet accord a largement contribué au déclin de l'industrie locale de la volaille déjà aux prises avec des importations en provenance du Brésil et de l'Europe.

En quinze ans, la maison blanche a eu recours à la suspension d'éligibilité à neuf reprises.

I.B/ Les effets attendus de l'AGOA

Le marché américain constitue l'un des marchés les plus importants au monde avec une population de 325,719 millions d'habitants en 2017 (4,3 % de la population mondiale), un PIB représentant près d'un quart du PIB mondial (19 390, 604 milliards de $) et un PIB/hab parmi les plus élevés du monde (59 531,66 $)[5].

En permettant aux pays d'Afrique subsaharienne d'exporter plus facilement sur le marché américain, l'objectif de l'AGOA est d'offrir aux entreprises de ces pays des opportunités de croissance et de développement, mais aussi plus largement de les inciter à s'ouvrir à l'économie de marché et à mener des réformes institutionnelles pour plus de liberté, de démocratie et de stabilité. Les investissements étrangers sur le continent, en particulier américains, seraient alors favorisés grâce aux réformes adoptées.

---

[5] Banque Mondiale.

La mise en place de l'AGOA s'est accompagnée de plusieurs initiatives complémentaires visant à renforcer la coopération économique entre les États-Unis et l'Afrique subsaharienne. Parmi elles, la mise en place par l'*Agence des États-Unis pour le Développement International* (USAID) de centres commerciaux régionaux créés en vue d'apporter une assistance aux entreprises de la région souhaitant exporter sur le marché américain : Un a été ouvert à Prétoria (Afrique du Sud) et à Gaborone (Botswana) couvrant l'Afrique australe, un à Accra (Ghana) couvrant l'Afrique de l'Ouest et un à Nairobi (Kenya) couvrant l'Afrique de l'Est. Ces centres fournissent aux opérateurs de la région des informations sur les exigences du marché américain et sur les démarches à suivre pour exporter aux États-Unis, en particulier dans le cadre de l'AGOA.

En parallèle, plusieurs accords existent entre les États-Unis et les pays ou régions d'Afrique en vue de renforcer leur coopération économique et commercial. Certains ont d'ailleurs été signés avant la mise en place de l'AGOA.

- Des accords bilatéraux de protection des investissements (BIT) ont été signés entre les États-Unis et le Sénégal (1983), le Cameroun (1986), la République démocratique du Congo (1984), le Congo Brazzaville (1990), le Mozambique (1998) et le Rwanda (2008). Ces accords ont pour objectif d'encourager les pays partenaires africains à mener des politiques nationales de libéralisation de leur marché, mais aussi à protéger les investissements privés des entreprises américaines ;

- Des accords-cadres pour le commerce et d'investissement (TIFA) existent également avec plusieurs pays ou Communautés d'Afrique subsaharienne : l'Afrique du Sud (1999), le Ghana (1999), le Nigeria (2000), le Marché commun de l'Afrique orientale et australe[6] (2001), le Mozambique (2005), le Rwanda (2006), l'Île Maurice (2006), le Libéria (2007), la Communauté Est-africaine[7] (2008), l'Angola (2009) et l'Union Économique et monétaire ouest-africaine (2014)[8]. Ces accords posent un cadre de discussion entre les

---

[6] Le COMESA regroupe le Burundi, Djibouti, le Kenya, Madagascar, le Malawi, l'Ile Maurice, le Rwanda, le Soudan, le Swaziland, la Zambie et le Zimbabwe.
[7] La Communauté d'Afrique de l'Est regroupe le Burundi, le Kenya, l'Ouganda, le Rwanda, le Soudan du Sud et la Tanzanie.
[8] L'UEMOA regroupe le Bénin, le Burkina Faso, la Côte d'Ivoire, la Guinée-Bissau, le Mali, le Niger, le Sénégal, le Togo.

pays signataires pour traiter des questions relatives au développement des relations de commerce et d'investissement.

- En 2008, un accord de coopération pour le commerce, l'investissement et le développement (TIDCA) est signé avec les États membres de la SACU (Botswana, Lesotho, Namibie, Swaziland et Afrique du Sud). Cet accord fournit un cadre de discussion sur des sujets tels que les facilitations de commerce, les barrières techniques au commerce, les règles sanitaires et phytosanitaires, la promotion du commerce et de l'investissement.

II - L'évolution et la structure des échanges É.U. - ASS

L'évolution des échanges commerciaux entre les États-Unis et l'Afrique subsaharienne depuis l'effectivité de l'AGOA montre que ceux-ci ont été plus favorables à l'Afrique en valeur, mais reste concentrés sur quelques produits et sur quelques pays.

II.A/ Des échanges en valeur plutôt favorables à l'Afrique

Depuis ces quinze dernières années, l'AGOA est restée le cadre privilégié par les entreprises africaines pour exporter aux États-Unis (*Figure 2*). Environ deux tiers des produits importés par les États-Unis en provenance des pays d'Afrique subsaharienne l'ont été sous le régime de l'AGOA.

Figure 2 : Évolution des échanges États-Unis/Afrique subsahariens sur la période 2001-16 (*)

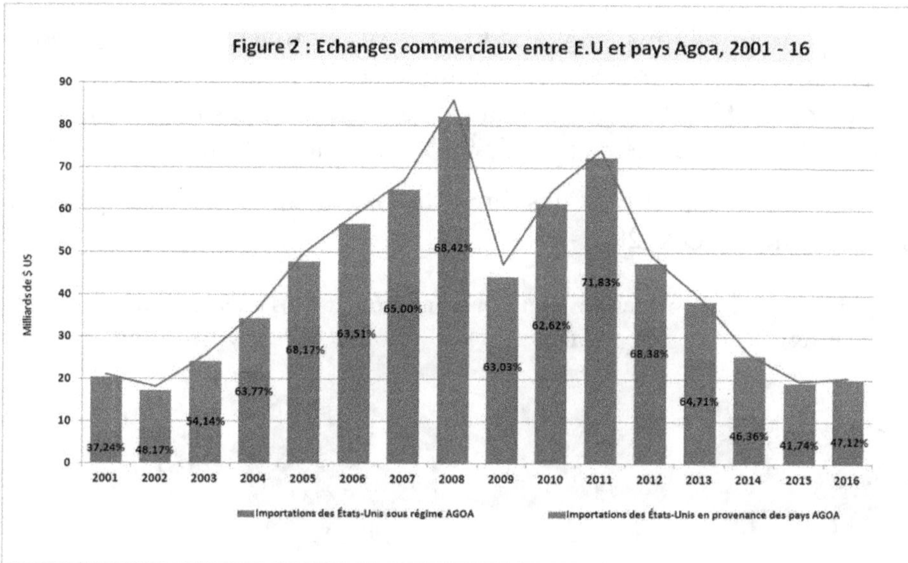

Source : USITC DataWeb/USDOC.

(*) Les données de ce graphique sont basées sur la liste des pays éligibles à l'AGOA qui varie selon les années.

Depuis 2001, début de mise en application de la Loi, jusqu'en 2013, les exportations d'Afrique subsaharienne vers les États-Unis sous le régime AGOA ont augmenté en moyenne de 10,39 % par an passant de 7,6 milliards de dollars à 24,8 milliards dollars, avec un pic à 56,2 milliards de dollars atteint en 2008. Les exportations américaines vers les pays d'Afrique subsaharienne bien que plus faibles en valeur connaissent une évolution également en hausse sur l'ensemble de la période. La valeur des exportations américaines vers l'Afrique subsaharienne a triplé sur la période passant de 6,9 milliards de dollars en 2001 à 23,9 milliards de dollars en 2013.

Après la crise de 2008, on constate toutefois un ralentissement quasi continu des échanges commerciaux entre les deux continents. Ceux-ci semblent ne reprendre qu'à partir de 2016.

Finalement, sur l'ensemble de la période, les échanges commerciaux ont été en valeur plutôt favorable à l'Afrique.

II.B/ Des importations concentrées sur quelques produits.

Les importations américaines en provenance d'Afrique subsaharienne sont concentrées sur quelques produits non transformés. Jusqu'en 2013, les importations de pétrole brut et de gaz représentaient à eux seuls près de 90 % des importations (*Figure 3*).

Figure 3 : Répartition des importations américaines par produits sous régime AGOA, 2001-16.

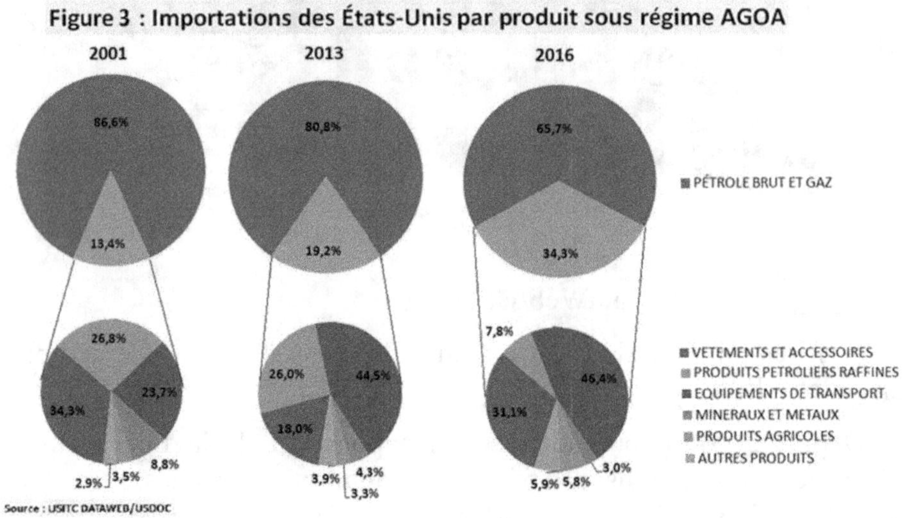

Source : USITC DataWeb/USDOC.

Les importations américaines de pétrole brut ont augmenté de près de 34 % par an en valeur sur la période 2001-08. Par la suite, l'exploitation américaine de pétrole de schiste a eu pour conséquence de faire baisser la part d'importation de pétrole brut, faisant passer celle-ci de 89 % en 2008 à 65 % environ en 2016.

Les quelque 10 % d'importations restantes sont concentrés sur quelques produits tels que les vêtements et accessoires, les équipements de transport et les produits pétroliers raffinés (i.e. combustibles, fiouls, mazouts, etc.). Ces trois catégories de produit représentent à eux seuls entre 85 % et 86 % des importations hors pétrole brut.

Les importations de produits pétroliers raffinés qui représentaient pas moins d'un quart des importations américaines hors pétrole brut ont également décliné ces dernières années. Elles ne représentent plus que 7,8 % des importations hors pétrole brut. Bien que les vêtements occupent une place encore importante dans les importations américaines, leur part a également décliné, notamment depuis l'expiration de l'accord sur les textiles et vêtements (ATV) en 2005. Les importations de vêtements représentaient 41 % des importations hors pétrole brut en 2005 et un peu moins de 20 % en 2013. La suppression des quotas d'exportation sur les textiles et les vêtements a directement affecté les exportations des pays africains, dès lors lourdement concurrencées par des pays tels que la Chine, le Pakistan, le Bangladesh et autres. Par ailleurs, Madagascar, un des principaux pays exportateurs de textiles aux États-Unis dans le cadre de cette Loi avait été suspendu suite au coup d'État de 2009 et n'a pu être réintégré qu'en 2014.

Les importations d'équipements de transport ont connu une progression continue pour finalement représenter en 2016 près de 44 % des importations hors pétrole brut. Il s'agit pour l'essentiel de véhicules automobiles pour particuliers.

Il convient de noter ici la faible part qu'occupent les produits agricoles parmi les produits importés, de même que les minéraux et métaux et les autres produits. Les autres produits comprennent entre autres les produits chimiques, les chaussures, les produits manufacturés divers, les produits forestiers, les produits électroniques, les machines.

II.C/ Des importations concentrées sur quelques pays

Il apparaît de fait que seuls quelques pays ont réellement pu tirer profit des opportunités offertes par l'AGOA. Une douzaine de pays tout au plus ont fourni l'essentiel des produits importés par les États-Unis sous ce régime.

On y trouve des pays comme le Nigéria et l'Angola qui fournissent à eux deux près de 85 % du pétrole brut et près de 80 % de produits pétroliers raffinés (i.e. combustibles, fiouls, mazouts, etc.) importés (*Figure 4*).

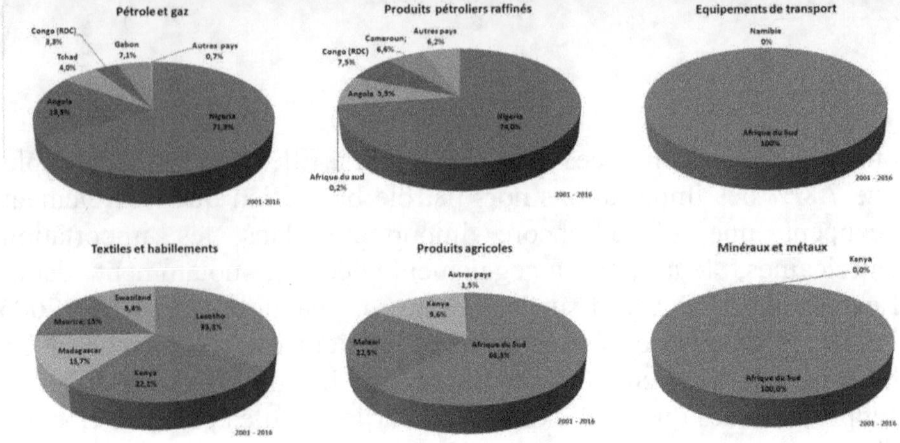

<u>Figure 4</u> : Répartition des importations américaines par pays sous AGOA, 2001-16.

<u>Source</u> : USITC DataWeb/USDOC.

Hors produits pétroliers, les principaux pays d'importation sont l'Afrique du Sud, suivi par le Lesotho, le Kenya, Cameroun, Maurice.

L'Afrique du Sud est le pays qui exporte la gamme la plus variée de produits. Elle a fournit presque la totalité des équipements de transports et des minéraux et métaux (platine, diamant, produits ferreux). Elle est aussi à l'origine des principales importations de produits agricoles (vins, agrumes). Enfin cinq pays ont fourni à eux seul près de 90 % des vêtements : le Lesotho (33,3 %), le Kenya (22,1 %), Madagascar (13,7 %), l'île Maurice (15 %) et le Swaziland (9,4 %).

On ne constate donc pas réellement de diversification ni au niveau des exportations des pays africains ni au niveau des importations américaines. Les importations américaines sont concentrées sur quelques produits (pétroles bruts et raffinés, équipements de transport, vêtements) et proviennent de quelques pays : les pays exportateurs de pétrole (Nigéria, Angola, etc.), les pays qui ont une structure de production diversifiée (Afrique du Sud, Namibie) et quelques pays qui, grâce à ce régime, ont pu mettre en place ou redynamiser une industrie textile (Lesotho, Kenya, Madagascar, etc.).

Cet accord semble donc avoir d'abord profité aux pays les plus développés du continent et déjà les plus insérés dans la mondialisation.

III - Des freins à l'accroissement et à la diversification des exportations.

Les entreprises d'Afrique subsaharienne se heurtent à de nombreux obstacles lorsqu'elles souhaitent exporter aux États-Unis. Certains sont propres à leur environnement économique et institutionnel, d'autres peuvent être attribués à l'utilisation du dispositif lui-même.

III.A/ Des contraintes liées à l'offre des entreprises africaines.

Les entreprises en Afrique subsaharienne ne disposent pas toujours ni des moyens matériels et humains ni de la taille suffisante pour répondre à la demande américaine en termes de quantité et de qualité.

Dans certains cas, l'incapacité des entreprises à maîtriser l'ensemble de la filière de production limite leur capacité d'offre. Avant d'avoir été suspendu de l'AGOA en 2009, Madagascar était parmi l'ensemble des pays éligibles le principal pays exportateur de produits textiles et de vêtements aux États-Unis. Seulement, les trois quarts du coton utilisé dans la fabrication des produits sont importés. De même, les accessoires nécessaires à la conception des vêtements tels que les élastiques, les fermetures, les boutons, les étiquettes ne sont produits localement qu'en très faible quantité, l'essentiel étant également importé soit des États-Unis, soit des pays de la sous-région (Zambie, Lesotho, île Maurice, Swaziland). Les règles d'origine de l'AGOA permettent en effet aux exportateurs d'intégrer dans leur production des intrants issus de pays membres de la même zone régionale que le pays exportateur. Il va de soi que des évolutions dans la situation des pays d'approvisionnement (ex : crises, coup d'État) ainsi que dans les conditions de transport peuvent lourdement affecter la production des entreprises exportatrices et leur capacité à répondre de manière satisfaisante à leurs clients.

S'y ajoutent des problèmes liés au climat des affaires, à la corruption et les crises récurrentes qui affectent la production des entreprises.

On évoque également parfois comme contrainte l'incapacité des entreprises en Afrique à suivre et à s'adapter aux goûts et aux préférences des consommateurs américains.

III.B/ Des contraintes liées aux règles d'origine des produits.

Les règles d'origine doivent permettre de s'assurer que les produits importés aux États-Unis proviennent bien des pays éligibles ou qu'ils aient subi une transformation suffisante dans les pays éligibles.

Selon la réglementation générale de l'AGOA, les produits hors textiles exportés aux États-Unis doivent contenir au moins 35 % de valeur ajoutée locale dont éventuellement jusqu'à 15 % de produits provenant des États-Unis. Ce seuil peut parfois être difficile à atteindre pour certains produits, plus particulièrement lorsque les intrants ne sont pas disponibles localement et doivent être importés ou encore lorsque les exploitants ne sont pas originaires du pays. Le cas peut se présenter par exemple au niveau des exportations de produits de la mer. Bien souvent, les bateaux de pêche opérant au large des côtes africaines ne sont pas africains, mais espagnols, taïwanais, japonais ou autres. De ce fait, même si les produits de la mer exportés en question proviennent des côtes africaines, leur part peut être amenée à représenter moins de 35 % du produit final. Ils ne peuvent alors bénéficier des avantages tarifaires offerts par l'AGOA.

La Conférence ministérielle de l'OMC à Bali en 2013 avait adopté des lignes directrices visant à rendre plus simples, plus transparentes et moins contraignantes les importations en provenance des PMA. Les PMA ont demandé lors de cette conférence à ce qu'une exonération des droits de douane soit accordée pour les produits pouvant contenir jusqu'à 75 % d'intrants étrangers. Les États-Unis pourraient s'aligner sur ces préconisations.

La règle de 35 % de produits locaux ou régionaux n'est pas valable pour les textiles et vêtements. Les règles d'origine applicables sur les textiles et vêtements sont différentes, mais peuvent être tout aussi contraignantes.

Pour entrer librement sur le territoire américain sans droits de douane ni quotas, les vêtements doivent être fabriqués à partir de fils et de tissus originaires des États-Unis ou qui n'existent pas aux États-Unis. Ainsi, les vêtements et les tissus africains traditionnels entrent librement sans droit ni quotas sur le marché américain. C'est aussi le cas de certains chandails en cachemire ou en laine de mérinos. Par contre, si les vêtements sont fabriqués à partir de fils et tissus provenant des pays admissibles ou de la sous-région, les importations sont soumises à un quota. Elles ne doivent pas excéder 1 à 3 % du total des importations.

Les PMA quant à eux peuvent bénéficier d'une règle spéciale d'origine plus souple sur les textiles et vêtements. À condition que l'assemblé final soit effectué dans le pays qui exporte, les intrants peuvent provenir de pays hors de la zone AGOA, comme l'Inde ou la Chine. Cette règle plus souple doit permettre aux PMA d'installer les premières unités de l'industrie textile, le reste de la filière pouvant s'installer ensuite au fur et à mesure. Les importations de ces vêtements sont exemptées de taxes, mais également soumises à un quota. Les importations ne doivent pas dépasser 3,5 % des importations américaines.

Ces règles parfois contraignantes peuvent pousser les entreprises à exporter en dehors du cadre de l'AGOA. Ainsi, la moitié des exportations de textiles de l'Afrique du sud vers les États-Unis se font hors AGOA parce que les producteurs ont délibérément choisi de ne pas respecter les règles d'origine, car ils estiment qu'il est plus rentable d'utiliser des fibres importées en dehors des zones régionales autorisées.

III.C/ Des obstacles non tarifaires

Les exigences américaines en termes de normes à respecter peuvent constituer de véritables défis pour les entreprises africaines, qu'elles portent sur les normes sanitaires ou phytosanitaires pour les produits agricoles et les vêtements par exemple ou qu'elles concernent les règles de sécurité dans les usines, le respect de l'environnement, le respect des droits des travailleurs ou autres. D'ailleurs, les pays africains ne disposent pas toujours localement des institutions qualifiées pour effectuer les contrôles et attribuer les certifications de validation des produits.

De la même manière, les documents à produire pour obtenir l'autorisation d'exporter aux États-Unis peuvent être difficiles à réunir dans certains pays plombés par la bureaucratie et la corruption. Aujourd'hui encore, et malgré l'AGOA, un exportateur de denrées agricoles doit attendre cinq ans avant d'obtenir une autorisation pour atteindre les États-Unis.

III.D/ Une liste très contrôlée de produit

Les exportations africaines vers les États-Unis sont scrupuleusement contrôlées afin de ne favoriser que les produits insuffisamment présents sur le marché américain et donc non susceptibles de menacer les entreprises américaines. En cas d'afflux d'importations menaçant l'industrie américaine, le département du commerce a la possibilité de modifier la liste des produits éligibles ou de réintroduire des droits de douane.

La Loi exclut ou applique des quotas à des produits que des pays d'Afrique subsaharienne pourraient produire et exporter à un prix compétitif. Plus de 300 lignes de produits dans le domaine agricole et du textile et vêtement sont toujours considérées comme des produits sensibles et donc non éligibles.

Des quotas sont par exemple toujours imposés sur les importations de produits agro-alimentaires tels que le sucre, l'arachide, les tabacs, le coton, la viande, les produits laitiers. C'était le cas également des produits tels que la vanille, les huiles essentielles, le girofle qui font partie des principaux produits d'exportation de Madagascar. Certains produits textiles tels que les couvre-lits, les linges de table en coton, les linges de cuisine, les rideaux, etc. sont également soumis à des quotas.

IV - Quel bilan pour les États-Unis ?

Les États-Unis souhaitaient faire de l'AGOA un instrument pour favoriser le développement commercial et économique de l'Afrique subsaharienne selon le principe de « *Trade, not Aid* », mais aussi leur présence sur le continent. Peut-on considérer que ce second objectif ait été atteint ?

IV.A/ L'AGOA n'a pas permis aux États-Unis de renforcer sa présence en Afrique

L'AGOA n'a pas permis aux États-Unis de réduire le retard qu'ils ont en Afrique subsaharienne par rapport aux autres partenaires commerciaux que ce soit dans le domaine des échanges commerciaux, des investissements étrangers ou encore de l'aide au développement.

Les États-Unis occupent la troisième place dans les échanges commerciaux de l'Afrique, loin derrière l'Union européenne, et la Chine. Selon les données du Centre du Commerce International, les États-Unis ne représentent en moyenne qu'à peine 9,06 % des échanges extérieurs de l'Afrique sur ces dix dernières années contre un peu plus de 1/3 (34,23 %) pour l'Union européenne et 11,62 % pour la Chine. Le poids des États-Unis dans les échanges extérieurs de l'Afrique a même diminué puisque, selon les mêmes sources, ces derniers représentaient 13,40 % des échanges extérieurs de l'Afrique en 2007 contre seulement 6,19 % en 2016. En 2007, 7,07 % des importations en Afrique provenaient des États-Unis. Elles ne représentaient plus que 5,28 % en 2016. À l'inverse, le poids de la Chine dans les échanges extérieurs de l'Afrique a progressé. En 2007, 9,21 % des produits importés en Afrique provenaient de Chine alors qu'en 2016, c'est 16,6 % des produits importés en Afrique qui proviennent de Chine. Depuis 2009, la Chine est devenue le premier partenaire commercial de l'Afrique, supplantant les États-Unis. En 2013, les échanges entre la Chine et l'Afrique s'élevaient selon l'OMC à 210 milliards de dollars contre seulement 85 milliards entre l'Amérique et le continent.

On note également que le commerce avec l'Afrique subsaharienne ne représente que tout au plus 1,5 % de la totalité des échanges extérieurs des États-Unis alors qu'ils représentent déjà pas moins de 4 % des échanges extérieurs de la Chine (Banque Mondiale).

En termes d'Investissements Directs Étrangers (IDE) également on observe que l'engagement des États-Unis en Afrique est relativement faible. À peine 1,16 % seulement des IDE américains visent actuellement l'Afrique. Ils ont d'ailleurs baissé depuis 2015 selon le dernier rapport mondial sur l'investissement de la Cnuced. Depuis 2016, la Chine est devenue là aussi le 1er investisseur étranger en l'Afrique.

Enfin, l'engagement des États-Unis en Afrique subsaharienne est également faible en termes d'aide au développement. Selon l'Ocde, les États-Unis ont dépensé en 2015 environ 31 milliards de dollars en aide au développement, dont une dizaine de milliards pour l'Afrique subsaharienne. Ce qui équivaut à seulement 0,17 % du revenu national brut des États-Unis.

Partant de ce constat, des voix s'élèvent aux États-Unis pour renforcer davantage la présence économique et commerciale des États-Unis en Afrique subsaharienne. Durant ces 17 dernières années, l'Afrique a connu une croissance économique impressionnante. La croissance du Produit intérieur brut en volume a plus que doublé en moyenne, passant d'un taux à peine supérieur à 2 % dans les années 1980 et 1990 à plus de 5 voire 6 % entre 2001 et 2014 » (FMI). 8 des 10 pays qui auront la croissance économique la plus rapide dans les 10 prochaines années sont africains. Parmi eux, on compte des pays comme l'Afrique du Sud, le Nigéria, l'Angola, le Mozambique ou encore l'Éthiopie, la Côte d'Ivoire, le Sénégal et la Tanzanie. Ceci fait de l'Afrique un important enjeu commercial pour les grandes puissances. La Chine, l'Inde, le Brésil et l'Union européenne renforcent déjà fortement leur présence sur le marché africain.

Ainsi, sous la présidence Obama plusieurs initiatives ont été prises dans ce sens.

En mars, le Congrès américain avait présenté le *Greater Exports to African Act*, une loi proposant de « créer des emplois aux États-Unis en augmentant d'au moins 200 % en volume en 10 ans les exportations en Afrique subsaharienne ». La loi préconise un engagement de toutes les institutions gouvernementales et une plus grande coordination et communication entre elles de sorte à permettre aux entreprises américaines d'être informées sur les opportunités qui existent pour elles en Afrique et de pouvoir les saisir. C'est à ce titre que l'Overseas Private Investment Corporation (OPIC) et la Banque Import Export des États-Unis (Eximbank) sont encouragées à soutenir les projets d'investissement et d'exportation des entreprises américaines dans les États d'Afrique subsaharienne. Les entreprises américaines souhaitant investir en Afrique peuvent donc bénéficier de l'assistance du secteur public et privé américain.

En juin 2013 lors de son voyage en Tanzanie, le président Obama avait annoncé un projet de 12 milliards de dollars sur cinq ans, *Power*

Africa, destiné à améliorer l'approvisionnement en électricité de près de 60 millions de foyers et entreprises africains. Cet effort devait se concentrer sur six pays : la Tanzanie, le Kenya, l'Éthiopie, le Ghana, le Nigéria, le Libéria et impliquer les entreprises américaines. Selon le Rapport publié en 2017, l'initiative *Power Africa* a pu faciliter le financement de pas moins de 80 projets énergétiques sur le continent africain. Plus de 60 compagnies américaines privées interviennent dans sa mise en œuvre. En 2017, l'administration de Donald Trump a d'ailleurs pris la décision de poursuivre la mise en œuvre du projet.

Un an après, lors du Sommet États-Unis/Afrique subsaharienne de Washington en 2014, le Président Obama avait annoncé une enveloppe de 7 milliards de dollars pour promouvoir les exportations et les investissements américains en Afrique dans le cadre du programme *Doing Business in Africa* (Faire des affaires en Afrique). Lors de ce Sommet, les sociétés américaines ont signé des accords d'investissement dans des secteurs aussi divers que l'énergie, l'eau, l'hôtellerie, la construction, la banque ou encore les technologies de l'information, l'aviation. La Banque Import Export des États-Unis (Eximbank) également présente avait à cette occasion prévu d'engager jusqu'à 3 milliards de dollars en prêts et garantis pour soutenir les exportations américaines vers l'Afrique. Sept marchés cibles étaient identifiés : l'Afrique du Sud, le Nigéria, l'Angola, le Ghana, le Kenya, Mozambique et la Tanzanie. Le ministère de l'agriculture lui-même avait prévu de mettre à disposition 1 milliard de dollars de garanties pour soutenir les exportations agricoles vers l'Afrique.

L'objectif des États-Unis, depuis la présidence Obama notamment, a été de renforcer l'implication du secteur privé dans les actions américaines en Afrique en particulier dans les projets de développement. « L'Afrique n'est plus simplement un défi humanitaire et de développement, mais plutôt une source d'énergie et d'opportunité d'exportation et de partenariat international croissante et dynamique », peut-on lire dans un rapport remis par le secteur privé américain à Obama en 2009.

IV.B/ Quelles évolutions pour le partenariat États-Unis Afrique ?

Concernant l'évolution des relations entre les États-Unis et l'Afrique subsaharienne, on devrait s'orienter progressivement vers des accords de libre-échange et une plus grande implication du secteur privé dans les projets de développement.

Au forum AGOA 2014, le Bureau du Représentant des États-Unis pour le Commerce extérieur (USTR) avait plaidé pour une réciprocité au niveau des échanges commerciaux entre l'Afrique et les États-Unis. La loi renouvelant l'AGOA signé par le Président Obama en 2015 appelle d'ailleurs les États-Unis à négocier davantage de traités de libre-échange et d'investissements bilatéraux avec les pays africains. Désormais, tous les 5 ans, le représentant au commerce des États-Unis devra soumettre un rapport au Congrès identifiant les pays d'Afrique subsaharienne en capacité de négocier un accord de libre-échange avec les États-Unis. Cette orientation de la politique américaine s'inscrit dans une évolution observée dans les relations commerciales internationales. On peut citer par exemple les Accords de Partenariat Économique (APE) mis en place par l'Union européenne, la Zone de libre-échange continentale (ZLEC) en Afrique ou encore la prolifération des accords méga-régionaux de par le monde.

Depuis 2000, l'Union européenne négocie des accords commerciaux dits Accords de Partenariat Économique (APE) avec les pays ACP (Afrique-Caraïbes-Pacifique). Ils sont destinés à remplacer le régime commercial unilatéral qui avait régi les relations commerciales entre l'UE et les pays ACP durant plus de trente ans. Les APE introduisent une réciprocité dans les échanges commerciaux entre l'Afrique et l'Europe. Les pays ACP ayant signé un APE sont contraints de ne plus taxer au moins 80 % de leurs importations en provenance de l'Union européenne qui elle-même n'appliquerait aucune taxe sur la totalité, 100 %, des produits en provenance de ces pays. Les négociations des APE ont débuté en 2002 entre l'UE et sept blocs régionaux regroupant les ACP. Elles devaient aboutir en janvier 2008, mais ont accusé du retard. Les États ACP ont du mal à adhérer à ces accords. Ils craignent d'une part que les entreprises européennes les inondent de produits meilleurs marchés, provoquant ainsi la destruction des industries locales naissantes, et d'autre part ils craignent une perte de recettes fiscales en raison de l'abaissement ou de la suppression des DD sur les produits qu'ils importent. Les négociations sont à ce jour toujours en cours[9]. Quoi qu'il en soit, la

[9] Seul un APE – avec la Communauté de développement de l'Afrique australe (SADC) – a été mis en œuvre, de nombreux blocs régionaux africains se plaignant des conditions offertes par l'UE.

mise en application de ces Accords pourrait conduire à renforcer la concurrence sur les produits américains exportés sur le continent. Ce qui pousse les Américains à réclamer au moins le même traitement.

Lors du Sommet de l'Union africaine qui s'est tenu à Addis Abeba en janvier 2012, les chefs d'État et de gouvernement africains avaient appelé à la création d'une zone de libre-échange continentale africain (Zleca). Lancées en juin 2015 par les chefs d'État et de gouvernement de l'Union africaine, les négociations ont abouti le 21 mars 2018 à la signature par 44 des 55 États membres de l'Union Africaine de l'accord portant création de la Zone de libre-échange continentale africaine (Zleca). Inscrit dans le cadre de l'Agenda 2063, cet accord de libre-échange panafricain doit aboutir à l'élimination progressive des droits de douane entre pays membres à l'horion 2022 et à un marché commun de plus de 1,2 milliard de consommateurs avec un PIB cumulé qui avoisinerait 2 500 milliards de dollars (Commission économique pour l'Afrique).

La suppression des barrières tarifaires (douanières) et non tarifaires dans le cadre de cette Zleca devrait permettre aux entreprises de la zone de se développer progressivement au niveau local et régional avant de percer sur le marché mondial. La Zlec offre également des opportunités aux entreprises étrangères, américaines en l'occurrence, qui pourront avoir accès à l'un des plus grand marché commun du monde.

Depuis ces 10 dernières années, on assiste enfin à une prolifération de méga-accords parallèlement aux accords bilatéraux et régionaux. Parmi eux, le Partenariat Transatlantique de Commerce et d'Investissement ou Traité de libre-échange transatlantique (TTIP), négocié depuis 2013 entre l'Union européenne et les États-Unis. Il vise à créer un marché unifié de 820 millions de consommateurs qui représenterait près de 50 % du PIB mondial. L'aboutissement de ce traité, s'il en est, pourrait amener les deux parties Union européenne et États-Unis à revoir également et peut être à harmoniser leur relation avec l'Afrique en matière de commerce et de développement.

Conclusion

La Loi sur la Croissance et les Opportunités Economiques en Afrique (AGOA) a été élaborée afin de faciliter l'accès des entreprises des pays d'Afrique subsaharienne au marché américain. Force est de constater que la seule diminution des droits de douane dans le cadre de cet accord n'aura pas permis une amélioration significative de leurs exportations vers les États-Unis. Les entreprises des pays africains ne disposent pas toujours des capacités industrielles et commerciale pour exploiter pleinement les opportunités offertes par l'AGOA, et ce malgré les quelques efforts réalisés pour leur permettre d'améliorer leur offre en produits et pour se conformer aux exigences américaines. Les coûts des facteurs (électricité, transports, communication internet, etc.) pèsent sur la compétitivité des entreprises en Afrique. Mais aussi, les règles imposées par l'AGOA pour pouvoir exporter sous ce régime peuvent parfois être difficilement supportables pour les entreprises. Rien ne s'oppose d'ailleurs à ce que les États-Unis puisse les modifier de manière unilatérale et sans discussion avec les partenaires africains.

Les entreprises en Afrique, comme partout ailleurs, auront à faire face à des pressions toujours plus fortes. Le souhait de plus de réciprocité dans les échanges commerciaux entre les États-Unis et l'Afrique subsaharienne et un meilleur accès aux marchés de ces derniers, déjà présent sous l'administration Obama, s'est mué en exigences pour l'administration Trump pour qui la défense des intérêts américains est devenue la priorité. De plus les accords de libre-échange se multiplient, même en Afrique, ce qui offre certes l'avantage d'étendre les marchés pour les entreprises, mais accroît aussi la concurrence sur ces dernières. Les producteurs locaux pourraient-ils faire face à une telle concurrence ?

L'attention apportée par les États-Unis en Afrique au secteur des transports, de l'énergie, de la communication sous la présidence Obama devait en principe contribuer à améliorer la compétitivité des entreprises d'Afrique sur les marchés internationaux, leur capacité à innover et donc à faire face à la concurrence, tout en permettant d'ailleurs aux entreprises américaines de se développer sur le continent. L'administration Trump aura-t-elle la même attention ?

Bibliographie

BERNARD A., 2008, Développement d'une stratégie nationale d'exportation dans le cadre de l'AGOA pour Madagascar – Rapport final.

CATTANEO. O et LATREILLE T., 2014, *L'African Growth and Opportunity Act (AGOA) : un monde d'illusion ?*, Rapport thématique Jumbo, septembre 2004

CNUCED, 2013, Le développement économique en Afrique : rapport 2013 commerce intra-africain : libérer le dynamisme du secteur privé, 2013

ROBERT C. et KIMENYI M., 2011, *The Africa Growth and Opportunity Act : Toward 2015 and Beyond,* Brookings Institution. Africa Growth Initiative

LATREILLE T., 2003, Les relations commerciales États Unis/Afrique : qui bénéficie réellement de l'AGOA ? Afrique contemporaine, Dossier - Automne 2003

MEVEL S., LEWIS Z., KIMENYI M., KARINGI S., KAMAU A., 2013, *Loi sur la croissance et les possibilités économiques en Afrique : une analyse empirique des possibilités pour l'après 2015*, Commission économique pour l'Afrique – Nations Unis, juillet 2013.

NELIPHER M. ET JOHN P., 2014 *AGOA and Regional Integration in Africa : A Missed Opportunity beyond 2015* , African Growth Initiative in Global Economy and Development, pp. 15-17.

TOURÉ O., 2009, Les relations commerciales États-Unis/Afrique subsaharienne sous l'African Growth and Opportunity Act, Revue québécoise de droit international.

USITC, *Trade Web Database.* Disponible sur http://dataweb.usitc.gov/

Bibliographie

« L'administration OBAMA, la politique économique et la réforme de Wall Street »

Gervais ESSAMA ZOH

Maître de conférences, Université de Lille

Á l'heure où s'achève le deuxième mandat du Président Barack Obama, le bilan son action comporte de très nombreux points marquants.

Nous faisons ici l'inventaire des réformes majeures sur le plan économique et financier tout particulièrement. Il apparaît que la crise qui intervient en 2007-2008 a considérablement concentré les actions de l'administration américaine. Le cœur de la finance américaine « Wall Street » va connaitre l'une de ses réformes majeures. Si les résultats de cette réforme sont nettement positifs comme le montrent l'évolution des principaux indicateurs de l'économie américaine, ils ne peuvent pas effacer les conséquences sociales de cette crise et du peu de solutions proposées aux couches les plus fragiles à l'image du projet « Obama Care ».

En somme, après Barack Obama, Wall Street va peut-être mieux, mais pas forcément les Américains pris dans leur ensemble.

I. Les dates et faits marquants qui vont marquer les choix de l'administration Obama dans le domaine de la réforme du secteur financier

L'évaluation de l'efficacité de l'action du Président Obama sur le plan économique doit se faire en tenant compte des circonstances qui vont inspirer les choix économiques opérés à cet effet. Ces faits sont résumés dans le tableau (1).

Il s'agit en effet de rappeler que Barack Obama est élu en novembre 2008 après le déclenchement de la *crise des subprimes*[1] en juillet 2007 avec comme conséquences les faillites bancaires majeures et l'adoption du plan Paulson « **Troubled Asset Relief Program – TARP** » en octobre 2008.

Cette crise bancaire vient aggraver la situation des couches sociales les plus fragiles notamment celles qui n'ont pas les moyens de subvenir aux besoins en matière de santé et celles qui se sont trouvées prises dans les tenailles du marché hypothécaire, perdant de ce fait leurs biens immobiliers. Ces circonstances fondent deux réformes majeures de l'administration Obama. D'une part, le projet de réforme du système de santé *« Affordable Care Act »* qui portera le nom de **« Obamacare »**, d'autre part le réforme de Wall Street *« Wall Street Reform and Consumer protection Act »* qui porte de le nom de son principal architecte **« Dodd-Franck Act »**. Ces deux réformes sont successivement adoptées en mars 2010 et en juillet 2010.

En dépit de ces réformes majeures, la situation des finances publiques oblige les agences de notation à dégrader la note des États-Unis qui perdent pour la première fois le fameux AAA en Août 2011. Cette situation inédite traduit tout simplement le fait que la première puissance économique mondiale a échappé à une faillite se traduisant par l'impossibilité de l'État à honorer ses engagements.

Au plan social, l'année 2011 (novembre) voit naître à New York un mouvement social qui porte le nom **« Occupy Wall Street »**.

Le Président Obama remportera néanmoins les élections de novembre 2012 qui lui offrent un deuxième mandat. Cette victoire et les réformes engagées vont conduire au bras de fer entre le camp démocrate et le camp républicain sur la question des éventuelles hausses des impôts, la baisse des dépenses du gouvernement fédéral

---

[1] Les subprimes sont des crédits immobiliers accordés à des emprunteurs dont la situation financière est réputée extrêmement fragile. Ce sont donc des prêts à très haut risque. Pour compenser ce risque, les établissements de crédit octroient ces prêts moyennant des primes de risque et donc des taux d'intérêts très élevés. Aux États-Unis, en 2007, par l'effet conjugué de la hausse des taux d'intérêts et de la baisse de la valeur des biens immobiliers détenus par cette clientèle, les banques ont vu leurs propres patrimoines s'effondrer avec les faillites des plus fameuses d'entre elles.

des États-Unis, et les conséquences désastreuses qui en suivraient. C'est le fameux **« Fiscal Cliff**[2] **»** de décembre 2013.

Tableau (1) : Dates majeures de l'administration Obama

Dates	Evènements
Juillet 2007	Crise des « Subprimes »
Septembre 2008	Faillites bancaires (Lehman Brothers...)
Octobre 2008	Adoption du plan Paulson « Troubled Asset Relief Program- TARP »
Novembre 2008	Élection de Barack Obama
Mars 2010	Adoption de la réforme du système de santé « Affordable Care Act- Obamacare »
Juillet 2010	Adoption de la loi Dodd-Franck « Wall Street Reform & Consumer Protection Act »
Novembre 2010	Tenue des élections de mi-mandat
Août 2011	Abaissement du rating du gouvernement des États-Unis
Septembre 2011	Début du mouvement **« Occupons Wall Street »** à New York
Novembre 2012	Réélection de Barack Obama
Décembre 2013	Bras de fer Démocrates/Républicains « **Fiscal cliff** »

[2] La paternité de ce terme « Falaise Fiscale » revient à l'ancien Président de la Réserve Fédérale américaine, Ben Bernanke, pour décrire la situation périlleuse dans laquelle se trouvait l'administration américaine, faute d'un accord entre Démocrate et Républicains quant aux mesures à prendre pour résorber le déficit chronique du budget fédéral américain en 2013.

II. Les indicateurs de l'économie américaine

Lorsque Barack Obama accède au pouvoir en novembre 2008, l'économie américaine est en pleine crise pour les causes évoquées dans la section précédente.

Le Produit Intérieur Brut (PIB) par habitant s'élève à 48 330 USD, en baisse de 0,3 % par rapport à l'année 2007. À partir de cette date, l'économie américaine s'est remise à créer de la richesse passant de 48 302 en 2010 à 56 077 USD par habitant. Le taux moyen de croissance est de l'ordre de 2,4 % par an.

Cette création de richesse en amélioration n'a pourtant pas été suffisante pour résorber les déficits structurels de l'économie américaine. Cette dernière souffre toujours d'une compétitivité moindre, par rapport à la Chine notamment, et la balance commerciale reste toujours déficitaire malgré un léger redressement. Celui-ci est passé de 833 milliards de dollars en 2008 à 763 milliards en 2016. Le solde budgétaire du gouvernement fédéral reste la principale source des inquiétudes à l'intérieur comme à l'extérieur des États-Unis. En pourcentage du PIB, le déficit budgétaire est passé 7 % en 2008 à 4,9 % après avoir atteint un sommet à 12 % en 2010.

Pour sa part, la situation du marché de l'emploi s'est considérablement améliorée pour s'établir à un taux de chômage de 5,3 %. En effet, la crise de 2007-2008 s'était traduite par une vague de licenciements qui a fait passer le taux de chômage de 5,8 % en 2008 à 9,6 % en 2010.

Le niveau général des prix a lui aussi connu des évolutions très favorables y compris celui de l'argent. Le taux d'inflation est passé de 3,5 % en 2008 à 0,1 % en 2016. Sur la même période, les taux d'intérêt ont connu une forte baisse entre 2008 et 2010. Le taux d'intérêt de la Réserve Fédérale est passé de 0,39 % en 2008 à 0,09 % en 2010. Il faut néanmoins noter une remontée de ces taux d'intérêt à compter de 2011, puisqu'ils sont revenus à environ 0,04 % en 2016.

L'ère Obama sera singulièrement marquée par la bonne santé des marchés financiers et boursiers.

Sur la période de 2008 à 2016, tous les indicateurs boursiers ont connu de très fortes augmentations. L'indice Dow Jones est passé de 8 776 à 18 923 points et l'indice des valeurs technologiques NASDAQ est passé de 1 386 à 5 276 points. Soient des taux de croissance impressionnant de 116 % et 281 % respectivement.

Que cachent en réalité ces chiffres ? Il faut pour cela revisiter la nature des crises financières bancaires et sociales pour évaluer la pertinence des solutions apportées par l'administration Obama.

<u>Tableau (2)</u> : Évolution des indicateurs de l'économie américaine sous l'ère Obama

	2008	2010	2012	2014	2016 (*)
PIB/habitant (USD)	48 330	48 302	51 368	54 496	56 077
Taux de croissance du PIB (%)	-0,3	2,5	2,2	2,4	2,6
Balance commerciale (Mlds USD)	-833	-649	-741	-752	-763
Déficit budgétaire (% PIB)	-7	-12	-8,9	-4,9	
Taux de chômage (%)	5,8	9,6	8,1	6,2	5,3
Taux d'inflation (%)	3,5	1,6	2,1	1,6	0,1
Fed Fund Rate (%)	0,39	0,19	0,16	0,09	0,4
Taux de change EUR/USD	1,2706	1,3666	1,2828	1,2471	1,0732
Dow Jones	8 776	11 006	13 025	17 828	18 923
Nasdaq Comp.	1 386	2 518	2 917	2 916	5 276

III. La crise financière et bancaire de 2007-2008

La crise financière et bancaire qui démarre le 14 septembre 2008 intervient après celle des subprimes de l'été 2007.

D'une crise essentiellement financière et bancaire, elle s'est étendue à l'ensemble de l'économie. Elle s'est traduite par une augmentation des taux d'intérêt, la réduction des crédits à l'économie, la baisse des cours boursiers et une hausse du chômage.

De grands établissements financiers et bancaires sont fortement touchés obligeant ainsi une intervention significative des pouvoirs publics dans le cadre du « Too big to fail [3]». Cette position traduit le fait que les autorités fédérales doivent intervenir à tout prix pour éviter la faillite des entreprises majeures compte tenu des risques systémiques liés à leur taille et leur rôle dans l'économie américaines. Ces interventions prennent la forme de liquidations, de rachats ou de nationalisation des établissements en difficulté. C'est le cas de :

- la banque Lehman Brothers qui est liquidée,
- la compagnie d'assurance AIG qui est sauvée de justesse par la Réserve fédérale américaine (Fed),
- des groupes Freddie Mac et Freddie Mac qui ont été nationalisés en septembre 2008.

Les banques américaines apparaissent comme étant à l'origine de cette crise. Il est établi que les instruments utilisés étaient hautement spéculatifs et donc risqués. Les techniques utilisées étaient si complexes qu'elles échappaient à un réel contrôle (externalisation des risques, shadow banking[4]). De même, les engagements de ces banques ont été jugés excessifs au regard de leurs fonds propres.

---

[3] Moenninghoff, Sebastian C, et Axel Wieandt. « *Too big to fail?!* Leçons de la crise financière », *Revue d'économie financière*, vol. 101, no. 1, 2011, pp. 231-260.

[4] Traduit par « Finance de l'ombre ou Finance parallèle », ce terme englobe toutes les pratiques et tous les intermédiaires qui sont en dehors du système bancaire traditionnel et qui participent pourtant au financement de l'économie. Par ce côté « obscur », le shadow banking échappe aux contrôles habituels.

Au plan social, cette crise et ses différentes manifestations vont aboutir à des tensions dont l'une des plus édifiantes est l'occupation de la fameuse cité de la finance « Wall Street ».

IV. Les bons indicateurs cachent pourtant une réalité sociale toujours délicate

Le mouvement social « Occupy Wall Street »[5]

Le mouvement est né presque spontanément le 17 septembre 2011 dans le quartier d'affaires de New York après un appel pour occuper Wall Street. Deux mille (2 000) personnes ont décidé alors d'occuper jour et nuit un parc public, Zuccoti Park, rebaptisé "Liberty Plaza" à proximité de la Bourse de New York.

Ce mouvement mobilise des étudiants, des chômeurs, de jeunes anarchistes et de jeunes salariés. Le caractère hétéroclite du mouvement dépasse le cadre des Indignés espagnols. Sa caractéristique première est son assise plutôt large. Plusieurs syndicats de gauche ont rejoint le mouvement des manifestants. Certains riches ont même tenu à témoigner leur soutien.

Les organisateurs du mouvement affirment que "la chose que nous avons tous en commun est que nous sommes les 99 % qui ne tolèreront plus la rapacité et la corruption du 1 % restant".

Les revendications sont multiples :

- Lutte contre les inégalités, le fardeau fiscal, la guerre, le changement climatique ;
- Les manifestants réclament aussi la création d'une Commission spéciale pour limiter l'influence des banques sur la politique. Ils partagent tous en commun le ras-le-bol des inégalités sociales, la crise et le refus du système ultra-libéral.

En réaction à ce mouvement, de nombreux responsables se sont exprimés. Le Président Barack Obama comme le Vice-Président Joe

[5] Extrait de « L'OBS » 14 novembre 2011.

Biden ont dit leur sympathie pour les manifestants, estimant qu'ils exprimaient "la frustration que ressent le peuple américain". La leader de la minorité démocrate à la Chambre Nancy Pelosi a également souligné sur ABC news que les manifestants étaient "en colère, car ils n'ont pas de travail". "Rien ne met plus en colère que de ne pas pouvoir offrir le nécessaire à votre famille, ou de ne pas savoir quelles sont vos perspectives pour l'avenir", a-t-elle dit. Si les démocrates ont généralement été favorables au mouvement, les républicains ont d'abord marqué une franche hostilité pour ensuite reconnaître la profondeur du malaise social.

V. Les réponses de l'administration Obama

« Dodd-Franck Wall Street Reform & Consumer Protection Act »

- La réforme bancaire
  - Le Président Barack Obama a été à l'origine de la réforme bancaire et financière la plus importante depuis la Grande Dépression des années 30. Cette réforme tire les leçons de la très grave crise financière des années 2007-2009 en mettant en place un certain nombre de restrictions visant à éviter qu'un tel événement ne se reproduise.
  - Elle prévoit notamment de nouvelles règles de protection du consommateur, donne aux autorités de régulation davantage de pouvoirs pour décider du sort des sociétés en difficulté et pose des limites à toute une série d'activités de trading jugées risquées, ce qui devrait peser sur les bénéfices des banques.
  - Pour la rendre exécutoire, cette réforme a été portée le Sénateur démocrate Christopher Dodd à l'origine de la loi qui porte son nom.
- Le texte baptisé **"Dodd-Frank Act"** constitue une vaste réforme touchant de nombreux aspects de la régulation financière :

- le secteur bancaire, la protection du consommateur, la gouvernance des sociétés cotées en bourse, l'encadrement des produits dérivés, la limitation des activités spéculatives des banques, et la nécessaire transparence des sociétés minières et pétrolières pour les flux financiers qu'elles verseraient aux gouvernements des pays qui leurs ont donné des concessions.

VI. Les limites du pouvoir des administrations

L'action de l'administration Obama doit se faire dans le cadre des dispositions réglementaires nationales et internationales. Elle est aussi contrainte par l'action des lobbies qui pourraient sentir leurs intérêts menacés[6].

- Le rôle des instances réglementaires

Au plan international deux institutions apparaissent incontournables. Il s'agit d'abord de l'International Accounting Standard Board – **IASB** qui fixe les principales normes comptables applicables au plan international. Cette organisation a dû revoir les normes comptables concernant les modalités d'évaluation des actifs. Selon cette organisation, la sphère financière comme le reste des acteurs économiques doivent en effet revenir sur le principe de l'évaluation des actifs au coût historique pour adopter des méthodes plus en adéquation avec la forte volatilité observée en temps de crise notamment. Les éléments contenus dans les états comptables et financiers des banques voient ainsi leur valeur considérablement affectée selon la méthode retenue (Juste valeur – Fair Value).

Le second organisme majeur concernant les banques est le **Comité de Bâle** dont le rôle est d'édicter les exigences en matière de fonds propres pour contrôler la prise de risque excessive des banques. L'insuffisance des fonds propres des banques a été manifeste lors de

[6] « L'héritage économique du Président OBAMA », *The New York Times Magazine (New York)*, repris dans le n°3138, Problèmes économiques, première quinzaine de septembre 2016.

la crise de 2008. Pour y faire face, dans sa dernière mouture (Bale III), de nouvelles exigences sont émises en matière de détermination des principes d'élaboration des différents ratios. Le but est d'assurer une meilleure évaluation des garanties qu'apportent les fonds propres des banques face à leurs engagements.

Au plan national, les actions de l'administration sont conduites par des démembrements du gouvernement telles que le « Board of Governors of Federal Reserve System – **FRB** » qui joue le rôle de banque centrale en charge notamment de l'implémentation de la politique monétaire américaine, et du « Office of Comptroller of Currency – **OCC** » en charge de la réglementation et de la surveillance des banques implantées aux États-Unis. Elles sont aussi contraintes par des organisations indépendantes telles que le « Federal Deposit Insurance - **FDIC** » qui a en charge la garantie des dépôts bancaires, et le « Financial Accounting Standard Board – **FASB** » qui est en charge l'élaboration des normes comptables et financières aux États-Unis.

- Le poids des lobbies bancaires

Á l'instar des autres batailles parlementaires qui viendraient compromettre les activités de certaines catégories, les différents groupes de pressions utilisent tous les moyens à leur disposition pour réduire le spectre de la loi en discussion à défaut de la bloquer par des contre-arguments juridiques. Parmi les leviers utilisés à cet effet, il y a l'activisme des groupes de pressions internes et/ou externes au parlement qui, au terme de très nombreux amendements, a permis d'atteindre de très nombreux résultats :

- Seules quelques dispositions de la loi Dodd-Frank ont été codifiées pour pouvoir être exécutoires ;
- Le calendrier prévisionnel a été largement dépassé ;
- De nombreux blocages sont apparus pour la désignation des personnalités devant diriger les organes issus de la réforme ;
- La réduction des budgets nécessaires au bon fonctionnement des instances impliquées dans la réforme (**Consumer Financial Protection Bureau - CFPB)**

- L'état des banques américaines 4 ans après l'adoption de la loi Dodd-Franck

Plus de quatre ans après l'adoption de la loi Dodd-Frank, force est de constater que la mise en œuvre a été doublement freinée par les blocages de la nouvelle majorité Républicaine et bien entendu par l'activité des groupes de pression.

Mis à part une limitation des probabilités d'utilisation des fonds publics en cas de faillite, le paysage bancaire américain ne semble pas encore avoir été profondément bouleversé.

Néanmoins, au titre des avancées, citons :

  - Une meilleure protection des consommateurs notamment par une plus grande surveillance des crédits hypothécaires ;
  - La mise en place du processus de démantèlement des banques en cas de faillite.

USA
AUX ÉDITIONS L'HARMATTAN

Dernières parutions

LE PYGMÉE CONGOLAIS EXPOSÉ DANS UN ZOO AMÉRICAIN
Sur les traces d'Ota Benga
Nouvelle édition revue et augmentée
Ngimbi Kalumvueziko
Le 16 septembre 2017, une plaque historique en mémoire d'Ota Benga, le Pygmée congolais qui avait été exposé dans une cage avec des singes au Zoo de New York en 1906, a été dévoilée à Lynchburg, dans l'état de Virginia aux États-Unis. Voilà qu'un être humain qui a connu l'extrême déchéance pour avoir été traité comme un animal est honoré et devient le premier Africain reconnu dans l'histoire américaine. Son histoire s'inscrit dans le contexte de la propagation de l'idée de « hiérarchie des races » et est emblématique du phénomène de « zoos humains » en vogue dans le monde occidental au 19e siècle et au début du 20e siècle. Ce livre expose cette curieuse, poignante et très complexe histoire par devoir de mémoire historique et pour en appeler au respect de la dignité humaine.
(Coll. Études africaines, 180 p., 19 euros)
ISBN : 978-2-343-17361-0, EAN EBOOK : 9782140120732

DERRIÈRE LE RIDEAU
Alfred Hitchcock, Saul Bass et la scène de la douche
Joachim Daniel Dupuis
En 1960, avec Psycho, Hitchcock crée la surprise totale. Un meurtre effroyable, une star qui quitte l'écran au premier tiers du film, un cinéma voyeur... Derrière le rideau, il y a la volonté de placer le choc au coeur du film. Hitchcock invente le blockbuster, tant du point de vue publicitaire que filmique. Il construit la machine de guerre du cinéma d'aujourd'hui, avec sa façon de travailler les images et le son. Mais cela, il ne le fait pas seul. Derrière le rideau, il y a aussi le génie de Saul Bass, du storyboard au consultant visuel, l'enfant prodige des génériques de film qui s'essaie à la réalisation.
(Coll. Quelle drôle d'époque !, 216 p., 22 euros)
ISBN : 978-2-343-16977-4, EAN EBOOK : 9782140118449

LE FESTIVAL DU FILM DE TELLURIDE
L'un des meilleurs de la galaxie
Jeffrey Ruoff
Des décennies durant, le Festival du film de Telluride (Etats-Unis) a défini son propre territoire de niche cinéphile grâce à des gestes de programmation forts et une ambition auteuriste. Ces dix dernières années, il a acquis une place nouvelle dans la galaxie des festivals de cinéma. Nick Roddick cite Telluride comme l'un des rares festivals qui comptent dans le monde du cinéma. Dans sa liste figurent également Cannes, Sundance, Rotterdam, Berlin, Venise, Toronto et Busan, tous des « méga-festivals » radicalement plus grands et plus longs...
(Coll. Champs visuels, 176 p., 18,5 euros)
ISBN : 978-2-343-16142-6, EAN EBOOK : 9782140117091

LA RÉPUDIATION DU TRIBALISME SOUS L'ÈRE BARACK HUSSEIN OBAMA
Joseph Diémé
Trois ans après la fin de la présidence d'Obama, il est légitime d'explorer une des empreintes que son passage à la Maison-Blanche a laissée sur l'Histoire des États-Unis. Ancrée dans les deux mandats d'Obama, ce livre est une analyse iconoclaste des moments critiques de sa présidence.
(Coll. Questions contemporaines, 300 p., 30 euros)
ISBN : 978-2-343-16904-0, EAN EBOOK : 9782140115370

JOHN COLTRANE

La décennie fabuleuse

Jean Francheteau

Cet ouvrage est un voyage au long du parcours de John Coltrane, à la découverte de sa personnalité complexe et de son oeuvre musicale et à laquelle on ne cesse de rendre hommage. John Coltrane l'Africain, le Mystique, l'Universel. L'auteur décrit à travers la chronologie des enregistrements de John Coltrane les différentes phases de sa création musicale. Après s'être affranchi de l'ombre tutélaire de Miles Davis, il trouva un son unique et une identité musicale très forte qui suscite encore aujourd'hui émoi et intérêt.

(Coll. Univers musical, 286 p., 29,5 euros)

ISBN : 978-2-343-15554-8, EAN EBOOK : 9782140105616

LE CINÉMA DE WOODY ALLEN

Yannick Rolandeau

Dans un style simple et vif, l'auteur nous immerge au coeur des films de Woody Allen avec un point de vue strictement existentiel. Loin d'être un ouvrage théorique, ce livre revisite la filmographie du célèbre cinéaste new-yorkais avec l'ambition de lui rendre sa réelle ampleur. Avec un grand luxe de détails, l'auteur indique comment le cinéaste interroge toutes les illusions qu'entretient soigneusement l'être humain sur lui-même et sur le monde (sur son identité, sur l'amour, sur la rationalité...) et parvient à en saisir les subtilités en s'appuyant concrètement sur de nombreuses scènes et des dialogues-clefs.

(392 p., 30 euros)

ISBN : 978-2-343-15905-8, EAN EBOOK : 9782140104275

ARCHIE SHEPP ET PHAROAH SANDERS

Deux héritiers de John Coltrane

Roland Guillon

L'auteur relate les trajectoires de deux saxophonistes qui ont incarné, dans le sillage de John Coltrane, un renouveau du jazz. Celui-ci est fondé sur une double démarche : un ressourcement aux fondements de la musique noire américaine, en même temps qu'une ouverture à d'autres cultures (caribéennes, africaines ou orientales).

(Coll. Univers musical, 86 p., 12 euros)

ISBN : 978-2-343-16041-2, EAN EBOOK : 9782140104220

VIE ET MORT DU PETIT QUÉBEC DE LA FLORIDE

Floribec en textes

Rémy Tremblay

Qui sont ces hivernants et touristes québécois ? Pourquoi se regroupent-ils ? Pourquoi faire communauté touristique ? Les plus aventureux, les immigrants, pourquoi ont-ils choisi ce coin de la Floride en particulier ? Floribec est un noyau d'immigrants et de migrants canadiens-français en terre américaine. Il est né du tourisme, de migrations volontaires, et en dépend toujours, ce qui n'a rien à voir avec les migrations forcées du XVIIIe siècle. Floribec un fort bel exemple de migrations nouvelles, transnationales, non forcées, comme c'est le cas de nombreux Britanniques, Allemands et autres Européens qui fréquentent le sud sur une base annuelle, saisonnière, voire mensuelle pour travailler ou par pur plaisir.

(Coll. Tourisme et migrations, 110 p., 13 euros)

ISBN : 978-2-343-15268-4, EAN EBOOK : 9782140102240

CORRESPONDANCE COMPLÈTE

Emily Dickinson. Traduite de l'américain par Françoise Delphy

Cet ouvrage est un événement éditorial en France. C'est la première fois que l'ensemble des lettres d'Emily Dickinson est publié! Née en 1830 à Amherst où elle y meurt en 1886, Emily Dickinson, est devenue, dans le premier tiers du XXe siècle, un des grands mythes des Lettres américaines et, sans doute, l'un des poètes majeurs de la littérature universelle.

Editions Orizons (Coll. Cardinales, 1514 p., 40 euros)

ISBN : 979-10-309-0135-1, EAN EBOOK : 9782140103537

ANNABELLA, GARDEZ LE SOURIRE ?

Les mille et une vies de la jeune première d'avant-guerre

Eric Antoine Lebon

Préface d'Olivier Barrot

Star du cinéma français des années 30, Annabella (1907-1996) connut une immense popularité. Charmante jeune première, elle illumina les écrans pendant les années de la Grande Dépression. Certains de ses films ("Napoléon" d'Abel Gance, "Le Million" et "Quatorze juillet" de René Clair, "Gardez le sourire" de Paul Fejos, "Hôtel du Nord" de Marcel Carné) ont marqué l'histoire du cinéma. Cette biographie nous livre le portrait d'une femme généreuse et entière, moderne et libre, ainsi que la description nostalgique d'une époque révolue, du Paris des années folles au monde doré d'Hollywood.

(530 p., 37 euros)

ISBN : 978-2-343-10294-8, EAN EBOOK : 9782140099847

LE CABARET NEW-YORKAIS

Théâtre intime du "Great American Songbook"

Jacques Protat

Le cabaret américain contemporain de chanson est un art à la fois musical et théâtral, qui privilégie la transmission du sens des paroles en même temps que l'expression de la personnalité de l'interprète. L'auteur nous raconte ce genre spectaculaire, de ses origines européennes et américaines à ses principes esthétiques musicaux et théâtraux. Il décrit son organisation socio-économique et analyse le répertoire de chansons que défendent les cabarettistes américains.

(Coll. Cabaret, 428 p., 39 euros)

ISBN : 978-2-343-15491-6, EAN EBOOK : 9782140098758

DISCOURS D'ADIEU AUX AMÉRICAINS

(Edition bilingue français-anglais)

Barack Obama

Texte traduit et présenté par Alain Chardonnens. Avec le concours de Marianne Chenebier.

Le 10 janvier 2017, dix jours avant de transmettre le pouvoir à son successeur, Donald Trump, Barack Obama prononce son discours d'adieu aux Américains. D'abord, le président y dresse un bilan de son mandat : relance de l'économie, création d'emplois, Obamacare... Ensuite, le président insiste sur la défense de la démocratie américaine. Trois menaces pèsent sur le pays : les inégalités, la fragilité des institutions et celle de l'Etat de droit, des droits de l'homme ou encore des libertés. A Chicago, Barack Obama livre son testament politique.

(76 p., 10,5 euros)

ISBN : 978-2-343-15013-0, EAN EBOOK : 9782140097188

CONTRIBUTION À UNE HISTOIRE SOCIALE DES POISONS

Le Ginger Jake

Franck Canorel

S'il existe déjà une abondante littérature sur la Prohibition aux États-Unis, une de ses conséquences les plus funestes, à savoir l'intoxication de dizaines de milliers d'Américains par un élixir frelaté, le Ginger Jake, n'a pas retenu l'attention des historiens. Or, la survenue de cet épisode sur fond de ségrégation raciale fut à l'origine de théories complotistes et de discours très virulents à l'encontre des « ruraux alcooliques et oisifs » de l'Amérique profonde. Si, de prime abord, on peut supputer que le nombre des victimes suffirait aujourd'hui à qualifier cet épisode de crise sanitaire, une analyse de la gestion politique et scientifique de cet évènement dans l'Amérique des années 30 tend à mettre en évidence la part prépondérante du politique dans les décisions ayant trait à la santé publique.

(Coll. Acteurs de la Science, 96 p., 12 euros)

ISBN : 978-2-343-14671-3, EAN EBOOK : 9782140097621

L'IMAGINAIRE DU CHEMIN DE FER DANS LE WESTERN AMÉRICAIN

Essai sur un mythe cinématographique

Guillaume Lavoie

Se penchant sur l'imaginaire du western classique américain, ce livre propose une lecture narrative et mythologique des films relatant la construction d'un chemin de fer (Railroad Buildind Story). Ces films constituent un sous-genre du western à part entière. Celui-ci parcourt toute la grande époque du western classique sous le signe hautement patriotique qu'est le chemin de fer. Sous ces récits se découvre une matrice narrative d'une cohérence insoupçonnée, véritable mythe de la nation américaine tirant ses sources dans son histoire.

(Coll. Champs visuels, 268 p., 27 euros)

ISBN : 978-2-343-15275-2, EAN EBOOK : 9782140095511

17 ANS ET TOUTES SES DENTS

Marie Laure Pace

Lou et Alexandra ont grandi ensemble et sont les meilleures amies du monde. L'Atlantique les sépare, mais rien ne saurait taire ce lien si particulier. Mais Lou n'est pas une jeune femme comme les autres : elle traverse le temps et l'espace accompagnée de cette « famille », rencontrée au détour de l'enfance. Des hommes et des femmes disparus, lui parlant depuis l'autre monde... Parmi eux, un étrange vieil homme apporte aux deux amies un soutien sans faille, malgré la distance qui les éloigne : qui peut-il bien être ?

(262 p., 22 euros)

ISBN : 978-2-343-15272-1, EAN EBOOK : 9782140094712

LE BATAILLON D'HAWAII

Des combattants du pacifique aux côtés des alliés durant la seconde guerre mondiale
Hawaii, Tahiti-Nouméa et Nouvelle-Zélande

Bruno Algan

Le 100e bataillon d'Hawaii a été formé à Honolulu en 1942, peu de temps après l'agression japonaise contre Pearl Harbor. Cette unité a été originale à plus d'un titre. En effet, ses soldats étaient tous des citoyens américains d'origine japonaise. Ils furent ensuite les plus décorés de toute l'US Army durant la Seconde Guerre mondiale. Ce livre met en perspective les parcours distincts du bataillon d'Hawaii et du bataillon du Pacifique, originaire de Tahiti, sur les différents théâtres d'opérations en Europe.

(Coll. Mémoires du XXe siècle, 210 p., 21,5 euros)

ISBN : 978-2-343-14313-2, EAN EBOOK : 9782140092077

ACHRONIDES

Roman

Sibile Dorne

Immergé dans une Amérique monstrueuse, Marc, 24 ans, part en quête de son identité. Il n'a pour seule arme que sa mémoire. Achronides est cette fresque dans laquelle le temps se fige. Entre satire sociale, roman noir et conte philosophique, nous marchons sur l'étroite ligne de crête du présent et c'est dans cette tension permanente que réside la singularité de l'oeuvre.

(178 p., 18 euros)

ISBN : 978-2-343-13735-3, EAN EBOOK : 9782140088780

LA DÉMOCRATIE AUX ETATS-UNIS

Les mascarades électorales

Robert Bibeau

Prenant pour exemple la campagne électorale des Etats-Unis en 2016, nous démontrons que les élections « bourgeoises »sont fondamentalement anti-ouvrières et ne visent qu'à renforcer « l'Etat providence » pour les riches. Nous verrons que la démocratie bourgeoise est un leurre pour distraire la classe prolétarienne de sa mission historique.

(Coll. Questions contemporaines, 156 p., 17 euros)

ISBN : 978-2-343-14467-2, EAN EBOOK : 9782140077715

Structures éditoriales du groupe L'Harmattan

L'Harmattan Italie
Via degli Artisti, 15
10124 Torino
harmattan.italia@gmail.com

L'Harmattan Hongrie
Kossuth l. u. 14-16.
1053 Budapest
harmattan@harmattan.hu

L'Harmattan Sénégal
10 VDN en face Mermoz
BP 45034 Dakar-Fann
senharmattan@gmail.com

L'Harmattan Cameroun
TSINGA/FECAFOOT
BP 11486 Yaoundé
inkoukam@gmail.com

L'Harmattan Burkina Faso
Achille Somé – tengnule@hotmail.fr

L'Harmattan Guinée
Almamya, rue KA 028 OKB Agency
BP 3470 Conakry
harmattanguinee@yahoo.fr

L'Harmattan RDC
185, avenue Nyangwe
Commune de Lingwala – Kinshasa
matangilamusadila@yahoo.fr

L'Harmattan Congo
67, boulevard Denis-Sassou-N'Guesso
BP 2874 Brazzaville
harmattan.congo@yahoo.fr

L'Harmattan Mali
Sirakoro-Meguetana V31
Bamako
syllaka@yahoo.fr

L'Harmattan Togo
Djidjole – Lomé
Maison Amela
face EPP BATOME
ddamela@aol.com

L'Harmattan Côte d'Ivoire
Résidence Karl – Cité des Arts
Abidjan-Cocody
03 BP 1588 Abidjan
espace_harmattan.ci@hotmail.fr

L'Harmattan Algérie
22, rue Moulay-Mohamed
31000 Oran
info2@harmattan-algerie.com

L'Harmattan Maroc
5, rue Ferrane-Kouicha, Talaâ-Elkbira
Chrableyine, Fès-Médine
30000 Fès
harmattan.maroc@gmail.com

Nos librairies en France

Librairie internationale
16, rue des Écoles – 75005 Paris
librairie.internationale@harmattan.fr
01 40 46 79 11
www.librairieharmattan.com

Lib. sciences humaines & histoire
21, rue des Écoles – 75005 Paris
librairie.sh@harmattan.fr
01 46 34 13 71
www.librairieharmattansh.com

Librairie l'Espace Harmattan
21 bis, rue des Écoles – 75005 Paris
librairie.espace@harmattan.fr
01 43 29 49 42

Lib. Méditerranée & Moyen-Orient
7, rue des Carmes – 75005 Paris
librairie.mediterranee@harmattan.fr
01 43 29 71 15

Librairie Le Lucernaire
53, rue Notre-Dame-des-Champs – 75006 Paris
librairie@lucernaire.fr
01 42 22 67 13

www.ingramcontent.com/pod-product-compliance
Lightning Source LLC
LaVergne TN
LVHW011009061026
849535LV00006B/1782